香港戰前
華人屋宇與民生

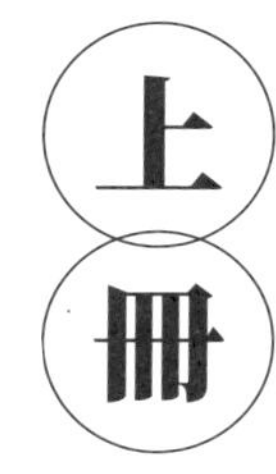

黃棣才　著

中華書局

目錄

前言

筆者從事生態、環境和文物保育研究和教育，在 2011 年至 2021 年間，出版了一套四冊的《圖說香港歷史建築》系列叢書，展現香港開埠至今所有重要建築物的面貌、人事變遷和城市發展歷史。建築物主要是社區功能建築，例如學校、教堂、醫院和政府機構等等，只有四座附有騎樓的戰前樓宇和一幢唐樓作為代表。

本書則以戰前華人屋宇為主題，也加入一些戰後唐樓，主要透過戰前華人屋宇，以 19 篇文章訴說香港市民的生活故事。因應不同年代《建築物條例》的頒佈，香港戰前的華人屋宇可以分為三代、第一代是 1903 年以前興建，以青磚或紅磚興建的木樓；第二代是 1903 年至 1930 年代興建，只以紅磚、水泥和木材建造，有雙坡頂及騎樓或露台的樓宇；第三代是 1930 年代至 1950 年代建造，以紅磚和鋼筋水泥興建，主要是平頂及有騎樓或露台的平頂樓宇。戰後出現的第四代華人屋宇，指的是 1950 年代至 1970 年代，以鋼筋水泥興建懸臂式露台或騎台的唐樓。

過去租住以上樓宇的市民，生活多為困苦，居住是民生一大難題，起初香港的屋宇沒有正式規限，衞生環境惡劣，常有傳染病爆發流行。1894 年鼠疫大爆發，造成大量人口死亡，導致港府立法規管建築物，以改善居住環境的衞生情況。由於人口不斷湧入香港，造成房屋不足問題，租金飆升。港府雖然施行租金管制，但頂手費和鞋金等苛索層出不窮，禁之不絕。戰後香港人口暴增，出現木屋區、天台木屋和在騎樓底露宿的災民，港府設立了徙置區和廉租屋，其後推行公共房屋政策，也要經過三十年才能解決這些居住問題。現在我們每天都有清潔的自來水供應，誰又知道四十多年前，香港仍有制水這一回事，戰前差不多每年每月都要制水，也缺乏排污沖廁的設備，生活殊不容易。

現在已少見嚴重的住宅樓宇火警，但過去在戰前樓宇卻有引致大量人命傷亡的火災發生，一發不可收拾，那不是一個單位起火，而是一幢或是一排樓宇着火的大災難。風雨飄搖，歲月蹉跎，戰後樓宇老化破敗，一經被定為危樓，居民要立即遷離，其他舊樓住客，人人住不安心，提心吊膽度日。另外樓宇日久失修，掉下混凝土鐵枝，或是偶然不慎，掉下晾衫竹竿，也會傷人奪命。

既然有戰前樓宇，也會有戰前社區配套，街市可說是每一個小社區都有，這是社會必需的生活設施。戰前的政府機關皆集中在中環，警署也分區設立，戲院則沿幹道興建，政府醫院在港九各有一間，但有民辦的醫局和教會開辦的醫院支援。官辦中學只有四所，皆設在中西區。教會開辦的私立或津貼學校擔當了重要的教育角色，多設有自置校舍。華文學校也有不少，有津貼也有私營，大多設在華人屋宇內，設施和教學質素良莠不齊，大多數在 1970 年代隨着九年免費教育的施行而被淘汰。當舖常是以整幢樓宇經營的行業，它們多數設在街角，以防火災波及，1997 年時還有五間，現在所餘無幾。

戰前或戰後初期的娛樂並不多，市民會上茶樓、看電影，經濟較好的居民會逛百貨公司，會購置收音機在家聽香港電台廣播。戰後才有收費和後來免費的電台和電視服務，但收音機和電視機還是昂貴的消費品，最初有租用服務，電視機要到 1980 年代才見普及。會景巡遊是民間最大規模的娛樂節目，過去的英王加冕和登基紀念，或是王室到訪，都有盛大的會景巡遊活動，全城共歡，萬人空巷。遊行的行列可以有一英里長，遊行隊伍穿插多區的大街小道，維時兩三個小時，陣容龐大，浩浩蕩蕩，居民可以安坐家中觀賞街中盛事，但現在已鮮有所聞了。

戰前樓宇經歷了幾次重建浪潮，大多是《建築物條例》或是《租務條例》的更改所致，因重建對業主和地產商有利，而條例的修定目的主要是解決租住問題和增加樓宇單位數目。樓宇的重建牽涉向住客作出補償，補償對住客公平還是對業主公平，很難定論，有些長期交低廉租金的商戶或住戶，補償再多也不知足；對於只靠租金過活的小業主，要有資金重建樓宇卻是難事，一般會和發展商合作重建，以取得應有回報。

1997 年時，筆者發現港九約有 374 幢戰前舊樓 / 華人屋宇（不包括山頂區建築、加多利山花園洋房和九龍塘花園洋房），而今只餘 268 幢，只有 141 幢戰前華人屋宇被評為歷史建築，當中只餘 24 幢被保育的騎樓，3 幢已經拆卸，2 幢已經除名，另外有 3 幢為法定古蹟，在全港 1248 項被確定或評為歷史建築當中，佔總數約為一成。被評為歷史建築並不等同於受到官方保育，市建局在社區重建方面參與了 46 幢戰前華人屋宇的活化項目，發展局轄下文物保育專員辦事處則對 11 幢戰前華人屋宇作出保育，民間至少有 9 幢華人屋宇得到私人自發保育。戰前何文田梭椏花園城市約有 60 組別墅，但在 1997 年時已全部消失。戰前加多利山花園城市有 38 組洋房，現存 28 組。戰前九龍塘花園城市約有 250 組洋房，估計現存 94 組。

筆者自小在舊區長大，出世後便從戰前樓宇遷進新建的唐樓，讀中學、上大學都在大埔道，後來又住進了當時大埔道最高的新廈，旁邊有座大教堂。還有過海到般咸道進修，打政府工，或多或少都生活在古蹟之內或與之為鄰，周圍還有戰前樓宇。起初它們還很新淨，現在筆者也要退休了，從認識至今，已過了 50 年。有的老態龍鍾，已屆百齡；有的受到保養照顧，被冠以法定古蹟或歷史建築之名；另一些卻又築起圍板，準備拆卸重建，還有一些已成過去，不留蹤影。

1998 年啟德機場遷走後，航道改變，九龍半島的大廈高度限制便放寬了，筆者家就是位於區內最先建成的一幢高廈之內，後有靠山。從居處往外望，撫今追昔，起初可以看到整個九龍和香港島，可以看煙花，可以看對海燈飾；雨後可以看到雙彩虹早上橫跨在整個西九龍上空，午後則在東九龍展現，視野寬廣；看長空落日，看風起雲湧，朗月星沉，太平山、柏架山、飛鵝山、獅子山、大東山，盡入眼簾。推想二戰之前，樓房全是一樣高度，站在每個天台瞭望，都有這般景致。後來一些久未改動的戰前樓宇和戰後唐樓陸續拆卸，換成了高廈華宇，登峰造極，如香枝佈置，景觀已走了樣。

1997 年正值香港回歸，筆者把握當下，拿着菲林相機，遊走全港，為戰前建築做拍攝紀錄，包括戰前華人屋宇，一直至今。起初古蹟文物的資料不多，從事這方面的研究時，對於市區的文物古蹟，除了書籍資料，還可以根據社區的開發年份，逐條街道行走找尋，地圖、舊相和航拍相幫助很大，地產網頁也提供了部分樓宇的建成年份資料。新界和離島的主要鄉村都走過了，單單天后廟也訪尋了 81 間，至千禧年總算把全香港跑了一回，研究也用上了自己學科背景的思維和探究方法。現在坊間的文物資料相當充裕，拍攝也改用了數碼相機，搜尋資料也有新的門路。為戰前樓宇查家宅，故事大同小異，無非生老病死、酸甜苦辣，但戰前樓宇的發展及其相關的民生歷史，卻值得撰寫成書，羅縷紀存。

筆者經歷了四冊叢書的編寫，對香港歷史有了更深入的認識，進而撰寫戰前華人屋宇故事，當中大部分資料是直接查閱報章新聞所得，查閱和選取內容相當費時，但資料絕對真實準確。多年來拍攝了很多相片，為本書選用時，優先取最早攝得的。大部分照片都是在 1997 年至 2000 年間拍攝的，當時樓宇多未受到保育活化，街道招牌林立，樓宇一身風塵，保留了當時社會環境和建築物的原貌，例如木窗木門、附生的花草樹木、舊建築猶如用久了的宜興茶具，蘊含歷史風華。揀取相片也相當費時，要從頭把這些景物在相片中一次又一次地閱覽和細心挑選。另外又根據舊相、地圖和航拍相資料，運用線圖，把部分戰前樓宇以連排的形式重組還原。從 1997 年開始拍攝舊建築至本書完稿，相隔了 28 年，當中曾住醫院四個月，後來為了照顧父親和母親，編寫擱置了兩年。而今成書，不獨是個人退休之作，也是為 2004 年 1 月身故的慈父而為，以資紀念。

第一篇

戰前樓宇的興建背景

第一章
戰前樓宇與唐樓的由來和轉變

唐樓、戰前舊樓與華人屋宇

現在凡是戰前興建的住宅樓宇，不論是有騎樓或有露台的，以及戰後至 1970 年代間建成的樓宇，四至 12 層高，樓上有樓面覆蓋行人路的，都被稱為唐樓。有人又把唐樓定義為單位內部除了廚廁之外，沒有永久間隔的樓宇，有永久間隔房間的就叫做洋樓。本書在樓層計算方面，地下是第一層，往上是二樓、三樓和四樓，一幢樓宇有四層，就是有地下、二樓、三樓和四樓。如果沒有特別説明，第一代華人屋宇的樓面是矩形，沒有後巷。第二代、第三代和第四代華人屋宇的樓面是半邊凸字形，兩幢樓宇共用一梯的樓面是完整凸字形，皆有後巷。

翻查香港公共圖書館的多媒體資訊系統，用「唐樓」作關鍵詞搜索，戰前報章沒有使用「唐樓」這一個名詞，這要在 1950 年代才有「唐樓」字眼出現，「唐樓」指的是當時新興建的、內部沒有永久間隔，但附建懸臂式露台或騎台的住宅樓，以「唐樓」為名的樓盤廣告普遍在報章刊登。

當時香港百廢待興，為了吸引有購買力的海外華僑（唐人）買樓收租，地產商興建了沒有間隔的「唐樓」出售，給予業主有彈性地間隔最多房間出租，以獲得最大收益。發展商標明「唐樓」二字，以區別於有間隔的洋樓。對於已退休或不懂做生意的歸僑，以及收到海外華僑匯款的家屬，買唐樓收租是最恰當的投資收入。而戰後至香港回歸期間，報章是以「戰前舊樓」來稱呼戰前興建的住宅樓宇，包括下舖上居或全幢商住兩用的樓宇。

有人根據 1903 年的 *Public Health and Buildings Ordinance*（現譯作《公眾衞生及建築物條例》），指出「唐樓」是以「Chinese Tenement」為名記錄，「唐樓」的定義為「any domestic building constructed, used, or adopted to be used for human habitation by more than one tenant.」（任何建築物住用部分擬供或改裝以供多於一名租客或分租客使用。）當時的法例只有英文版本，雖然港府在 1974 年修訂《法定語文條例》（香港法例第五章），把中文確立為法定語文，但香港法律界仍以英文為主，律政署（今稱律政司）於 1980 年代後期開始為香港法例擬備中文版本，1997 年 5 月完成。自 1989 年至今，每一條新法例都同時以中英文草擬。故此，「Chinese Tenement」的出現並不表示「唐樓」一詞在當時出現，只能表示「戰前舊樓」是從 1903 年開始，遵照《建築物條例》興建。

利用香港公共圖書館的多媒體資訊系統，發現「華人屋宇」這一個名詞，只出現在戰前三則新聞中，戰後沒有見報。

第一則是 1902 年 6 月 25 日，《香港華字日報》報道「華人屋宇」浪費食水。

第二則是 1907 年 3 月 12 日，《香港華字日報》刊載〈孖刺西報論拆天花板〉續稿：「潔淨局謂酒樓茶居之天花板會納塵藏垢，墜下不合衞生，應要拆除。反對者謂拆酒樓茶居之天花板，華人屋宇皆如此建法，若拆去天花，則樓上塵垢墜下於食物，不合衞生，上層亦需拆去，甚至連瓦頂亦要拆去，眾皆露天而食才合衞生，其實弊大於利。」

第三則是 1933 年 8 月 17 日，《天光報》報道：「香港九龍居民物業維持會，商議請求港府減徵差餉，華人屋宇請照洋樓分層估價。」（「華人屋宇」和「洋樓」用語同時出現。）

1933 年《天光報》使用「華人屋宇」與「洋樓」兩個用語，「華人屋宇」應該是「Chinese Tenement」的中文譯名吧。「洋樓」一詞沒有在《建築物條例》中出現，但早在 1905 年廣州已有黃埔洋樓（檢索年份由 1900 年開始），「洋樓」一詞在香港則於 1922 年見報。

香港開埠建屋

1841 年 1 月 26 日，香港開埠為自由港，中西方都有人來到香港發展。6 月 14 日，港府首次拍賣土地，地段由東角（銅鑼灣）至上環，但不包括現今的金鐘地帶，該處土地為英軍所佔用。1842 年 4 月，港府把城區命名為維多利亞城。1843 年 1 月，工程師亞歷山大 · 歌頓（Alexander T. Gordon）被港督委任為田土廳長兼量地官，負責城市規劃。雖然黃泥涌有大片谷地，但沼澤環境不宜居住，最後以中環為經濟和行政中心，皇后大道只准歐洲人投資建屋營商，上環為華人住宅區，威靈頓街一帶為上市場，文咸街一帶為下市場，灣仔為商貿區。

歐洲人投得的地段很大，洋行商館並非用盡整塊土地，樓宇四面有窗戶和外廊，建築物之間有一段距離，採光和通風都很理想，猶如歐洲小區。至於上市場的土地拍賣，也有華人投得土地經營，到了 1850 年代，港府收回上市場的華人土地，把華人遷往太平山區，並作出補償。對於華人聚居的上環，港府沒有嚴格限制樓宇設計和衛生管理，建築物由華人投資興建，設計和材料均採用當時清朝的傳統形式，其後出現一種用近似長條形的積木搭建的兩至三層高的房屋。從舊相所見，樓宇非常簡陋擠迫，且人畜共居，估計只在樓宇高度上有限制。

1851 年 12 月 28 日晚間，上環下市場發生大火，由於房屋密集，火勢波及今日蘇杭街、威靈頓街、皇后大道中、摩利臣街以至上環海旁位置一帶，軍方要動用 100 磅炸藥炸毀部分房屋，以阻止火勢蔓延，最後有 450 間房屋被焚毀。翌年港府把災場瓦礫和開山取得的土石填海，闢建了文咸東街以南的土地，稱為「文咸填海計劃」，將該處海岸線北移。1860 年，九龍半島被割讓予英國，十九世紀後期港府在油麻地和尖沙咀填海。1889 年至 1903 年間，港府進行由遮打（Paul Chater）建議的大規模填海工程，由西環煤氣公司（屈地街）至海軍船塢（金鐘）。1903 年設置包括四環九約的維多利亞城界石。1920 年代在中環、灣仔、油麻地、旺角、深水埗、九龍灣和香港仔都有填海，形成戰前的港九海岸線，戰前樓宇均在這些區域興建。1894 年 4 月，來自雲南的鼠疫在廣州爆發。5 月 9 日，東華醫院確診首宗鼠疫，翌日港督宣佈香港為疫埠，實施應變措施。鼠疫在香港延續了十年，災情以太平山區最為嚴重，需要拆卸大量樓房，進行社區重建，並闢建卜公花園和香港細菌學院。1900 年災情受到控制，1924 年完全根絕，總計有二萬多人染疫死亡。政府檢討香港的衞生情況，認為華人屋宇「背靠背」的設計有很多缺點，故在《一九零三年公共衞生及建築物條例》中，規定往後所有新建的華人屋宇背後須要有通道分隔，一方面改善樓宇的採光和通風，又可以預防疫病。

四代華人屋宇概況

從 1881 年建成的羅便臣道聖若瑟書院聖若瑟樓舊相所見，當時已應用鋼筋水泥興建露台。香港經歷多次填海工程，每次相隔的年代各有不同，可以相隔十年或二十年，每次填海之後，便會在新填地上興建樓房。由於建築技術不斷演進，建築材料亦有改變，相隔十年廿年後，建築技術和材料便有顯著差別。若以建築技術和材料來界定華人屋宇的類別，可以分為四代。威靈頓街 120 號，估計建於 1870 年代，是由青磚和木材建成的，這是第一代的華人屋宇。1920 年左右建成的灣仔莊士敦道 66 號和昌大押，則是由紅磚和木材建成，雙坡屋頂，這算是第二代的華人屋宇。1931 年建成的荔枝角道 119 號雷生春，平屋頂，已全部由鋼筋混凝土興建，可說是第三代的華人屋宇。1956 年港府頒佈《建築物條例》，唐樓雖然由鋼筋混凝土建造，但規定必須興建懸臂式騎樓 / 露台，不能有支柱佔據行人路，這算是第四代的華人屋宇吧。

中上環的第一代華人屋宇沒有後巷。筆者自少在九龍長大，時常行捷徑穿後巷去買東西。年幼時已發現一個怪現象，當時跟家人到中上環店舖交貨或收數，發覺一些店舖和樓宇的入口，竟然開在巷子的兩旁，而巷子卻有街名，例如利源東街和利源西街。到後來探尋全港戰前樓宇，打算鑽到中環舊樓的背面考察，卻又找不到門路。原來香港自 1841 年開埠至 1903 年間所建的樓房，建築物之間是沒有後巷分隔的，年幼時見到有街名的巷子，其實就是街道，這窄窄的街道兩旁是連排緊貼的樓宇，樓宇入口向街，因為沒有後巷，所以沒有後門。生活在九龍的人，也許不知道這個情況。

根據 New HK Maps 的 1901 年地圖所見，有些樓宇只有一排左右緊貼，前後兩端都是街，有些樓宇是兩排背貼背的，有些兩排背貼背的樓宇的一端或兩端都貼上一排樓宇，也有些是在一排樓宇的一端或兩端都貼上一排樓宇。如果地段很大，四面各有一或兩排背貼背樓宇外，還有小街通入內部，使內部多了一排或兩排背貼背的樓宇，這條小街通常叫做里或坊，例如百子里、文興里、仁壽里和蘭桂坊。

中上環的戰前華人屋宇群

威靈頓街 120 號是現存最古老的背貼背華人屋宇。樓高三層，以青磚建造，雙坡瓦頂，正面上層各開兩個圓拱窗，樓上兩邊都建有鐵柵外廊，最後一個租戶為經營雜貨的永和號，1920 年代已開業。從 1875 年威靈頓街東端望羅馬天主堂的舊相中，便出現相似的華人屋宇。威靈頓街 120 號所處的街區由兩排華人屋宇組成，是在一排樓宇的一端貼住一排樓宇，另一排樓宇的門口開向嘉咸街，26A 號、26B 號、26C 號和 26D 號在戰前重建為第二代華人屋宇。1997 年時，26D 號已重建為七層高的唐樓。三幢樓宇每層都按 1903 年後訂立的《建築物條例》興建了淺窄的外廊，由兩旁伸出的牆板負荷，兩幢樓宇貼在一起，樓面呈凸字形，這是 1903 年至 1960 年代常見的樓面。由於樓宇沿嘉咸街的斜路而建，三幢樓宇地台呈梯級狀依次略為抬高，斜路上的樓宇都是這樣興建，現今只有這三幢是戰前樓宇。門前就是嘉咸街露天街市，兩旁都擠滿了小販攤檔，背後是吉士笠街。三幢舊樓見證嘉咸街街市的轉變，市建局把這一帶重建時，只保留嘉咸街三幢樓宇的外廊和相連的牆面。

威靈頓街 99F 號樓高三層，估計是該地段第二代建築。按 1903 年後訂立的《建築物條例》闢出淺窄的露台，地下兩邊凸出的牆板佔據了部分行人路，有阻隔火勢的功能，背後沒有後巷，由於相連的 99E 號已重建，99F 號的樓面是半個凸字形。

威靈頓街 123 號、125 號和 127 號三幢戰前樓宇都是三層樓高，1997 年時二樓和三樓仍見有鐵柵的淺窄露台，但要用鐵架加固承托，現已拆卸，立面雖經改動，但地下仍可辨認出大圓拱入口。威靈頓街三幢樓宇與皇后大道中 172 號、174 號和 176 號本身就是三幢建於皇后大道中和威靈頓街之間的樓宇，由於威靈頓街較皇后大道中高一層，皇后大道中 172 號、174 號和 176 號一面有四層，三個地舖沒有樓梯上落，而要在威靈頓街立門牌 123 號、125 號和 127 號，二樓成了向威靈頓街的地舖，並有直樓梯通往三樓和四樓。原本皇后大道中 166 號、168 號和 170 號與威靈頓街 117 號、119 號和 121 號也是這個模式，都是第二代華人屋宇。

皇后大道中 172 至 176 號的地舖在 1997 年時仍然是金石舖，這一帶曾經是華人的金融街，金舖和銀號林立，例如恒生銀行的前身恒生銀號就曾於 1933 年設在永樂街 70 號，及後 1945 年設在皇后大道中 181 號。旁邊 176A 號至 176F 號曾是四號警署和消防局所作，前面仍保留了 1900 年代興建的地下公廁（男廁），只是入口由威靈頓街改在皇后大道中。1902 年英皇愛德華七世加冕時，香港各主要道路都設有中式牌樓慶祝，威靈頓街口對開的皇后大道中街上也建有一座，可見這個地區的重要性，皇后大道中 172 號至 176 號見證了華人金融行業的發展。

文咸東西街有特長戰前華人屋宇。1851 年 12 月上環下市場大火導致香港第一次的填海，擴寬了下市場的範圍。1868 年，港府由文咸東街向西環填海，填出的新海旁起名文咸西街，其後發展成南北行華人貿易區，文咸西街西端皇后街三角範圍設有三角碼頭，供上落貨物。整個 1870 年代，西環填海區一直伸延至卑路乍街，新海旁起名海旁大道，後改稱德輔道西。在地圖上發現，文咸西街兩旁樓宇的地則比區內其他樓宇來得深長，特別是文咸西街 12 號這一邊，比向皇后大道西的樓宇長三倍，這是與貿易和貨物轉口有關。門面是用來做生意的，樓面空間非常矜貴，故只有向內發展空間，凸出的牆板佔據了部分行人路，有阻隔火勢的功能。文咸西街和文咸東街是昔日南北行和金山莊的聚集區，南北行是香港昔日一種商行，主要經營東南亞和內地的貿易，將南洋的

威靈頓街 99F 號華人樓宇，是威靈頓街保存得最為完整的戰前華人屋宇（2025 年攝）

貨物轉口北上運往內地，又將內地的物產售往南洋，金山莊則經營涉及北美洲的貿易。由於涉及貨幣兌換，南北行也兼營貨幣兌換、貨運保險及匯款等業務，並組織「南北行公所」聯誼業務。

文咸西街 12 號百昌堂樓高三層，百昌堂最初在廣州起家，現址寶號始創於 1913 年，一說樓宇建於 1889 年，由曾姓人士與友人合資，主要經營南北藥材和原材料貿易，創製「珠珀猴棗散」。1980 年代時門面要依靠木條支撐最頂一層露台，現在門面已被雲石覆蓋，露台也被封閉，但仍保留了「百昌堂」的金漆招牌和一對「百昌堂蔘茸玉桂」、「百昌堂珍珠冰片」金漆直牌匾。

文咸東街 113 號彭裕泰高四層，有淺窄露台和隔火外牆，建於 1931 年，門面有「彭裕泰」招牌，茶莊經營中式茶葉的批發和零售。樓上三層保留木門窗，但鐵柵被鋼柱和鐵鍊取代。文咸東街 121 號三層高，有淺窄露台和隔火外牆，立面已圍封，與 113 號都沒有後巷。

香港的騎樓建築

皇后大道中 172 號至 176 號均有騎樓跨越行人路，現存的戰前華人屋宇大多是這種模樣。騎樓者，其實是多層外廊，英文是「Verandahs」。1903 年，港府為改善城市衛生環境，頒佈《一九零三年公共衛生及建築物條例》，規定樓宇要在行人路上加建外廊或露台（Verandahs, balconies and areas），外廊或露台建在官地上，以利通風採光，改善衛生環境，不屬樓契涉及的租用地段，只作休憩，不能住人，也不能封閉。大街的行人路寬闊，可以興建騎樓，但小街的行人路窄，

皇后大道中 198 號金舖特寫，是現存市區唯一一間設在戰前屋宇的金舖（2018 年攝）

文咸東街 99 號有兩幢戰前南北行樓宇，當中以 99 號彭裕泰茶莊外貌維持得最好（2025 年攝）

只能建做伸展至行人路緣的露台（Balconies）或懸空的外廊，這多建造在淺窄街道例如威靈頓街和荷李活道的樓宇上。

懸臂式騎樓在香港出現。1948 年 3 月，報章報道新建的商業樓宇已捨棄有支柱的騎樓設計，改用懸臂式的騎樓或大露台 / 騎台，而新建的住宅樓宇亦改用同樣設計，使行人路更加廣闊暢通，街道光線充足。當中以官涌偉晴街為典範，戰前該街樓宇陳舊，街道昏暗，戰時因接近油庫，樓宇被毀一空，重光後以新方法重建樓房，街道煥然一新。

廣州騎樓出現較香港遲。有人指騎樓是借鑒自廣州騎樓，這是不正確的，香港騎樓在 1903 年時已經出現，當時廣州還是大清國土的一部分，根據清朝律例，房屋只能是現時新界鄉村所見的單層磚木建築，不能模仿沙面的洋房興建樓宇。西關大屋和東山洋樓都要在大清覆亡後才出現，廣州騎樓在 1928 年左右開始出現，但有人反對興建，認為會影響街道採光，廣州騎樓範圍屬「騎樓地」，上面可以住人，但要交地租，不是免費。

台灣老街也建有騎樓，但比香港出現較遲。1895 年 4 月 17 日，清朝與日本簽訂《馬關條約》，把遼東半島、台灣島和澎湖列島割讓給日本。日本在實行明治維新之前，香港已開埠二十多年，城市化比日本早，是東亞主要的轉口港，洋行之港，華洋雜處，日本幕府派遣了七次造訪歐美的外交使團，每次皆取道香港。到了明治時期，岩倉使節團不僅遊歷歐美各國，更在回程時深入考察多個南亞城市，包括香港，把所見所聞帶回日本，有可能台灣騎樓是參考自香港的。1900 年，日治政府在台灣頒佈建築法規、都市計劃法規和縣市之建築自治條例，規定建築物須設騎樓或無遮簷行人路。騎樓在台灣等同於私有公用之公共行人路，不應阻礙路人通行，騎樓可以住人，但現在卻有人在騎樓下擺放傢具、泊車和做生意。

新加坡的牛車水也有騎樓，叫做街屋，地下是店舖，騎樓可以住人，但翻查明信片和舊相，新加坡的騎樓要在 1900 年代出現，與香港同期，這可能與當地華人在以前仍然沿襲清朝時的文化習俗有關。星洲與香港可能互相影響，各自發展出最適合當地環境的建築風格。星洲的的街屋一般只有兩層，台灣的街屋只有二至三層，都是非常低矮，香港的騎樓則有三至四層高。

有人認為騎樓來自當時英國的殖民地印度，十八世紀下半葉，英國人來到印度加爾各答的貝尼亞普庫爾（Beniapukur），這裏的氣候炎熱，英國人在住宅前加了一個外廊遮光，其後隨着英國殖民勢力擴大，傳至亞洲各地。遊廊或外廊的英文是「Verandahs」，源自葡萄牙語「Varanda」，而「Varanda」一詞則來自貝尼亞普庫爾方言。但是筆者參考歐洲建築，發現遊廊在歐洲各地已有超過一千年歷史，不如直接說是由英國人從歐洲傳到香港來。從舊相、繪畫和明信片所見，香港開埠時已有遊廊的建築，1860 年照片中的皇后大道，兩旁樓宇已建有多層的遊廊，其他西洋樓房大多都建有遊廊，只是華人看見華人屋宇上的外廊，一層騎着一層而喚作「騎樓」而已。香港騎樓的設計不一定仿照其他地方設計，香港本身在開埠時已有這一種附建物，可能受澳門的騎樓影響居多。十六世紀葡萄牙人已在澳門駐腳發展，1557 年澳門開埠，葡萄牙人在澳門正式設港通商，建立了永久的葡國建築，葡國建築包括遊廊和露台早已傳到東方來了。1563 年，澳門人口已有 5,000 人，當中有 900 人是葡萄牙人，但澳門仍是大清國土，華人屋宇應是傳統形式，估計要在 1912 年大清覆亡後，華人屋宇才開始有騎樓和外廊等形式。澳門較印度和星洲更接近香港，香港於 1841 年開埠為自由港後，陸續有葡萄牙人從澳門移居香港，澳門也在 1845 年開放為自由港，對香港的外廊建築應有相當影響和啟發，香港的騎樓則較澳門騎樓高大及具規劃性地廣泛分佈。

騎樓的僭建與隱患

騎樓最初不可住人。1940 年 2 月，市政衞生局宣佈取締樓宇騎樓障礙物，根據《一九三五年公眾衞生（清潔）條例》第 32 條乙項，指出樓宇騎樓除了兩屋之間的分隔物外，不可設立其他障礙物，亦不可以將整個騎樓或露台遮蔽，或用作浴室、尿坑、水廁、睡房、儲藏室或廚房。並不得從騎樓傾瀉雨水，須根據《一九三五年建築物條例》第 52

灣仔石水渠街 72 號至 74A 號屋宇，俗稱「藍屋」，是多層外廊式戰前華人屋宇的典型例子

條裝設水渠。至於旅店和寫字樓，需要利用騎樓作為間隔房間者，則不在限制之列。

樓宇在官地行人路上附建騎樓，不過是政府給予屋主的特別利益，這種騎樓僅用以掩護樓宇，免被陽光和雨水侵蝕，並非是樓宇的一部分。工務司指明《一九三五年建築物條例》第 63 條，與《一九三五年公眾衞生（清潔）條例》第 32 條的用意相同。當局掃除騎樓障礙物，以便走火，防範人命損失。違例者辯解那些間隔已存在多年，或謂鄰居騎樓的情況更為嚴重，但當局認為申辯無效，指出以前忽視，發現後卻不能置之不理，若果鄰居亦有違例，亦會予以取締，決不通融。

騎樓曬衫和倒塌都有傷亡。1940 年 4 月 21 日，荷李活道有樓宇四樓墮下欄杆鐵條，插死一名路人。塌屋傷人事件時有發生，例如 1940 年 5 月 16 日，德輔道西 25 號舊樓騎樓倒塌，壓傷三人。1940 年 6 月 22 日，柯士甸道 53 號舊樓二三樓騎樓倒塌，九人重傷一小童斃命。工務局遂派員四出調查陳舊樓宇，發覺樓上住客以騎樓作為曬衣台，把竹竿伸出屋外，但常有竹竿跌落街中，傷及途人。當局遂規限有車輛行走狹窄街道的樓宇，一律禁止在騎樓曬衣，無車輛行走的街道，因行人可以在街心行走，遭意外的機會較少，則不受限制。1949 年 2 月，港府禁止把天台和騎樓用作運動場，租用樓宇作為校舍的學校大感徬徨，若附近沒有運動場，則要取消體育課。

戰後出現居民非法圍封騎樓風氣。1947 年，報章報道居民為預防賊匪從騎樓入屋行劫，在騎樓裝設鐵閘木柵設防的風氣漸趨普遍，把騎樓造成鳥籠模樣，走火和防竊不能兼顧。這種設置源自於香港的日治時代，當時治安紊亂，鼠竊狗偷甚為活躍，居民失竊事件時有發生，所以紛紛在騎樓裝設鐵柵防患。1947 年 11 月，當局認為在消防和衛生方面欠缺周全，以走火安全為理由，必須取締騎樓的鐵閘木柵，發信通知戶主把鐵柵拆除，但能夠活動的簾幕則屬例外。

香港戰後初期，當局暫准騎樓用作寫字樓。這一時期人口激增，屋荒嚴重，房舍有價，由於寫字樓不足，當局暫許業主在騎樓上以玻璃間隔封密，供寫字樓使用。1947 年，立法局通過《一九四七年騎樓及露台（間隔辦公室）法案》，特准騎樓改為辦公室，為期四年，至 1951 年 12 月 31 止。

1951 年，立法局通過《一九四七年騎樓及露台（間隔辦公室）（修訂）法案》，特准騎樓改作辦公室可以延期兩年，至 1953 年 12 月 31 日止，期間共發出 298 件許可證。但在歷山大廈完成第一階段重建建築工程後，則減至 214 件，預計歷山大廈、香港大酒店及有利銀行重建工程完竣後會再減少。

1953 年 8 月，立法局通過《一九五三年騎樓及露台（間隔寫字樓）（修訂）法案》，把騎樓改作寫字樓有效期延長兩年，至 1955 年 12 月 31 日止。申請人要交出不超過 500 元保證金，如違例把騎樓用作其他用途，保證金會被沒收，最高罰款 1,000 元及入獄半年。

1955 年，港府通過了新的《建築物條例》，亦通過《一九五五年公共衛生（清潔）（修訂）（第二號）法案》，以及《一九五五年騎樓及露台（間隔辦公室）（修訂）法案》，延長騎樓改作辦公室的期限兩年，至 1957 年 12 月 31 日止。

戰後亦曾流行騎樓房出租。這時期人口激增，居住問題嚴重，由於有租務條例規管，二房東不能隨意加租，但有一些二房東藉詞裝修，把單位原有的板間房拆掉，重新間隔為較細間的房間，可以多出一或兩個房出租。更有二房東把公用的騎樓間隔為「騎樓房」放租，由於空氣和陽光充足，雖然租金較為昂貴，仍然供不應求。1948 年 2 月，當局決意取締騎樓房，因為這種非法設施會阻礙樓宇通風和採光，影響衞生，通告所有騎樓上的阻礙物必須拆毀，否則會派員強制執行。由於當局准許騎樓用作寫字樓，中環一帶大廈陸續把騎樓裝修為寫字樓租賃。

騎樓用作寫字樓的特許引發僭建住所。1948 年 1 月，當局按照樓宇條例規定，凡在未批官地或通衢上附建的騎樓或露台，不得有間隔存在，欄杆不可高過三呎，騎樓和露台不得有任何物體阻塞或封閉，但旅店或串連的辦公室條例外。為健康起見，市政衞生局執行這項條例，着令居民將違法的騎樓間隔拆除，除全間用作辦公室的樓宇外，其他樓宇皆不能豁免。全座用作寫字樓的樓宇，業主欲把騎樓或露台間隔成辦公室使用，應先向工務司申請許可，但只限於把整個騎樓或露台作為辦公室使用的申請，否則不會批准。

1947 年港府特准騎樓用作寫字樓後，各區樓宇迅速利用這一項特許，二房東將騎樓間隔出租，增加收入，住宅樓宇亦紛紛效尤，約有數千個住宅單位以玻璃窗圍封騎樓。當局所取締的範圍，是指一般密不透風，或影響屋內空氣流通，有違反《建築物條例》的樓宇。當局重申指出，根據《公眾衞生（清潔）條例》第 32 條，及《一九三五年第 18 號建築物條例》第 63 條，分別規定建築物在未批出的官地或街道上附建的騎樓或露台，均不能再加興建間隔，但用以分隔每幢樓宇的騎樓或露台的間隔條例外，欄杆高度不能超過三呎，旅店和寫字樓的騎樓間隔除外。騎樓和露台亦不可用作浴室、尿廁、水廁、睡房、儲物室或廚房等，亦不能任由騎樓或露台洩出水流。當局着令拆卸騎樓間隔，為建築商人帶來大筆生意，有投機商人或工匠專門包攬拆騎樓間隔生意，包括承購所拆除的建築物料。

衞生局限令拆除住宅騎樓間隔後，即有不法分子乘機向住客勒索的事情發生。不法分子向建有騎樓間隔的住戶行騙，欺騙受害人謂是局方

荷李活道 62 號二樓曾經在外廊之外再僭建落地大鐵籠，三樓也在窗口位置僭建鐵柵露台（2004 年攝）

的口頭通告，限令一星期內要完成清拆，並且三申五令催促，若果給予賄賂 50 至 300 元，則可免被拆卸。

1950 年代港府開始取締九龍區非法的騎樓間隔。1950 年 5 月，港府通告九龍居民，必須拆除騎樓內擅自間隔的房間和加建的窗戶，因為間隔阻礙空氣流通。港府聲明從來沒有准許居民這樣做，只是以前工作繁忙，無閒處理。騎樓和露台的空間都屬官地，並不是業主擁有的，業主所購的土地，只以門檻為止，而騎樓是伸出街外的。港府先由衞生局通知在七日內清拆，如再行催告無效，便會起訴業主。當局進一步解釋，取締的對象，主要是將整個騎樓完全遮蔽，只開小許窗戶的物業。這樣的做法不但阻礙採光通風，並增加火災的風險。根據街影法規定，一些九龍樓宇的頂層沒有外廊，是利用下層騎樓的頂部作為露台，有的樓頂單位會向後縮進數呎，以利街道採光。這種露天騎樓在九龍約有一千多間，但居民卻在露天騎樓加建上蓋，約有數百間之多，當局指明更要取締這種僭建物，這些僭建物在深水埗最為流行，對工程、衞生和消防等條例都有觸犯。

1970 年代興起僭建露台和鐵籠風氣。1973 年 7 月，工務局規定 1974 年 3 月 31 日以後的建築圖則，不可有伸出官地的騎樓，樓宇面積 8,000 平方呎以下亦不准建騎樓。1970 年代，不斷有人在戰後樓宇外牆僭建鐵籠，增加居住空間，影響樓宇結構安全和走火逃生。1980 年，估計全港有十萬宗違例建築物，包括擅自加建露台、花架和鐵籠等。1980 年上半年，工務局發出了 534 宗拆除通告，1979 年全年則有 1989 宗，由於人手不足，難以應付。

小結

香港城市發展，伴隨着各個年代形形色色的樓宇出現，從 1841 年開埠至 1903 年頒佈《一九零三年公共衞生及建築物條例》期間，華人屋宇大概就是一排背貼一排的木樓，或如威靈頓街 120 號般設計的青磚木樓，只有向街的一面開有窗孔透光通風。往後至 1950 年代中期就是依照《一九零三年公共衞生及建築物條例》來興建華人屋宇，有跨越行人路而建的騎樓或露台，材料由初期的磚木轉向中期的鋼筋水泥。戰後二十年間，就出現懸臂式露台的樓宇，接着樓宇的設計雖然五花八門，但都走向簡單實用。戰前樓宇、唐樓和洋樓互相夾雜，僭建鐵籠和光管招牌互相輝映，成就了東方之珠的美譽。

從 1903 年至 1941 年的舊相所見，港九的街道是這麼井然有序，住宅區所見的，就是整整齊齊、一排接一排、高度和寬度相若的華人屋宇，大街的樓宇建有騎樓，小街的樓宇設有露台或外廊，統一和諧，是香港一段長達四十年的獨特風光面貌，有別於同期亦建有騎樓或街屋的新加坡，以及台灣、澳門和廣州等地。人在騎樓下得到遮光擋雨，若你是屋主，在騎樓裏可以種種花，養一籠雀，那是多麼寫意，但租客還是要為生計奔波，才得片瓦。

第二章 戰前樓宇解構

香港住宅樓宇模式的演替

第一代戰前華人屋宇曾經遍佈中西區和灣仔，自《一九零三年公共衛生及建築物條例》頒佈後，逐漸被第二代華人屋宇取代；1935 年的《建築物條例》頒佈時，已出現鋼筋水泥建造的平頂式第三代華人屋宇；1955 年的《建築物條例》頒佈後，出現被稱為「唐樓」的第四代華人屋宇。踏入 1970 年代，樓房雖然根據 1955 年的《建築物條例》興建，但由於人口轉向小家庭模式，加上公共房屋政策影響，以及大單位的樓價不是平常人有能力購買的事實，地產商轉向興建每一層有多個單位的大廈。一梯兩伙、一梯四伙就是形容這一類樓宇，可以是一個街號重建，也可以是多個街號合併重建，建成後只取一個街號，唐樓逐漸退出新樓市場。

第一代華人屋宇的內外設計

第一代華人屋宇主要由青磚或紅磚和木材興建，樓面呈長方形，一般為二至三層高，樓宇連排興建，樓宇背貼背相連，之間沒有通道，故此只有臨街的一面有窗通風和採光，樓層以木板和木樑建造，以牆上的托架承托。由於是一個街號、一幢樓宇、一張樓契，若業主以下舖上居的形式自住，木樓梯可建在樓宇內任何一個地方，可以是一條樓梯直上各層，也可以在每一層不同位置興建樓梯，房間則用間板圍合而成。

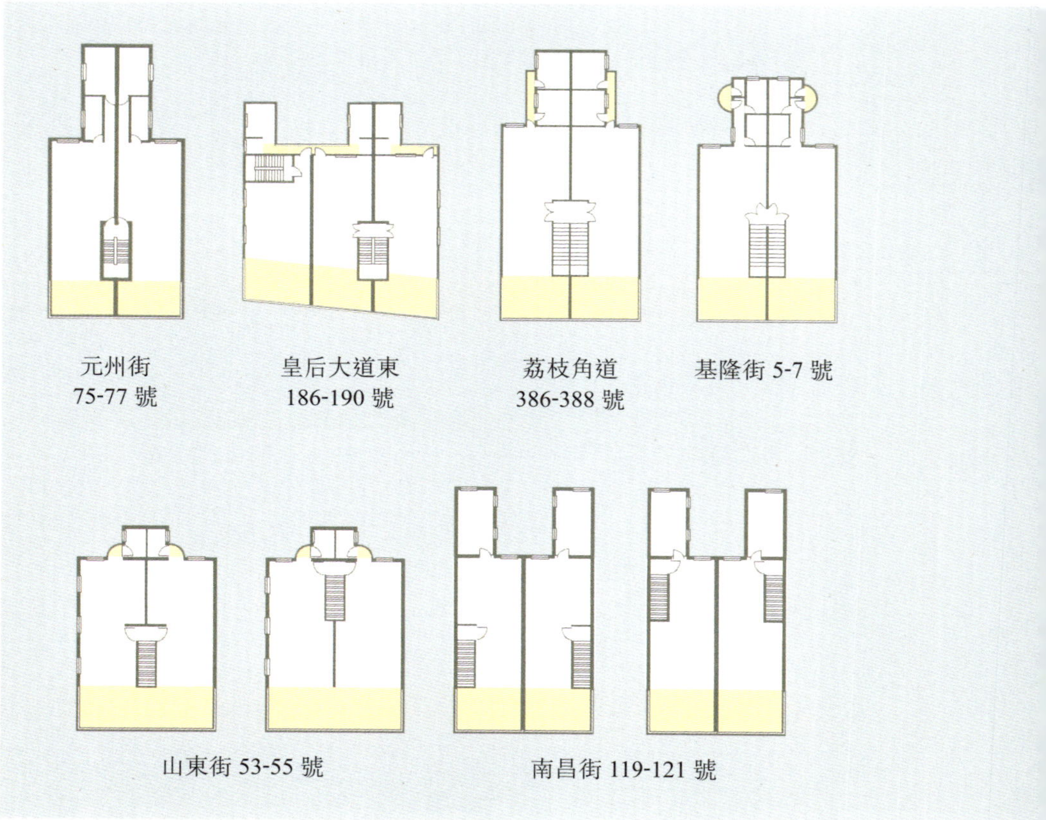

元州街
75-77 號

皇后大道東
186-190 號

荔枝角道
386-388 號

基隆街 5-7 號

山東街 53-55 號

南昌街 119-121 號

若果上層樓宇用作出租用途，則地下的樓梯口可以貼住行人路，即是在前面主牆開門口，以方便出入。既然是木板樓層，樓上應該沒有地磚鋪面，樓下可以用水泥或紅階磚鋪地，屋頂是雙坡式木桁架瓦頂。可以裝飾的地方只有樓梯的扶手欄、木或鐵造的門窗和房間的間板。外觀上可以有更多可供裝飾的地方，例如外牆面、西式支柱和拱券等。雖然還未有《一九零三年公共衛生及建築物條例》規定一定要在行人路上興建露台或外廊，但從舊相片所見，例如皇后大道中的樓宇，當時也有這些建構物存在，露台或外廊的圍欄可以是木或鐵造，有多樣款式。

香港開埠時已有露台和外廊式的建築。從 1860 年代威靈頓街羅馬天主堂的街道相片所見，樓宇像威靈頓街 120 號模樣，帶有拱券和露

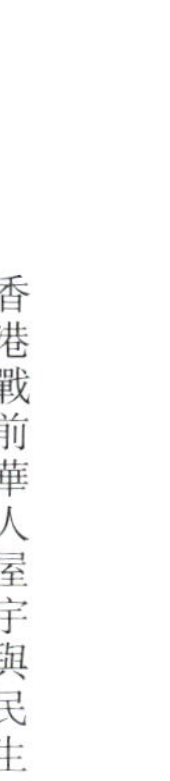

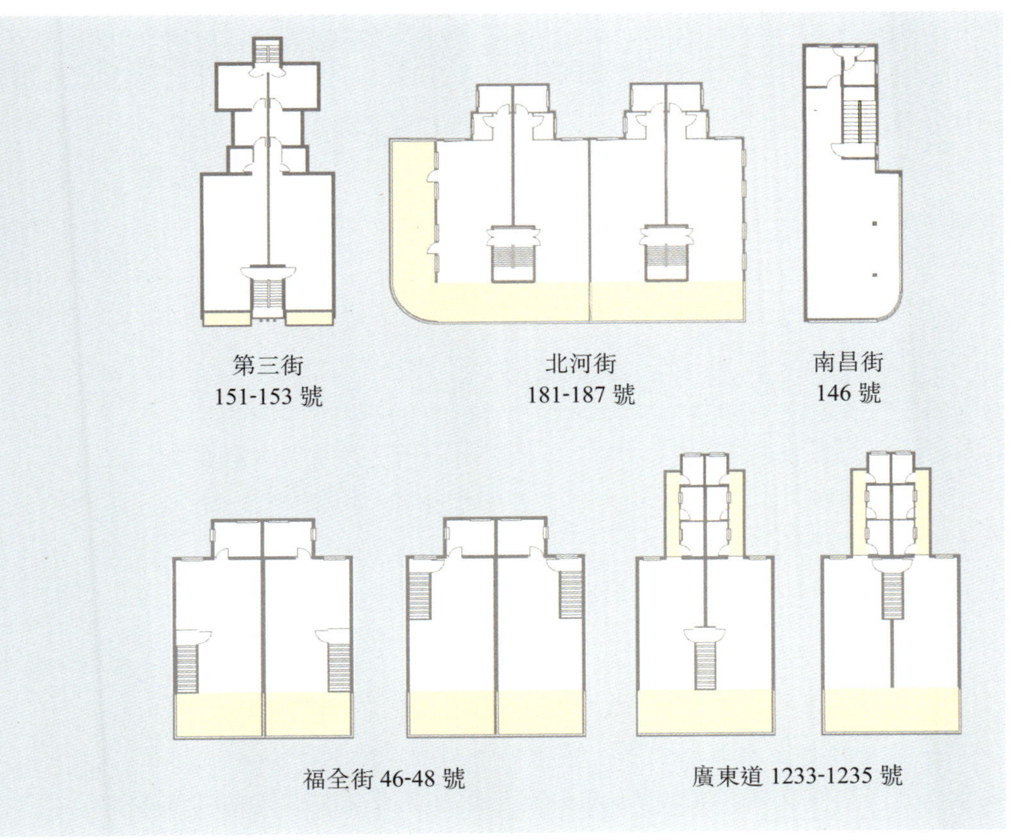

戰前華人屋宇平面圖匯總

台、樓高三層，是第一代華人屋宇的連街展現。另一張 1860 年代威靈頓街羅馬天主堂的遠攝相片，三層高的外廊式 / 騎樓建築臨街而建，外廊式的商行和洋房隨處可見。追溯至香港開埠時期的畫作，外廊式建築早已存在，只是當時沒有法例如《一九零三年公共衞生及建築物條例》，規定一定要建造這些建構物而已。當時內地仍然受大清管治，至少在廣東一帶，根本不會容許民間興建這一類洋建築，租界除外，最早的上海租界在 1845 年開始。直至 1912 年大清覆亡之後，民間才有興建非傳統建築的可能，這比香港遲了 70 年。廣州和其他僑鄉例如中山、台山、恩平、開平等地的騎樓，大約在 1920 年代出現。外廊式建築包括磚石築建的多層外廊和露台，不一定從當時英屬殖民地印度傳入，這些建築在歐洲至少在一千年前已經存在，其後模式不斷演變，英國、法國、希臘、意大利、西班牙和葡萄牙都有，並不稀奇，大航海時代已傳遍世界各地，只要不是受到當地王權限制，便會隨意存在。但建造是要花費金錢的，有錢人花錢興建外廊和露台，確實會讓居住環境變得更加舒適寫意，在凡事都講求實際效益的社會謀生一族，外廊和露台如果不能住人或者存貨，又有何用？

第二代和第三代華人屋宇的內外設計

第二代華人屋宇主要由紅磚、木材和水泥興建，一般三至四層高，樓宇的高度與臨街的寬度相約，屋頂一般是雙坡式木桁架瓦頂。第三代華人屋宇主要以鋼筋水泥建造，一般三至四層高，外形與第二代華人屋宇差不多，包括露台和外廊／騎樓，但屋頂普遍是平屋頂，窗戶逐漸由木窗轉為鋼窗。

第二代和第三代華人屋宇的立面一般都具有古典風格，古典柱式和拱券是常見的古典建築元素，當中以深水埗的樓宇最為多樣和常見；外廊或騎樓支柱上常以類似於托斯卡尼柱式或多立克式柱頭作為頂部，常飾有古典花飾浮雕，例子有廣東道 1235 號；中央頂部有大塊古典形式的山牆，例子有荔枝角道 264 號；外廊圍欄以古典的花瓶、如意通花及其他古典圖案花紋漏格鋪排點綴裝飾，例子有彌敦道 729 號、太子道 420 號至 432 號、彌敦道 66 號至 72 號；部分樓頂會建有涼亭，例子有福華街 14 號至 24 號、彌敦道 301 號至 309 號；部分樓宇背後每層更建有弧形的露台，例子有北河街 111 號、基隆街 5 號和 7 號；內部以地磚為主要裝飾，有各式各樣的花紋圖案，不只單位內有地磚，部分樓宇的樓梯也鋪上地磚，例子有欽州街 51 號和 53 號。

九龍的華人屋宇騎樓立面有較多樣的設計和豐富的花紋灰塑，特別是彌敦道和深水埗，例子有運動場道 1 號和 3 號、彌敦道 729 號、福華街 81 號和 83 號、福榮街 62 號、欽州街 51 號和 53 號。港島灣仔區的騎樓則最為單調，圍欄一般都是簡單的棒條狀，或是由樽頸棒條組成，甚至是空白的牆面，例子有駱克道 109 號和 111 號。皇后大道和德輔道的騎樓支柱則多被招牌遮蓋，花紋裝飾不多，圍欄則較多為寶瓶或花紋圖案的漏磚和牆面，例子有莊士敦道 60A 號至 66 號、皇后大道中 172 號至 176 號、皇后大道東 186 號至 190 號。中西區、灣仔、東區和香港仔的露台圍欄一般以鐵枝屈紮成或圓或方的圖形，例子有茂蘿街 1 號至 11 號、巴路士街 6 號至 12 號和石水渠街 72 號至 74A 號。銅鑼灣和跑馬地洋樓露台圍板一般以水泥建造，多屬第三代華人屋宇，圖紋以裝飾藝術風格為主，例子有毓秀街 11 號、13 號和 17 號，以及鳳輝臺舊洋樓。九龍的華人屋宇露台則多以水泥或鐵枝建造圍欄，例子有廟街 235 號、257 號和 259 號，但露台俱已拆除。

第三代華人屋宇一般是平屋頂的，立面亦具有古典風格的建築元素，但部分樓梯帶有裝飾藝術風格的鐵花和圖案裝飾，例子有太子道 177 號和 179 號；亦出現意大利水磨石面，例子有太子道 190 號至 220 號；外牆和外廊具有古典風格，例子有運動場道 1 號至 7 號；亦流行裝飾藝術風格的條紋和裝飾，例子有太子道 190 號至 220 號，這一列樓宇更備有露天後樓梯；同期興建的洋樓後座亦備有供傭人使用的後樓梯，例子有太子道 177 號和 179 號、戰前的毓秀街 1 號至 11 號、山村道 46 號至 58 號。

第二代和第三代華人屋宇根據《一九零三年公共衞生及建築物條例》規定，單位的背面開一個窗戶通風採光，後座的廚房和廁所也要有窗，長方形的地段有一角是沒有上蓋的方形缺口，故樓面呈半邊凸字形。為了節省空間，一般兩幢樓宇會合建一條樓梯共用，本書以「兩屋一梯」來形容。兩幢樓宇樓面合成一個凸字形，有少數是凹字形，當然也可以各自建一條樓梯，在前面主牆開向街口亦可，建在後座亦可，而相連的樓宇亦會共用同一塊側面的牆壁，以節省建造成本和空間。

第二代和第三代華人屋宇按《建築物條例》規定，臨街的一邊在行人路上附建露台或多層外廊 / 騎樓，單邊的樓宇則在兩邊的行人路上附建露台或外廊 / 騎樓，例子有德輔道西 207 號；或弧形轉角騎樓，例子

威靈頓街 120 號屋宇是第一代華人屋宇，雙坡屋頂，樓宇背貼背相連，地段沒有露天空間採光通風，單邊鐵架遊廊早已拆去，正面兩層的遊廊只餘下層，並需要用木樁和鐵架支撐（2005 年攝）

灣仔莊士敦道 60A 號、62 號、64 號和 66 號戰前舊樓，建有雙坡屋頂，是典型的第二代華人屋宇的主要特徵（1997 年攝）

灣仔駱克道 109 號和 111 號戰前舊樓，頂層平頂是典型的第三代華人屋宇的主要特徵（2025 年攝）

有青山道 303 號。因為舖面用來做生意，地方矜貴，故會在側面或後段開獨立樓梯上落，例子有皇后大道東 186 號，樓宇背後會有一條通道 / 後巷，樓宇有後門與通道相通，因為屋後通道 / 後巷沒有門牌街號，故後巷一般都沒有名稱。如果第二代華人屋宇或其他年代樓宇是從第一代華人屋宇重建而來，則沒有後巷，但地段上沒有上蓋的方形缺口，便成了天井或通天了，更有很多屋宇會把背後稍微縮入，以騰出空間通風，例子有荷李活道 60 號至 66 號。

第二代和第三代華人屋宇附建的露台或外廊 / 騎樓根據街道的寬度也有不同組合變化。一般建在狹窄街道的樓宇，會在狹窄的行人路上附建露台或淺窄的外廊，例子有威靈頓街、荷李活道、砵甸乍街、正街和石水渠街。有很多樓宇的外廊會緊靠凸出的牆板，例子有文咸東街 113 號和 121 號。一幢樓宇可以在每一層附建伸出行人路的露台或懸臂式外廊，一般用水泥或鐵造地台，圍欄或外廊的支柱可以是鐵鑄或木造，或用水泥塑造，可供裝飾點綴。

第二代和第三代華人屋宇附建的多層外廊 / 騎樓多見於寬闊的大街和行人路的樓宇外，外廊 / 騎樓跨在行人路上，支柱與行人路的路緣面對齊，例如皇后大道、德輔道和彌敦道都常見。可以是每一層都有外廊，最頂一層樓宇可以建有上蓋的外廊，或利用下一層外廊的上蓋作為露台。

樓宇要視乎街道寬度的情況而興建露台或外廊，寬度在 25 呎至 50 呎之間的街道要興建露台或淺窄的懸臂式外廊，寬度超過 50 呎的大街道要興建外廊，60 呎以上要興建多層外廊 / 騎樓，但當中有多種形式，大致可歸納為 15 類，包括戰後唐樓。

洋樓通常在屋內設內廊，即遊廊不覆蓋行人路，也可以在行人路上伸出獨立不連排的小露台，但不會在行人路上方附建外廊 / 騎樓，半山的堅道、羅便臣道和般咸道等街道的戰前洋樓，常把遊廊設在屋內，例子有羅便臣道 15 號、衛城道 7 號，般咸道 33 號和已拆卸的羅便臣道 52 號。

第二代和第三代華人屋宇附建的露台或外廊 / 騎樓的類別

類別	特徵	例子
①	騎樓和主樓層數相同。	未拆卸的皇后大道中 172 號至 176 號、太子道 177 號至 179；已拆卸的連排同一系列的樓宇有莊士敦道 276 號至 288 號、欽州街 47 號至 61 號。
②	騎樓低主樓一層，騎樓頂是頂層露台。	未拆卸的連排同一系列的樓宇有莊士敦道 60 號至 64 號；已拆卸的上海街 594 號、砵蘭街 124 號至 152 號。
③	二樓至頂層有鐵柵外廊。	未拆卸的石水渠街 72 號至 74A 號；已拆卸的威靈頓街 196 號和 198 號。
④	二樓至頂層地台有鐵柵外廊，廊頂是頂樓露台。	未拆卸的茂蘿街 1 號至 11 號；已拆卸的普慶坊 50 號至 72 號。
⑤	二樓至頂層的地台有鋼筋水泥外廊，廊頂是頂樓露台。	已拆卸的糖街 15 號至 31 號。
⑥	二樓至頂層的地台有非常淺窄的鋼筋水泥外廊，頂層內縮。	未拆卸的荷李活道 60 號。
⑦	二樓至頂樓有鐵柵或水泥欄柵的相連露台。	未拆卸的廟街 235 號、257 號和 259 號；已拆卸的廟街 258 號至 278 號。
⑧	二樓至頂樓有鋼筋水泥露台，二樓露台有一部分是地下樓頂。	已拆卸的銅鑼灣希雲街 7 號至 33 號。
⑨	二樓至頂樓有不相連的鋼筋水泥露台。	未拆卸的毓秀街 15 號、毓秀街 17 號；已拆卸的樂道 17 號至 27 號。
⑩	二樓至頂樓有非常淺窄的鐵柵露台。	未拆卸的永利街 3 號至 12 號。
⑪	二樓至頂樓是露台，但頂樓的露台較為淺窄。	未拆卸的邊寧頓街 3 號和 5 號。
⑫	兩層騎樓，騎樓頂是三樓露台，頂層是外廊，三樓有牆板支持外廊。	已拆卸的廟街 60 號至 88 號。
⑬	兩層騎樓，騎樓頂是三樓露台，四樓有露台。	部分拆卸的運動場道 1 號和 3 號、北河街 111 號至 117 號。
⑭	兩層騎樓，騎樓頂是三樓露台，四樓退縮，三樓樓頂是四樓露台。	部分拆卸的元州街 75 號至 81 號；已拆卸的銅鑼灣道 120 號至 122 號。
⑮	二樓至頂樓是鋼筋水泥大露台 / 騎台，又稱懸臂式騎樓 / 懸臂式大露台，戰後唐樓的騎台大多是連排相連的，或被梯座分隔。	未拆卸的南昌街 146 號、大埔道 108 號和 110 號。

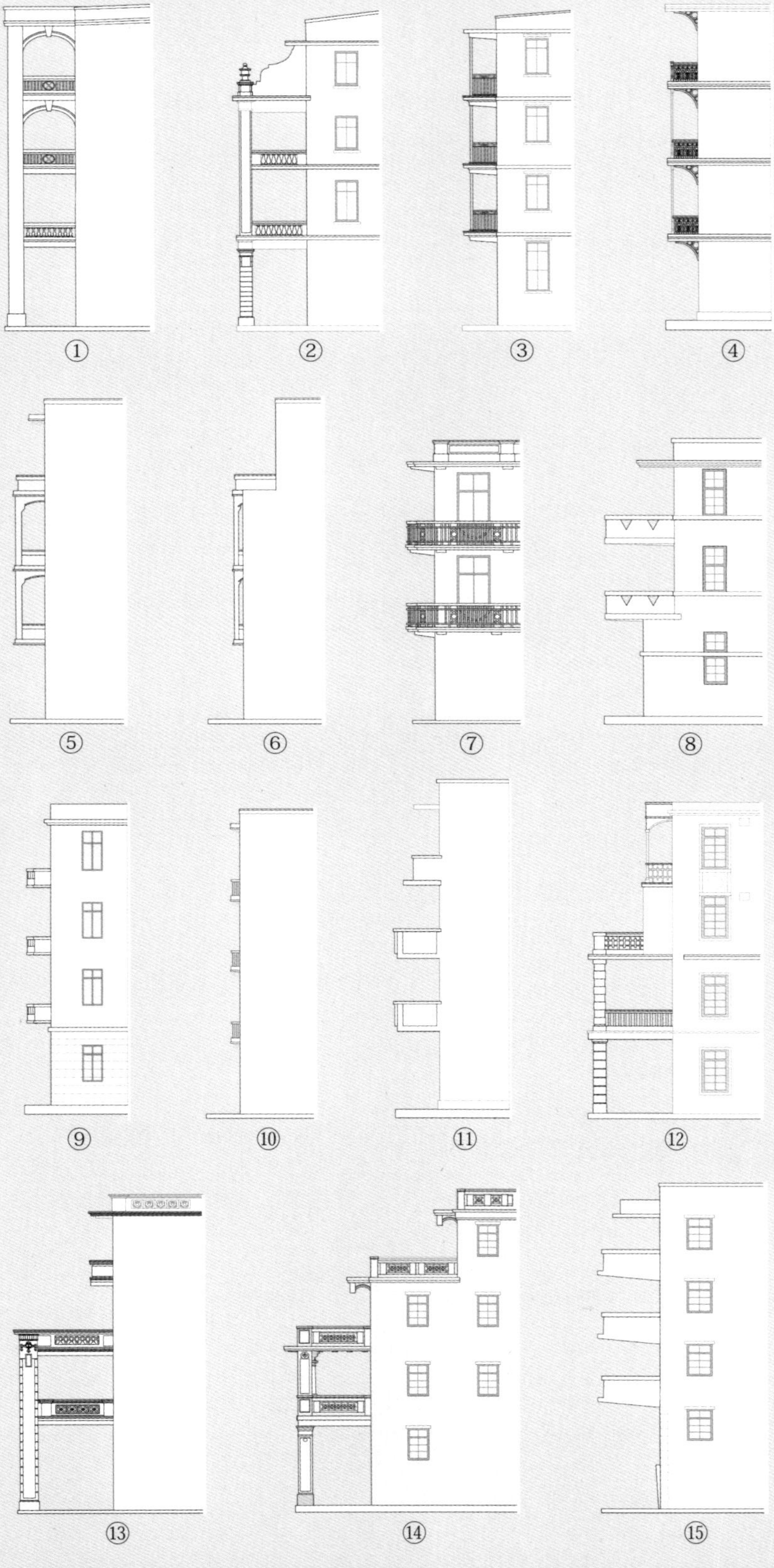

①
②
③
④
⑤
⑥
⑦
⑧
⑨
⑩
⑪
⑫
⑬
⑭
⑮

不同類型的外廊與露台

建築商往往在相連街號建造一排同一系列／模樣的華人屋宇，有的是全排屬同一業主擁有，有的是不同業主擁有。大業主的連排物業多是一模一樣的建築，重建時可以整排物業拆卸，重建為一幢大廈或連排模式一樣的樓宇，例如 1963 年建成的彌敦道 300 號至 306 號華豐大廈、1964 年建成的福華街 16 號至 24 號唐樓龍華大廈、1982 年建成的彌敦道 216 號至 228 號恆豐中心、1962 年建成的北河街 60 號至 74 號唐樓及 80 號至 94 號唐樓，1963 年建成的基隆街 250 號至 286 號唐樓這些建築原應是同一排同一系列同一業主的物業，可能由業主自行重建，也可以是轉手給地產商重建發展，也有可能是業主與地產商合作發展。這種連排同一系列同一業主的戰前舊樓多見於九龍半島，大概九龍半島在 1900 年代才開始開發，當時香港已出現很多富有家族，例如何東家族、黃耀東家族和律敦治家族，他們財力雄厚，可以購買大量大幅地皮興建樓宇收租，作為長遠投資回報。

小業主的單幢或數幢相連物業一般都與其他樓宇不一樣，即使和相鄰的樓宇同一系列，但重建時往往只能單幢發展或以擁有幾幢相鄰物業的單一小業主一併發展，例如 1963 年建成的南昌街 146 號唐樓，就是由一個街號的樓宇重建而來；北河街 181 號至 187 號本來是四幢同一系列的樓宇，185 號和 187 號於 1976 年重建，181 號和 183 號則在 2009 年建成富匯居大廈；鴉蘭街 2 號至 8 號本來是四幢同一系列的樓宇，2 號和 4 號於 1979 年重建成歡樂樓，8 號於 1975 年建成家興樓，只有 6 號尚存，可見舊樓都不是同一業主擁有，只餘單幢的華人屋宇當然是小業主的物業。現存一梯兩幢相連或三連模式的華人屋宇，卻很有可能為同一業主所持有。

華人屋宇的樓梯設計

第一代華人屋宇都是一樓一契，多是私人自用一幢樓宇，由於是以木板間隔樓層，所以可以在任何位置的木板地面開洞興建樓梯。每一層的樓梯位置可以不同，某一層樓梯可以是打直行，另一層樓梯可以是打橫行，沒有一定規律。樓梯的設計有多種變化，但當中有多種形式，大致可歸納為十一種。

第一種是一條直梯，每層一段及一個梯台，樓梯口接行人路。一條長樓梯由樓宇的前面外牆邊緣一直伸展到盡頭，在每一樓層建一個梯台，若果樓宇樓上有三層，便有三個梯台，每層單位門口位置都不同，愈高層門口愈遠離大街，這種樓梯一般都很狹窄和陡斜，並且非常黑暗，樓梯上面和下面則是單位的內部空間，例如莊士敦道 64 號、大南街 173 號。如果是兩幢樓共用一條樓梯，樓梯上下方空間可以由左右雙方各佔一半，從舊相所見，廣東道 1129 號原與 1131 號共用一梯，當時 1131 號已經拆卸，成為空地，從 1129 號側邊可以看到這種樓梯上下空間的分配模式。

第二種是樓梯分左右兩段，每層一段及一個梯台。每一層只有一段樓梯，在每一樓層建一個梯台，若果樓宇樓上有三層，便有三個梯台，這種樓梯一般都很狹窄和陡斜。與第一種樓梯不同的地方是，第二種單數樓層的樓梯設在一邊，雙數樓層的樓梯設在另一邊，兩段樓梯由梯台連接；上了一層樓梯，便要在梯台轉頭到另一邊樓梯再上，不斷重複；結果是單數樓層單位的門口位置相同，雙數樓層單位的門口位置相同，例子有荔枝角道 386 號至 388 號。

第三種是樓梯分左右兩段，每層兩段及兩個梯台，單位門口在前梯台。每一層的樓梯分成左右兩段，每段半層樓高，兩端各建高度相差半層的梯台，每層不斷重複興建，樓梯可以貼近臨街的外牆採光，單位的門口開在前梯台。例子有青山道 301 號和 303 號，但由於有樓宇深度不足，或爭取室內空間，此樓把後梯台設計為轉角樓梯，兩旁梯級的數目因而縮減，亦即縮短了長度，截去的樓梯空間成為室內空間，假如轉角位有四級，每邊樓梯便短了兩呎。

第四種是樓梯分左右兩段，每層兩段及兩個梯台，單位門口在後梯台。例子有福華街 83 和 85 號、欽州街 51 號和 53 號。為了爭取更多室內空間，開在單位門口的梯台被做成三角形，門口開在兩個斜邊的位置，較另一邊的梯台少了一半面積，截走的空間成為了室內空間，例子有洗衣街 165 號、基隆街 5 號和 7 號。

第五種是樓梯分左右兩段，每層兩段及兩個梯台，單位門口為同一邊梯台，屋後有露天後樓梯或屋內有後樓梯。露天後樓梯例子有太子道190號至204號、毓秀街11號；室內後樓梯例子有太子道177號和179號、山村道54號。

也有些樓梯是第一種和第三種樓梯的折衷類型，由於樓面深度不足，樓下數層是一條長樓梯由樓宇的前面外牆邊緣一直伸展到盡頭，頂樓則是第三種樓梯，即一層樓梯分左右兩段。例子有莊士敦道157號和159號，最初兩層半是一條直上的長樓梯，最後一層半的樓梯則在梯台拆分為左右兩段半層樓高的梯段至天台。侯王道29號最初一層半是一條直上的長樓梯，最後兩層半樓梯則在梯台拆分為左右兩段半層樓高的梯段至天台，拆分處改用旋轉梯級而非梯台。東邊街36號樓下三層樓梯是一條直上的長樓梯，最頂一層樓梯是橫向分左右兩段。

俗稱唐樓的第四代華人屋宇多為四至六層高，多建於1950年代；也有高至14層的，多建於1960年代。若是從舊樓重建而來，一梯直上到尾的設計已不適用，一般把樓梯每層分成左右兩段，樓梯口貼住前面主牆和行人路，每層樓梯向街的一段開有窗戶採光通風，成為獨立的梯座，例子有大埔道108號和110號、馬頭圍道366號和368號、馬頭圍道452號至462號。第六種樓梯是樓梯安排在樓宇中段，多是單邊樓，例子有南昌街146號。第七種樓梯是把梯座貼近後巷，讓單位取得最多臨街景觀，故要安排通道與出入口連接，例子有馬頭圍道204號和206號。有些唐樓會設有室內後樓梯或露天後樓梯，室內後樓梯為第八種樓梯，例子有建於1960年的汝州街283號至293號；露天後樓梯為第九種樓梯，例子有建於1956年的醫局街158號至164號。

若果地段很大，有十多個街號，只要設立兩個梯座，每層一條通道連接兩個梯座，便可以供這十多幢相連的唐樓用戶共用，梯座一般設在兩端，這樣便可節省了更多空間用作單位。以前十座一梯兩幢形式的相連樓宇，有五座樓梯，一起重建發展，只需要兩條樓梯，另外三條樓梯的空間便成了單位，例如漆咸道北496號至510號、馬頭圍道208至220號添馬大廈。

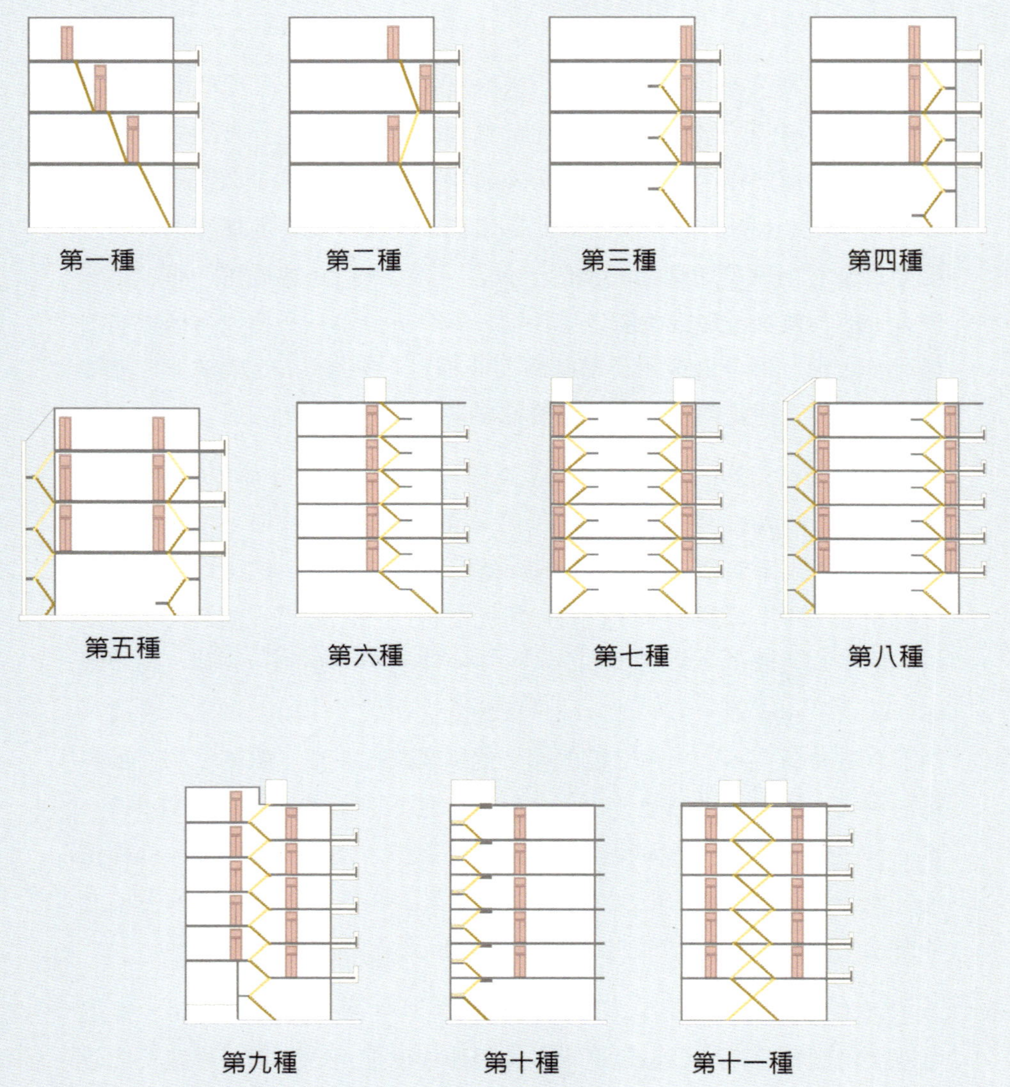

樓梯類型圖

更有重建成的唐樓分為前後各自一個或兩個單位，樓梯分為兩段，每段只有半層樓高度，故前座和後座單位地台會相差半層樓高，第九種樓梯例子有元州街 48 號及桂林街 52 號的一幢大單邊唐樓，前座元州街 48 號單位較後座桂林街 52 號單位的地台相差半層，這是因為唐樓建在斜路上，後座桂林街 52 號的商舖保持原有的樓底高度之故。戰前建成的華人屋宇或戰後唐樓底層，即地下的樓梯底，可以租用作小型商舖。

兩幢共用一梯的樓宇，若果其中一幢樓宇重建，便需要面對處理樓梯的問題，有多種解決方法。第一種方法是把直上樓梯留給對方，例如

廣東道 925 號至 947 號 12 幢舊樓，建於 1956 年，建有懸臂式騎樓或大露台 / 騎台，是典型的戰後唐樓 / 第四代華人屋宇的主要特徵（2025 年攝）

廣東道 1235 號、衙前圍道 68 號和荔枝角道 147 號；而龍崗道 11 號的樓梯只保留樓梯及其天面，樓梯天面以上部分則已拆除。第二種方法是拆掉了樓梯，彼此各建一條，例如德輔道西 207 號，將原有與 209 號共用的樓梯口封閉，207 號在後座側邊另建一條樓梯，把每層的地面打穿通過，故在每層的交接位會看到不完整的階磚。第三種方法是先拆掉樓梯，彼此再共用新樓建成的樓梯，例如元州街 142 號。第四種方法是把兩段式樓梯留給對方，樓梯後方的用地作為新樓樓面的一部分，例如元州街 75 號。第五種方法是把樓梯留給對方，樓梯上方空間成為新樓樓面的一部分，例如荔枝角道 147 號。

現在新型大廈都有兩組樓梯，樓梯的形式多樣，除了每層兩段式的外，也有每層四段式的，每層有四個梯台，第十種樓梯的例子有灣仔日街 6 號和 7 號。更有的是每層分左右兩段，但每段卻有一層樓高，兩組樓梯重疊在一起，節約了一組樓梯梯台所佔的空間，第十一種樓梯的例子有大埔道 128 號逸華軒。

華人屋宇的後座露台

戰前華人屋宇的前座是居住空間，後座主要是廚房和廁所，一般有室內通道通往後座房間。有一些樓宇因為樓面進深不足，樓梯位把前座和後座分隔，便要興建露台連接，也有的是為了善用空間，在後座築設露台作為通往廚房和廁所的通道，例子有欽州街 51 號和 53 號、荔枝角道 386 號和 388 號、鴨寮街 187 號和 189 號、青山道 301 號和 303 號，已拆卸的莊士敦道 157 號和 159 號。把露台設在前座後方，以連接後座兩個房間的例子有皇后大道東 186 號、187 號和 188 號，荔枝角道 264 號。另一種是在後座末端架建半圓形露台，末端的房間要經露台進入，例子有基隆街 26 號。也有樓宇在前後座的角位以弧形露台連接，例子有山東街 53 號和 55 號。

小結

戰前香港的華人住宅樓宇，一般都維持三至四層樓的高度，與街道的寬度相若，從高處俯覽港島北岸和九龍半島，城市的天際線是平坦遼闊，街道井然，晚上萬家燈火，處處耀眼生光。大街上有騎樓，小街道有露台，那是一片和諧有秩序的景象。屋內外晾曬的衣物床單、欄河上的花草盆栽，飄揚着宜興茶壺般積存着的老香港味，令人深存着「你那色調難忘」的印象。行人路上有騎樓或露台為路人遮風擋雨，井然的街道網，認定了山的方向便不易迷路。樓宇的形式是統一的，但細看卻又有些分別，各有特色。四層的樓梯不致令人卻步，開揚的外廊迎入了陽光和空氣，沒有間隔的單位可以任人隨心所欲地間隔，若不是人口不斷湧入，造成七十二家房客般的房屋問題，這些樓宇在當時已經是很理想的居所了。現在所存留的戰前華人屋宇，建成時都是有錢人的物業，自住樓宇的裝修當然不會失禮，放租的裝修卻又因人而異。現存的戰前華人屋宇，有的長期空置，有的仍然是業主的終身住所，有的是等待着收購的奇貨，有的成了上了樓的木屋區，或是申請入住公屋的踏腳石。當唐樓的樓上樓下單位都變成籠屋的樣子時，居住在中間的業主可要遷往理想的居所，把單位變賣，或是把單位也變成籠屋出租，再不是「我心中的故鄉」。

第三章
《一九零三年公共衞生及建築物條例》簡介

1894 年 5 月，香港爆發為害長達十年的大鼠疫，共有二萬人因感染鼠疫死亡，佔當時全港人口的 6%，超過三分一居民離港避禍，而上環太平山街是鼠疫重災區，需要全面清拆樓宇作社區重建，又把災情最嚴重的地方開闢為卜公花園。1903 年 12 月，港府頒佈《一九零三年公共衞生及建築物條例》，對城市進行清潔、樓宇改造和實行防鼠患、蚊蠅滋生和蔓延的措施，把城市更為有效地規劃，又豎立多塊界石，確立了維多利亞城的邊界。

港府頒佈的《一九零三年公共衞生及建築物條例》，影響深遠，條例只有英文版本，文件厚達 182 頁，包括詞彙釋義、公共衞生、建築物、建築物擁有人及毗鄰擁有人的權利、仲裁、違規行為及處罰、雜項七部 271 款，以及附表（Schedule B-M）。第三部建築物有 54 頁 140 款，規定建築物的設計和各部分的規格。附表涉及規格、運作和保養的設施有烘焙屋（Bake-houses）、地下室（Basements）、牛棚和豬圈（Cattle-sheds, pigsties, etc.）、墳場（Cemeteries）、公用宿舍（Common lodging-houses）、奶牛場（Dairies）、牛棚（Depot for cattle, pigs, sheep and goats）、受感染場所（Infected premises）、洗衣局（Laundries）、街市（Markets）、屠房（Slaugher-houses）、外廊或露台（Verandah or balcony）、寮屋（Matsheds）和排水系統（Drainage, including water closets and urinals）。

過去只見有人提及這個條例，未見原文細節刊載。現在將與本書相關的戰前樓宇設計和各部分規格的英文版原文翻譯如下。本文只供參考，並無法律效力，一切內容以英文版原文為準。

建築物料（Building materials）

牆壁（Wall）

除另有規定或經建築事務監督批准外，所有永久性建築物的牆壁必須採用堅硬的燒成磚、堅硬石料，或認可的堅硬及不能燃燒材料建造，並以水泥砂漿或石灰砂漿黏合，不可使用青磚築牆。牆身上方部分不能較下方部分厚，內部間隔牆要與主牆結合。牆的至少厚度按照牆的高度和長度有不同的標準，任何樓層的高度不得超過 15 呎，牆壁高度不得超過 76 呎，如頂樓是雙坡頂，則只計至山牆的一半高度，但不包括屋頂上裝飾和不超過三呎高的圍欄。除歐人住宅區和山頂（European Reservation or the Hill District）外，不可建造以板條夾石膏的牆或空心牆。外牆應有瀝青或水泥砂漿覆蓋的防潮層，厚度不得少過半吋。應用堅硬的石頭、磚或混凝土作為牆基，深度不得少於牆壁厚度兩倍。間隔牆的開口不得超過該牆面積的三分之二。頂樓的間隔牆應抬高至屋頂上表面至少 18 吋高度。任何牆壁上的每個開口均須以水泥砂漿黏合，以磚或石砌成拱形，或以鋼樑、鋼筋混凝土樑跨接。

地面混凝土澆築（Concreting of ground surfaces）

每棟住宅建築物（domestic building）的地面應覆蓋一層不少於 6 吋厚的石灰混凝土，或不少於 3 吋厚的水泥混凝土作為不透水層。每個地下室、廚房、廁所的地面，或與之相連可能濕水的表面，首先要覆蓋一層不少於 6 吋厚的石灰混凝土，再覆蓋一層不少於 2 吋厚的水泥混凝土，或以水泥砂漿黏合的花崗岩或釉面磚片鋪面，作為不透水層。

樓面（Floor）

每座住宅建築物的地下樓面高度，至少高過建築物外面的地面 6 吋。建築物的樓面木樑與相鄰樓宇樓面木樑之間的距離不得小於 9 吋，木材端部之間應採用堅固的磚石和砂漿營造。樓面除非由混凝土建造，否則不得嵌入牆壁之內，而應放置在牆頂或托架上。樓層（storey）是指上下兩層樓面之間的空間。每座住宅樓宇的地下至少有 12 呎高，樓上每層至少有 11 呎高，至少有 10 呎的淨空間。而看更宿舍、僕人宿舍、廚房、浴室、食品儲藏室、烘乾室或廁所，至少有 9 呎高，有至少 7.5 呎的淨空間。如果頂樓是雙坡屋頂，則以樓面至屋頂桁架高度的一半位置距離，作為樓層的高度和淨空間計算。

1920 年修正為高度低於 9 呎淨空間的地方不可住人。若在地下間房，則要保留天面對下至少 2.5 呎的淨空間通風，要有防止老鼠從通風口進入的裝置。只有樓下和頂樓可以設立閣樓或閣仔，面積不得多於樓面的一半面積或 200 平方呎，上方和下方不得封閉，亦不能阻礙門口或窗戶打開通風，廚房內不得設立閣樓或閣仔。木地板要有榫舌和凹槽銜接以防水，歐人住宅區和山頂以外的住宅建築，均應採用水泥或不透水材料，製成高度至少 1 呎及厚度不少於 1 吋的地腳線。

樓梯（Staircases）

每個樓梯級最少要有 8 吋深及不超過 8.5 吋高，除了歐人住宅區和山頂，木樓梯下面不能用木板封閉，以免藏污納垢，滋生細菌。

天花（Ceilings）

歐人住宅區和山頂以外地方的任何建築物，不得建造天花板，以免藏污納垢。

屋頂（Roofs）

每棟建築物屋頂的外部均應覆蓋瓷磚、玻璃、金屬或其他不燃燒物料。樓與樓之間屋頂的木料相距不得小於 9 吋，木材端部之間應採用堅固的磚石和砂漿營造。屋頂上不得搭建上蓋，曬衣用木架除外，煙囪旁不得有木料裝修。

拱券（Arches）

通道上的拱券應由磚石或其他不燃燒材料製成，不同跨度有不同的厚度，例如跨度不超過 10 呎，厚度不少於 12 吋。

突出物（Projections）

每一個上蓋、簷口、門面、櫥窗裝飾、門廊、外廊、露台、欄杆、屋簷，突出物和建築裝飾，若果距離其他建築物或土地超過 30 呎，應由磚、瓦、石材、板岩、水泥或其他不燃燒材料製成，被該突出部分覆蓋的牆壁部分，也須用水泥砂漿建造。建築物的屋頂、遊廊、露台和樓面應設有排水溝和排水管，以免雨水被排放到行人路或街道上。突出物不得伸出到街道，例如遮陽篷、招牌、燈、隔柵和排水溝等，門和閘亦亦不得向外開啟，以免造成阻礙、危險或滋擾。

外廊和露台（Verandahs, balconies and areas）

露台／陽台（本書取露台一詞，除了連接主牆面的部分，其他三面只有圍欄，沒有支柱或牆板相連，這納入外廊的特徵）不得設置在寬度少於 25 呎的街道上，露台高度不得超過臨街寬度的 1.25 倍，不得增加其高度超過臨街寬度的 1.25 倍。外廊／遊廊（遊廊可以是外廊或內廊，條例指的是外廊，多層的外廊俗稱騎樓）不得設置在寬度少於 50 呎的街道上，不得在寬度少於 60 呎的街道上建造高度超過兩層的外廊。不得在外廊或露台上豎立間隔，但用以分隔相鄰建築物的露台或外廊例外，亦容許旅館和辦公大樓根據需要設置間隔，將房間與任何相鄰房間分開。

跨越行人路的外廊，其寬度不得少於 7 呎 9 吋，寬度為牆面至支柱內側的距離，柱基應與行人路的路緣面對齊，高度離行人路路面不得低過 12 呎，往上每層的外廊或露台的高度不得少於 11 呎。外廊或露台的末端和前方應保持開放。外廊或露台應由鐵、石或磚建造，柱腳和托樑要用鐵或花崗岩建造，外廊或露台的屋頂和層面需設有排水溝和排水管。外廊或露台的支架應從牆面延伸至少 3 呎的長度。下方的行人路至少要有 4 吋厚的水泥混凝土或精細打磨的花崗岩鋪成。露台的寬度要均勻，寬度不得多過 3.6 呎。

廚房、壁爐和煙囪（Kitchens, fireplaces and chimneys）

每個住宅單位要有面積不小於 50 平方呎的廚房，要有灶台，樓面要鋪上水泥混凝土或防吸收性物料，至少 4 呎高度的牆壁要用相同物料覆蓋，厚度不少於半吋。除歐人住宅區或山頂外，若果樓宇兩側緊貼其他建築物，或距離少於 20 呎，廚房寬度不可超過建築物寬度的一半。每個灶台要配接由磚或磚石和以砂漿抹平的煙囪或煙道，煙道切面不小於 28 平方吋，並有指定規格，灶台周圍地面以不燃燒材料鋪蓋。如果煙囪或煙道需要延伸到屋頂以上 5 呎的高度時，該部分可用鐵管組成。

火災逃生通道（Fire escapes）

樓層高過街道水平 40 呎時，每層都要有逃生設施，並由業主負責維修。

窗戶、小隔間和房間（Windows, cubicles and rooms）

每一層均須至少設有一隻開向街外的窗戶，可讓陽光照射室內地面至少是總面積的 10%。在樓層後段要有至少 10 平方呎的玻璃窗讓陽光照射後段室內空間，能打開的部分不少於一半面積。住宅建築的建造深度不得超過 40 呎，除非每層的窗戶面積總和多於八分之一的樓面面積，讓整層樓面有充足照明。樓房若要加建房間，增建的房間內的窗戶面積總和至少多於房間面積的十分之一。在 1908 年 7 月 3 日以後的華人屋宇或歐式樓宇，如要在房間內設立小隔間，每個房間面積只能介乎 7 平方呎至 100 平方呎之間，每個房間要開設至少一個符合規定的通風和採光窗，住宅建築物的廚房和底層的房間不能設置擋板除非是屏風，在樓上房間內設立小隔間，要考慮採光和通風的情況，有不同的規定和要求。當局若發現樓宇內部昏暗並對健康構成危險時，可以下令拆除底層以上的樓層。

抽水馬桶和廁所（Water closets and latrines）

廁所須以磚、石或其他不透水材料建造，至少有 7 平方呎面積，有一度門和一個總面積不少於 2 平方呎，用於通風到屋外的開口。廁所的牆壁採用水泥砂漿或其他非吸收性材料，鋪蓋至少 3 呎高度。廁所地板應高於室外表面至少 6 吋，表面須採用水泥混凝土或磚拱形結構，表面塗有水泥抹灰或其他不透水材料。廁所不得透過任何管道與街道的下水道連通。馬桶若沒有抽水箱，也不能直接把水管設在馬桶或小便池上方。若沒有抽水馬桶，則要配備一個不固定的防水容器接收排泄物，容量不超過 2 立方呎。公寓業主須提供足夠的私人廁所，供住戶使用，每日有人清除糞便。未經批准，不得建造公共廁所，以免造成滋擾。

空地和後巷（Open spaces, scavenging lanes, etc）

若果住宅樓宇前後兩端都臨街（轉角房屋除外），而深度超過 50 呎，則視為兩座住宅建築物。新建樓宇與斜坡之間要有開放空間，並設有去水管道。開放空間不能豎立建築物，上方連繫樓宇的天橋寬度不可超過 3.5 呎，住宅樓宇背後要有通道 / 後巷，並能夠與空地連接。

建築物的高度（Height of buildings）

條例生效後，現有建築物不得增加高度。新建樓宇的土地若在條例生效前批出，其高度不得超過臨街寬度的一倍半。假如街道在 1894 年 12 月 29 日前已經存在，而兩端街口相距不超過 420 呎的情況下，若果現有樓宇的高度不超過臨街寬度的兩倍，重建後的高度和以前一樣；若高度超過臨街寬度的兩倍，重建後的高度不得超過臨街寬度的兩倍。新建樓宇的土地若在條例生效後批出，其高度不得超過臨街寬度。樓宇高度不得超過 76 呎，連地下在內不多於四層。

排水工程（Drainage works）

凡建築事務監督認為即將興建，或重新興建住宅建築物的工地過於潮濕，以致需要地下排水溝，則須提供足夠的排水溝。業主應將底層建造在足夠高的高度，以建造排水溝與公共下水道連通。市區以外地方的排水溝均應為露天排水溝，用水泥砂漿或水泥抹灰砌成半圓形溝道。

建築物設計（Design of buildings）

歐人住宅區和山頂不得興建傳統中式住宅建築（Chinese domestic building）。

危險建築物（Dangerous buildings）

若當局宣佈某建築物為危險建築物時，該建築物的業主必須安排圍板，把建築物圍封，以保護行人。樓宇若因火災或風災成為危樓，業主須按照當局指令，把危樓的一部分或全座拆卸。若找不到業主或業主不理會當局指令，當局可以僱人把危樓拆卸，並向業主追討費用。如果當局認為樓宇出現裂縫、沉降或其他缺陷，可能會變成危樓，可下令封閉，直至有證明缺陷已完成補救維修為止。若果有人在樓宇封閉後繼續居住，或使用該樓宇，可被罰款不超過 100 元，若果繼續違例居住，每天罰款不超過 50 元。

寮屋和其他易燃結構（Matsheds and other inflammable structures）

未經政府書面許可，任何人建造或維修由木頭、墊子、棕櫚葉、茅草或其他易燃材料製成的建築物，無論是臨時還是永久使用，都是不合法的。不得在公共水庫集水地內的任何土地上興建此類建築物，未經建築事務監督特別許可，不得在維多利亞城的山坡上興建此類建築物。規例者一經定罪，可被罰款不超過 100 元，並須拆除該建築物。

小結

1903 年，港府頒佈《一九零三年公共衞生及建築物條例》，建築物因應採光、通風、去水、防火、防止藏污納垢等衞生條件而有各項規定。百多年來城市不斷發展，除舊立新，現存的戰前住宅樓宇都是《一九零三年公共衞生及建築物條例》的產物，三或四層高的，特徵有臨街的多層外廊／騎樓或露台、高樓底、底層閣樓、頂層閣樓、後座廚房，通天和後巷、一街號一屋一梯或兩街號兩屋一梯等等。當中規定騎樓不能住人，天台不能僭建木屋，由於執法者的巡查和取締，這樣的情況一直維持至日佔時期之前，有大量戰前舊相可以證明。1955 年，港府因應當時社會環境和需要、新建築技術和物料的改進，才以新的《建築物條例》替代 1903 年的舊條例，但內容大都沿襲這些舊條例的內容而作出調整修訂，多層外廊／騎樓被懸臂式大露台取代，成為 1950 年代至 1960 年代的唐樓和洋樓的主要特色。《一九零三年公共衞生及建築物條例》非常繁複，條文不易理解，倒過來透過觀察戰前舊樓，不難歸納出條例的主要內容，展現出建築學的實用智慧，反映舊時代的生活面貌。

第四章
歷年相關建築物條例修定對樓宇的影響

建築相關條例簡史

香港樓宇建築規定緣起於 1894 年爆發的大鼠疫，1903 年港府頒佈《一九零三年公共衞生及建築物條例》，以 1890 年《英國房屋法令》及 1894 年《倫敦建築法令》為依據，主要考慮採光需要，改善衞生，樓宇高度規定與街道成 63.5 度角以內，即三或四層，五層以上要有港督特許，必須要有外廊 / 騎樓和後窗，騎樓免地價，要業主負責建造，但不能住人和作為辦公室。1935 年，港府修例規限騎樓寬度。戰後香港人口激增，居住問題嚴峻，租金暴升，港府於 1947 年制定《業主與租客條例》，業主難以向租客收樓，市區重建困難。1955 年，《建築物條例》重新制定，樓宇面向街道主牆高度與臨街寬度的度角限制由 63.5 度角增至 76 度角，即九至十層樓高，刺激樓宇重建，更出現頂層削斜的階梯狀樓宇，即樓頂各層逐層向後縮入。由於重建步伐過快，發展項目過盛，基建滯後引致問題出現。港府於 1962 年 10 月 19 日修窄地積比率，減少重建樓宇面積，但建築事務監督仍可依照舊例審批 1966 年 1 月 1 日前呈交的建築工程申請。這個漏洞導致建築狂潮湧現，銀行紛紛投資地產，趕及在限制前重建舊樓。

1955 年的《建築物條例》與舊例比對

1951 年，港府展開重訂建築法例的工作，不能再事拖延，不僅針對建築物的構造，還要對付其他對公共衞生有潛伏性的危險，例如不夠光線、空氣和衛生設備等。1953 年 6 月，港府擬定了草稿。1955 年 12 月，立法局三讀通過《建築物條例》，新的法規必須能夠使火災和暴風雨的危險得到避免，颶風字眼首次出現；新法規對現代建築所有複雜機械構造，例如鉛管、排水渠、升降機、自動電梯和其他設備等，都有規定；關於建築物的空位、高度和容積等各方面和地址的利用方法也受到規定；又要確保每一個房間都要有充足的光線和空氣。

條例刪除了騎樓加窗的限制，往後騎樓加窗作為寫字樓和住人是合法的，但禁止用作工場、儲物室、廚房、廁所和浴室。刪除原因是住宅缺乏的情況仍然存在，強制拆除騎樓間隔會使屋荒的問題惡化，故不再禁止騎樓間隔。另一修正是規定工務局在核准展開建築工程時，得規定有關荷重、選料、驗料、監工等等條件，責成業主、建築師及建築商遵守。

1956 年 5 月，港府刊憲發表《建築物條例》的三個附例，分別按照樓宇建築過程中行政、計劃與建造三個步驟而規定了各種細則。在舊的建築物條例中，這些細則都作為主例的一部分，並不分開。

行政規則規定了在建築樓宇前，應向工務局辦理各種手續，包括建築師、營造商的聘任、圖則的審查，以及各種有關表格的格式。計劃規則規定了騎樓、樓宇高度、通風採光設備、樓梯及走火設備、臨時建築物、木材建築物、棚架等有關規定。建造規則詳細規定了材料的規格，樓面垂直荷重規格、基礎、地板、牆壁、壁爐、煙囪、水井、屋頂等的規定。與舊例比較，政府新增了有關打樁、木料的使用和防火規格三個部門。

新例禁止建立用柱子從地面支撐的騎樓，因其阻礙行道交通，及妨礙汽車駕駛人的視野，故新例完全禁止。新例的第九小節，是防止露台或騎台（懸臂式騎樓／大露台）與天篷妨礙行人路及街道的自然光照明，因為這些行人路，通常不超過五呎寬。但是如果港督會同行政局同意，亦得予興建。

所有不足 30 呎寬的街道，均不准建露台。露台或騎台距離行人路不得低過 11 呎。新例准許騎台兩側可以用磨砂玻璃、金屬片、硬木、磚和三合土等物料隔離，兩側及前面應有三呎六吋高的圍欄。

新例將房間高度的最低限制降低了，不論供居住或作寫字樓用的房間，從地皮到天花的垂直高度不得少於九呎。如果是前後座分離，或半分離的建築物，則不得低過八呎，廚房、浴室、水廁等則為八呎。樓宇有「通天」，或部分屋後及部分屋後有通天，則樓上各層，可比地下較矮。舊例規定底層住宅房間高度至少應有 11 呎，樓上至少有 10 呎。

舊例規定，如果建築物的高度，高於街道的寬度，則高出的部分不可修建騎樓。舊例只准樓宇高度相等於街度寬度之一又四分一。新例放寬樓宇高度限制，建築之高度，改為相當於街道的兩倍寬度。超過規定高度時，舊例規定縮後，與地平線成角度，同時總高度則視乎街的寬度與地盤的所在情形而定，位於轉角的地盤，可獲增加。例如街道寬 20 呎，舊例只准樓宇高度的總和（包括後縮部分）為 40 呎，但依據新例則起碼可建 40 呎高，而後縮部分高度，無硬性規定。

關於「通天」的面積，新例對於地下層已放寬，地下可完全遮蓋作非住宅用途，而樓上如依規定，則可作住宅用，新例並授權當局，在特別環境下，酌量裁減「通天」面積。

水井部分也比舊例新增了若干規定，開井須獲工務局許可，井內上端離地面六呎以內部分應有隔離污水滲入的裝備，井底應鋪碎石或沙子作濾水用，井口應設井蓋。如果是用水桶取水的井，應建造至少二呎半高的圍欄。井周圍四呎以內的地面應鋪以防水物質。

1956 年《建築物（規劃）規例》涉及唐樓部分

根據 1956 年 6 月 1 日《建築物（規劃）規例》（*Building (Planning) Regulations*），第 VI 部住用建築物（Part VI Domestic Buildings），經後來翻譯為中文版本後，也只有在第 46 項「Tenement house」以「唐樓」名義出現，篇幅不多，細則引述如下。

46. 唐樓

(1) 除非獲建築事務監督豁免，否則不得建立深度超逾 10 米的唐樓，深度為由前面主牆起計，如前面主牆有任何露台伸出，則由每個該等露台的前面起計，至最接近的背面主牆止。（1966 年第 33 號法律公告）

(2) (a) 除獲建築事務監督豁免外，每幢唐樓的每一樓層須在該樓層的背面主牆設有一窗。

(b) 該窗的建造須使——

(i) 窗玻璃的表面總面積最少有 1.5 平方米；

(ii) 該窗最少有 1.5 平方米能向露天地方開啟，而開啟方式須使開口的頂部在樓面水平之上最少 2 米。（1959 年 A83 號政府公告）

(3) 根據本規例須在任何唐樓裝設的窗，不得被任何在建築物以內或以外建立的構築物阻擋。

(4) (a) 唐樓內的每個廚房的內部面積須符合以下所述——

(i) 如廚房構成其中一部分的住用處所的總面積不超逾 45 平方米，則廚房的內部面積須不少於 3.75 平方米；

(ii) 如廚房構成其中一部分的住用處所的總面積超逾 45 平方米但不超逾 70 平方米，則廚房的內部面積須不少於 4.5 平方米；

(iii) 如廚房構成其中一部分的住用處所的總面積超逾 70 平方米，則廚房的內部面積須不少於 5.5 平方米。

(b) 在任何情況下，廚房較小的一邊不得少於 1.5 米。

(5) 就本規例而言，唐樓指任何建築物，而在其住用部分有任何起居室擬供或改裝以供多於一名租客或分租客使用。在本條中，起居室（living room）指任何擬用作或改裝以用作煮食或睡覺地方的房間。（1976 年第 294 號法律公告）

1958 年的《公共衞生與市政事務條例》

1958 年 8 月，市政局一致通過請港府制定《公共衞生與市政事務條例》（後來翻譯為《公眾衞生及市政條例》），當時新例共分 12 章 137 節，另加十項附表。內容包括有關污水渠、一般衞生及清潔、游泳池、洗衣舖、廁所、浴室、食物與藥品、街市、小販、住宅旅館及寄宿舍、廣告招牌、公共遊樂場及海灘、殯儀館等等部分。法例牽涉每一個香港市民的日常生活，這些只是《公共衞生與市政事務條例》中原則性的主例，還有規定了種種細則辦法的 27 套附例。最後在 1960 年 11 月，港府頒佈《公眾衞生及市政條例》，日後有很多次修訂或廢除某些內容。

關於居住環境擠迫的問題，當時草案上有一定程序處理，凡供人居住的任何樓宇，包括水上的船舶在內，如屬「過分擠迫」，足以危害室內居民的健康時，將被視作為妨礙，當局就會通知屋內住客或業主，在指定日期前消除妨礙，但沒有指明改善方法。如果接到通知而沒有處理問題，則是犯例，最高可被判罰 1,000 元。法庭會傳召當事人問話，着令如果不去處理問題，或會封閉樓宇，罰款可以高達 2,000 元，每日加罰 50 元。

舊法例規定每人應有 35 平方呎的空間，否則就是過分擠迫。新例中「物業單位、酒店及旅館」部分未作硬性規定，而是制定附則，彈性處理，而這部分已在 1999 年廢除。當時的條文規定當局可以在某種情況下認為是過分擠迫，這些規則可以限制房屋的居住人數，可以規定男女分開居住。管制或禁止房屋中任何一部分的使用，規定採光通風的標準、騎樓、閣仔、斗室、間隔床位等等的設立和變更。新例規定可以通融那些沒有能力、不得不住在過分擠迫且不衞生的樓宇內以致日日違例的人，不作違例論。但當局可以根據規定着令有能力改善的人，解除過分擠迫的情況。除了罰款之外，當局可以下令拆除妨礙採光通風的騎樓間隔，屋內房間間隔、閣仔和床位等等。

舊樓重建風潮

1962 年修窄地積比率開始促使舊樓重建。1964 年 11 月，港府公佈當年危樓數字，危樓數字大幅增加，創至新高。第二季和第三季合共有 210 幢危樓，合共 693 層被封閉，平均每月約有 35 幢，被迫遷出的居民有 19,777 人。官方早前公佈自 1963 年 11 月至 1964 年 6 月的八個月內，被封閉的危樓共有 206 幢，平均每月約 25 幢。連同港府於 1962 年 10 月 19 日修窄地積比率，催促舊樓在條例的限制日期生效前，趕快入則申請拆卸舊樓重建，仍然取得較多的地積比率。即使業主沒有能力重建物業，但地產商會主動聯絡業主合作重建，業主只是出地和物業，地產商則出資金和負責重建，待建成後給予數層單位予原來業主或履行其他協議，或給予一次過補償。1960 年代可說是拆卸舊樓重建的高峰期，現在以界限街至欽州街、大埔道至荔枝角道範圍內的戰後樓宇為例，有相當大的數目在 1962 年至 1968 年間建成。1965 年，經歷華資銀行擠提風潮，樓市終於崩潰。

租務管制促使舊樓重建。1963 年，港府制定《加租（住宅樓宇）管制條例》，於 1964 年 7 月 1 日生效，商業樓宇租金不加限制，戰後住宅樓宇初遷入時的租金不加限制，但入伙後須兩年後始許加租，准許升幅限制於每兩年 10%，每次須三個月前通知，且須有官方公允加租證明書。長期受着 1947 年頒佈的《業主與租客條例》管制的戰前樓宇業主，為着擺脱收取非常低廉的「標準租金」限制，紛紛趕及在新例生效前把物業重建，以收取更合理的租金。

分層出售樓宇加快舊樓重建。1947 年，吳多泰因應以前樓宇一張地契一幢物業的方法，並非任何人能夠負擔得起購買整座樓宇成為業主的問題，為使樓宇容易出售，遂向高露雲律師樓提出分層業主共佔地權的構思（例如四層樓者各佔四分一地權），並以契約説明各業主的權益。1952 年，吳多泰將九龍山林道 46 號和 48 號重建的兩幢五層高的新樓，合共十個單位，以分層的形式出售，業主之間的關係為「Tenants In Common in equal shares」，大廈公契載有多項條款，説明各分層業主對大廈管理及控制的安排。該兩幢樓宇於 1982 年重建為 15 層高的運通商業大廈。吳多泰開了樓宇「分契」的先例，從此買賣樓宇毋須「一幢過」，可以分層出售，買得起樓的人愈來愈多，因此加快了舊樓重建。

買樓花分期付款加快舊樓重建。雖然樓宇可以分層出售，但也不是任何人士都能一次過付款買樓，而當時租樓的頂手費也很高昂。1953年，霍英東成立置業公司，推出「買賣樓花」方案，在樓宇動工前，先收取買家的一部分訂金，餘款分期支付，像交租那樣，到新樓落成時，收齊買家的錢，買家就直接有了自己的物業，做了業主。霍英東最先在其油麻地眾坊街的發展項目推行此方案，售樓書寫着第一期先交訂金50%，以後分四期，按每一層樓面完成後各期繳交10%，第六期的餘款10%於領到入伙紙時繳交。結果市民反應熱烈，一天內就訂購告罄。由於買家早繳訂金，置業公司只需投資小部分金錢，便能把樓宇建好，故此舉廣為地產界仿效，加快了舊樓重建。

1970年代港府制定新補地價政策和空置樓宇的物業稅。在1972年以前重建舊樓，因增加的樓面面積的樓價差額，只是50%的補地價，但1972年之後則是100%。業主紛紛在1972年之前修地契重建，造成再一次拆卸舊樓重建的高峰期。1973年，港府頒佈修訂稅務法案，對空置的戰後樓宇徵收一半物業稅，但保障戰前樓宇不增加物業稅，但到了1975年又取消戰前樓宇的半稅徵收，這對舊樓重建亦有一定影響。

土地發展公司的出現加快舊樓重建。1981年，由於社區的休憩地不足，交通受一些舊建築物影響而失其流暢，故此，土地供應特別委員會提出了市區重建。隨後提出土地發展公司概念的顧問報告書，認為社區重建的最大障礙，是舊建築物居民拒絕遷出所造成的抗拒力。經研究後，因為舊區的居民多屬老人及一些新移民，政府只要給予合理安置，他們是願意遷往新環境。

1986年6月，港府成立土地發展公司，徹底改善社區重組，扮演發展商角色，選擇樓宇再規劃。公司具強制性收樓權力，補償價講求合理公平。港府指出舊社區不能發展的主要原因，是當時地產市道不振，私人發展商無意擴充業務。另外業主離開香港，無從接觸，加上重建時，所得的物業本來面積不大，還要留出空地以供改善交通和興建休憩場所之用，使私人發展商意興更淡。由於《中英聯合聲明》的簽訂，港府每年賣地不得超過 50 公頃，土地供應量顯然不足以供應需求，舊社區的重新發展，可以補救此不足之處。

小結

條例受着當時社會問題的影響而擬定，以解決當時問題，使得社會日後有更好的發展。樓宇的設計主要依照《建築物條例》興建，例如 1903 年的《公共衞生及建築物條例》、1935 年的《建築物條例》、1955 年的《建築物條例》和 1962 年修窄地積比率政策等等，因此華人屋宇的模式便出現了幾代的差別類型。香港經歷了 1930 年代和 1950 年代大規模的填海造地，接着是在新填地大興土木、發展社區。由於社區的建立有先有後，每個年代的物料和建築技術便出現了明顯的差異，樓宇模式再於新舊條例頒佈之間出現差別。條例和社區發展使得香港自 1841 年開埠至 1970 年代之間，出現了四代的華人屋宇，即是 1903 年以前沒有《建築物條例》規管的華人屋宇，1903 年至 1935 年及 1935 年至 1955 年新《建築物條例》頒佈前的華人屋宇，以及 1955 年至 1970 年代左右出現的唐樓，四代樓宇都是沒有永久間隔的單位。

戰前樓宇一般都是一個街號一幢物業一張樓契的。1950 年代出現的唐樓，有一樓一契，也有一樓多契，前者只有一位業主，後者可以是多於一位業主，公用的地方例如樓梯則協議擁有權。樓宇分契的形式源於 1952 年，分期付款始於 1953 年，1955 年港府放寬樓宇高度限制，加速了戰前樓宇重建的步伐。往後由於經濟急速發展，人口極速膨脹，樓價不斷攀升，寸金尺土，消費者已不能負擔得起購買像唐樓般有千多呎面積的單層大單位居住。加上家庭成員組合改變、公共房屋的興建，戰前樓宇和戰後唐樓漸漸地被一層層有多個細單位的洋樓取而代之。條例的頒佈亦影響了戰前樓宇重建的速度，造成一次又一次舊樓重建的浪潮。樓宇的形式演替，舊樓重建陸續有來，悠然記起：「迎面有幾多變遷，誰知道邊一個先，這裏高山，那裏滄海，在哪天變良田，實在係話變就變，預伏在樂趣前面，前面有千變萬化，不會睇見。」

第二篇

戰前樓宇的實用狀況

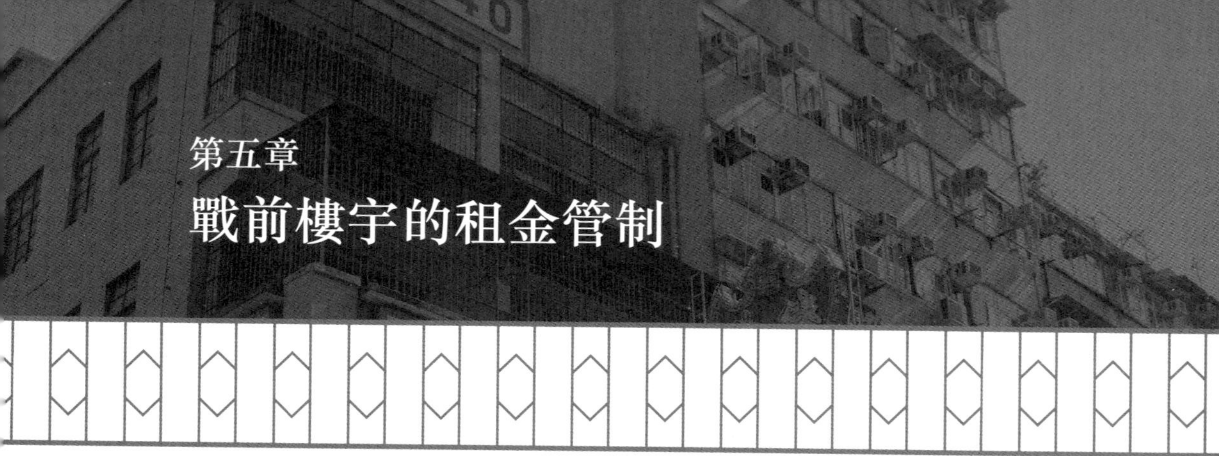

第五章 戰前樓宇的租金管制

戰前的租金管制

香港自 1841 年開埠為自由港，曾經實行了多次的租金管制。1921 年，香港樓宇遇到了首次的租金管制，當時由於內地難民不斷湧入香港，房屋不足以應付，租金隨之飆升，例如 1921 年 4 月西環一別亭對開荒地租金為每月 200 元，5 月份則加租至 800 元。港府藉着 1921 年的《租務條例》，保障租客免受無理加租和任意終止租約的影響，以維持社會安定。《租務條例》規定住宅單位的租金凍結在 1920 年 12 月 31 日的水平，只要租客遵守租約條款，業主便不能迫遷租客。

《租務條例》原訂於 1922 年 6 月 30 日失效，但按當時情況逐年延期至 1926 年 6 月 30 日止。受 1925 年省港大罷工影響，大批華人離港返回內地，大量商戶倒閉，香港經濟環境轉差，九龍塘花園城市、啟德濱和西環七臺等地產項目陷入困境，樓宇空置率上升，港府認為有關管制已無必要，故容許《租務條例》自動失效。

1937 年，日本發動侵華戰爭，引發另一輪來自內地的難民潮，富有的難民往往以高價租佔房屋，造成租金、鞋金和頂手費飆升，一個月內租金可升至三四倍，港府為保護居民的居住問題，遂於 1938 年實施《防止迫遷條例》，以免租客被無理迫遷。《防止迫遷條例》逐年延期，直至 1941 年 12 月 25 日日軍佔領香港為止。1941 年 10 月有報道謂「無論任何業主，若向住客加租，不得超過估價官之規定」，住戶如遇業主瘋狂加租，可以拒絕。住客只要備價 5 元，向郵政局購買一張估價紙，請估價官估價租值，業主無理由反對。鞋金為法例所禁止，若業主和住客雙方同意，政府則無法干涉。

1940 年代戰前舊樓的租金管制

1945 年 8 月，香港重光，香港人口激增，但有大量樓宇已遭戰火破壞，造成屋荒現象，更有除租金以外要額外支付的「頂手費」（使用權的轉移或以樓宇原有的裝修費用，包括以門窗、間隔和電線等為藉口索取的費用）和「鞋金」（經紀介紹費）惡習。一個位處繁華商業區的舖位頂手費動輒要五六萬元，住宅區的樓宇每層亦索頂手費二三千元，一個房間鞋金要三四百元，且要先納若干月的上期租金，比樓價還貴（1951 年繁盛地區地價大約為 30 元一呎）。1946 年一宗騙案顯示，灣仔謝菲道一個單位的鞋金為 250 元，而 3 月上期租金是 180 元。當時的香港臨時軍政府在 1945 年 10 月和 1946 年 3 月以《統治公告》的形式，訂立「標準租金」，把戰前樓宇的租金限制為 1941 年 12 月 25 日的水平，或該日之前有人居住時的水平。

1947 年 5 月 24 日，港府整合與租賃相關的《統治公告》，頒佈《業主與租客條例》，以保障戰前住宅樓宇的租客免被任意加租和迫遷。法例准許業主依照標準租金增加商號 45% 租金，或增加住戶 30% 租金，若業主用 1,000 元或以上作為改建費用，改良該樓宇者每年可向住戶多增等於改建費 8% 的租金。1941 年 12 月 25 日以後才出租的單位，或遺失戰前租值冊的單位，則由法庭體察該樓宇在 1941 年 12 月 25 日以前租出可能收得的公道租值。至於包租人，則可另加 20%，超收即屬違犯法例，罪名成立者最高可被判罰 2,000 元。

包租人須將其所交予業主之租金數目及其分租收租項目，標貼於當眼處，並以書面通知各位住客，將其所住的面積及租金列出，並須發給正式租單，包租人又須將其分租的詳細情形，以書面向業主報告。如果二房東不照規定辦理，可被罰 1,000 元及遷出單位，該屋的分租住客得依照其付給二房東的租金，直接交租予業主。華民政務司所授權之職員，可隨時入屋視察二房東有否將通告貼出等事，凡阻止其入內執行職務者，可被罰款 500 元。

住客可以在該法例頒行後六個月內，依法控告業主或二房東追回其已交過的鞋金或頂手費。若住戶未經業主同意，索取茶資將屋轉讓他人，亦屬違法，最高罰款為 2,000 元及遷出該樓。凡藉詞介紹租屋收取鞋金者，亦屬違法，最高罰款為 1,000 元。分租和轉讓限制方面，1945 年 3 月 1 日以後，未得業主同意而擅自分租或全轉讓予別人居住者，法庭會命令其遷出。惟 1945 年 10 月 22 日以前，得到業主同意分租三房客的話，則無須遷出。若果住客以書面詢問業主的標準租值，業主接信後兩周內無充分理由不致答，或作不實答覆者，可被罰 1,000 元。若法庭判決住客必須遷出而住客沒有履行時，法庭會委派人員攜帶文件，於上午 8 時至下午 9 時間，進入該屋執行將樓宇交還業主的任務，若果住客阻止其入內，最高罰款 500 元。

華民政務司指出，如有租務糾紛，應由當事人及各自向華民政務司署（即現在的民政事務總署）轄下的租務調查處辦理（1974 年改由差餉物業估價署負責），匿名的投訴信件不予受理。《業主與租客條例》亦為租客提供租住權保障，但有以下情況例外，包括業主收回單位自住或重建、租客欠租或違反租約，及經業主和租客雙方同意等。

1950–1960 年代戰前舊樓的租金管制

1951 年樓價比 1948 年漲了 30%，一層於 1941 年建造的四房洋樓，1941 年租金是 180 元，業主於 1951 年收租金 240 元，但二房東有的收到每月 950 元。鞋金和頂手費沒有收據，有些業主或二房東不收頂手費，但要租客把全屋傢具買下，價錢比頂手費還貴，港府亦難以檢控。

1952 年，港府制定《一九五二年租約（延長期限）條例》，以禁止戰後住宅樓宇的業主於租客入住後三年內要求租客遷出，並訂明應付租金為雙方協議的金額。1953 年，港府實施《業主與租客（修訂）條例》，訂明戰前樓宇可進一步加租，並以標準租金的 25% 為上限。若果標準租金是 100 元，按 1947 年《業主與租客條例》住戶加租 30% 後為 130 元，1953 年加租 25% 後為 155 元。港府亦印製《租務條例簡易指南》，數量按需求而定，交各街坊福利會免費派發，加租通知書每份 1 毫，並加送標準租金證明書一份。1953 年 2 月數字顯示，舊樓為四五萬元一幢，銅鑼灣利園一帶地皮約為 60 元一呎。

1954 年港香港地產置業公司主席質疑租務管制是否繼續需要，港府對不現實租值應予以調整。1954 年 3 月，紅磡寶其利街收回土地案，地主願補償住客損失，以便收回該處土地重建新屋。業主將地皮租予包租人時，曾訂明租賃是暫時性，業主要收回地皮時，可預先三個月通知，承租人無條件遷出。但住客逾期未遷出，故提出申請控告，地皮約值 18 萬元，決定興建十幢四層高洋樓，樓下為商店，二三四樓為住宅，業主願每一平方呎地付補償金 1.2 元。

1954 年 4 月 3 日，租務法庭在兩宗租務糾紛案判決中確認，戰後在舊樓上加建的一層房子，應作新樓論，因此不受《業主與住客條例》的約束。此外又確認業主或包租人雖曾花錢修理，但若果這種修理未能被認為是加建或改進，仍不得成為加租的根據。另有一規定，任何房屋在 1945 年 8 月 16 日之後一直無人租住，在條例生效後經業主花錢大規模修理之後才能供人居住者，亦不適用條例。所謂大規模修理的意思，就是說這種修理，是使得房屋可以供人居住所完全必要的，而修理所支出的費用超過該屋七年標準租金總數時，房屋作新樓論，不受《業主與住客條例》約束。

1954 年 3 月，租務法庭審理首宗房客欠交超額租金案件。《租務條例》雖規定房客欠租 30 天，業主或包租人即可向租務法庭要求收回房屋，但這只是指租務條例所准收的租金而言。如果房客欠繳的是超額租，便不能成為收回房屋的理由。被告是三房客，只租一個床位，月租 10 元，他失業年餘，全無收入，欠了 11 個月租，因而被原告二房東控告他欠租，要求收回床位。原告說那層樓有四房三床位，大租 27 元，但不知標準租金多少，法官估計那層樓的標準租金約為 20 元，算起來被告的床位租額最多不過 5 元，因此認為原告收被告 10 元租金不合理，駁回原告的訴求，指出租務條例規定，若是業主或包租人收租超過規定的租額一分錢的話，儘管住客欠租，也不能將房子收回。

1954 年 4 月，華民政務司在立法會闡述 1954 年《業主與住客（修訂）條例》時，指出准許加租後社會並無不良影響，並提及有些租金低於戰前，原因是居住情況較戰前更見擠擁所致，例如一層樓宇，每月標準租金為 20 元，但在 1941 年時並無分租或伙數不多，但當前此一層樓宇可分間成三個房間和十個床位，若將標準租金予以分配，則一床位應付之准收租金可能低於同一床位在戰前所付租金了。

1954 年加租法例實施後，租務糾紛日益增多，連鎖性租務案件更是有增無減，房東住客互控大都是房東勝利。連鎖性租務案件大致有三類：第一類是三房客控告二房東收貴租，二房東又反控三房客嘈雜、欠租或增加人口等等，結果雙方得直，三房客可交公價租，但在享受公價租之前，已被判遷移了；第二類是二房東控告業主超額收租，要求法官修正標準租值，但業主也跟着控告二房東未經他許可，擅自將樓房分租他人。結果標準租金是減低了，但業主的控訴也得直，所有二房東及三房客均須於一定期間內遷出；第三類是三房客控訴二房東收貴租，不料二房東交給業主的也是黑市租金，於是連環控告到業主身上。有業主索性不認二房東是他的合法住客，並指二房東與業主代理人私相授受，要求全體住客遷出，結果業主也勝訴了。此外還有一種情形是三房客要求二房東減租後，二房東雖未反控，但卻施以破壞、停電、毆打或刀斬等報復手段，使三房客飽受精神虐待而受到生存威脅。

1954 年 9 月 17 日，港府憲報公佈港督頒令《一九五四年業主與住客條例（適用於新界）命令》，將工務局根據《建築物條例》第 137 條，規定於 1945 年 8 月 18 日以後發出准許居住證書（俗稱入伙紙）的新界樓，豁免《業主與住客條例》的適用，使其與港九於該日後發出之入伙紙的新樓，同樣免受這個條例的管制，但這些新樓要受《租務（延長期效）條例》的管制。《租務（延長期效）條例》的要點是凡新樓住客已付有「建築費」、「頂手費」或類似的費用者，如住客並無違背租約或欠租等情況，從租約開始的日期起，三年內業主不得迫遷。住客未受付過建築費等費用的房屋，或業主與住客間訂有一個月以上「定期書面」租約者，不適用《租務（延長期效）條例》。如有這種情況，除依照普通契約原則，根據雙方合約執行外，並無其他性質的管制。原則上推定所有新樓的租賃都有收建築費，除非業主能提出反證，才能使這座房屋不受《租務（延長期效）條例》的約束。

1955 年港府修定《業主與住客條例》，准許業主補償 60 倍標準租值，以取回舊樓拆建，但「必須依期拆建」。條例規定，業主欲拆卸舊樓，必須先將新屋的圖則向工務局申請，獲批准後，再有足夠興建新屋的現金，保證依期拆建，方准向住客取樓，若果必須訴之法庭解決時，法官會審視新樓的圖則和一切證件，及詢問其備有儲用金若干等等，方予判決。法官亦向申請人警告，若果取樓之後不拆卸重建，其地產可能受管制或沒收處分，以杜絕藉援引新例而肆意取樓改租的牟利業主。然而一向享用以戰前租用中區一帶舊樓地舖的商號，則憂慮業主以 60 倍標準租值，即三五千元作為賠償，便可把他們趕走，使其全盤生意付諸東流。往後港府以標準租金的某百分比，來釐定租金升幅上限，商業樓宇租金水平的准許增長幅度較快。

1956 年 9 月，立法局非官守議員羅文顯指出僑團代表反對加租理由不充分，指出住在舊樓的住客，仍比住在新樓的住客租值便宜數倍。根據差餉處資料，香港人口有 250 萬人，各有一半市民住在新樓和舊樓，三年後新樓住客會因舊樓重建為新樓的原因而增多，住舊樓所付租值，仍是非常便宜。1957 年，立法會通過淪陷時期總值 1,200 萬元的無業主敵產撥交政府。港府又頒佈 1957 年《業主與住客法例》。

1963 年，港府制定《加租（住宅樓宇）管制條例》，把戰後住宅樓宇的租金准許升幅限制於每兩年 10%。1965 年，香港爆發華資銀行擠提事件，經濟衰退，租金下跌，港府遂讓《加租（住宅樓宇）管制條例》在 1966 年底生效期屆滿時自動失效。

1970 年代戰前舊樓的租金管制

1971 年 11 月 19 日至 1982 年 5 月 8 日，麥理浩爵士擔任香港第 25 任港督。1972 年他提出十年建屋計劃，目的是要在 1973 年至 1982 年的十年期間，為 180 萬香港居民提供設備齊全、有合理居住環境的公共房屋單位。計劃配合荃灣、沙田及屯門新市鎮的發展，以減輕因港九市區人口過分擠迫而形成的社會不安定。

1973 年，港府把一系列有關業主與租客事宜的法例整合成《業主與租客（綜合）條例》，把適用於戰前住宅樓宇和戰後住宅樓宇的租務管制措施，分別納入為《條例》第 I 部和第 II 部。戰前樓宇方面，旨在解除限制，讓戰前樓宇的業主和租客可選擇免受租金管制規管。《業主與租客（綜合）條例》在 1975 和 1976 年間曾進行數次修訂，與戰前樓宇有關的，包括計劃在 1977 年 1 月 1 日前分兩階段把戰前住宅樓宇和非住宅樓宇的最高租金分別調升至標準租金的 155% 和 350%，業主可以把差餉和不多於 20% 的保養物業開支，以加租的方式轉嫁到租客。

1978 年政府決定把戰前非住宅樓宇的租金管制在 1984 年 7 月 1 日前撤銷，以標準租金倍率，即標準租金的某個倍數來釐定戰前樓宇的租金上限，以加快上升租金水平，業主和租客可以直接向署長申請免受租金管制規管。

1979 年 5 月，戰前住宅和非住宅樓宇的租金分別由標準租金的三倍和六倍增至四倍和八倍。戰前住宅單位的平均租金約為市面上合理租金的 28%，受管制戰前樓宇的地下商業用單位的平均租值約為市面合理租金的 44%。

1980–1990 年代戰前舊樓的租金管制

1980 年，港府頒佈《業主與租客（綜合）（修訂）條例》，把戰前住宅和非住宅樓宇的准許租金分別增加至標準租金的六倍和 12 倍。把兩年內最多加租 21% 的限制，擴展至適用於所有戰後樓宇。

1981 年，港府把戰前住宅物業的標準租金倍率逐年調升至 1992 年的55倍。擬定於1984年7月1日撤銷戰前非住宅物業的租金管制。這些樓宇業主只須提供六個月終止租約通知期，便可收回物業。

1985年港府放寬住宅樓宇租管措施，戰後新樓每兩年最高加租幅度仍維持30%。戰前樓宇的批准租金由「二十一」增至「二十七」，即該等租金可達標準租金的27倍。除村屋外，截至1985年1月1日止，受管制的戰前住宅樓宇單位約有2,500個。將會導致當時批准租金平均增加29%，或每月增加234元，而增加後的這些租金約為市值租金的55%。

1987年，港府再將戰後樓宇租管期延長兩年，批准戰前非住宅樓宇租金由標準租金的30倍增至35倍。除村屋外，截至1986年底，受管制的戰前住宅樓宇單位約有1,860個。將會導致當時批准租金平均增加17%，或每月增加190元，而增加後的這些租金約為市值租金的70%。

1992年，港府向立法局提交《一九九二年業主與租客（綜合）（修訂）條例草案》，計劃在1994年撤銷所有租金管制，租金管制最終於1998年12月31日撤銷，住宅樓宇的租住權保障則於2004年7月9日撤銷。1998年，香港約有15,000個受租金管制的單位，佔私人住宅單位總數的1%。

小結

綜合各方評論，租務管制主要有三點值得商榷，其一是實施租金管制後，富有的業主寧願把單位空置或出售，也不願出租。這造成供應更加緊張，租金、頂手費和鞋金不斷飆升，市民更難負擔。其二是在租金管制下，租客的租住權受到保障，易請難送。業主若然遇到租霸，反被要脅勒索，故對住客千挑萬選，不交吉的樓宇往往要降價出售，才能吸引買家。其三是租金管制令租住單位租金長期處於低水平，業主變相成了社會福利的施予者。一些沒有生產力的孤兒寡婦業主，租金未足以糊口和保養物業，亦難有資金重建樓宇和賠償租客遷走，非住宅單位的業主猶如打本補貼給租戶做生意賺錢。過去的租金管制沒有考慮租客的財政狀況，沒有像公屋般有入息審查，住客不論貧富，長期交平租，對大部分租住私人樓宇和繳付市值租金的租客而言，是不公平的。

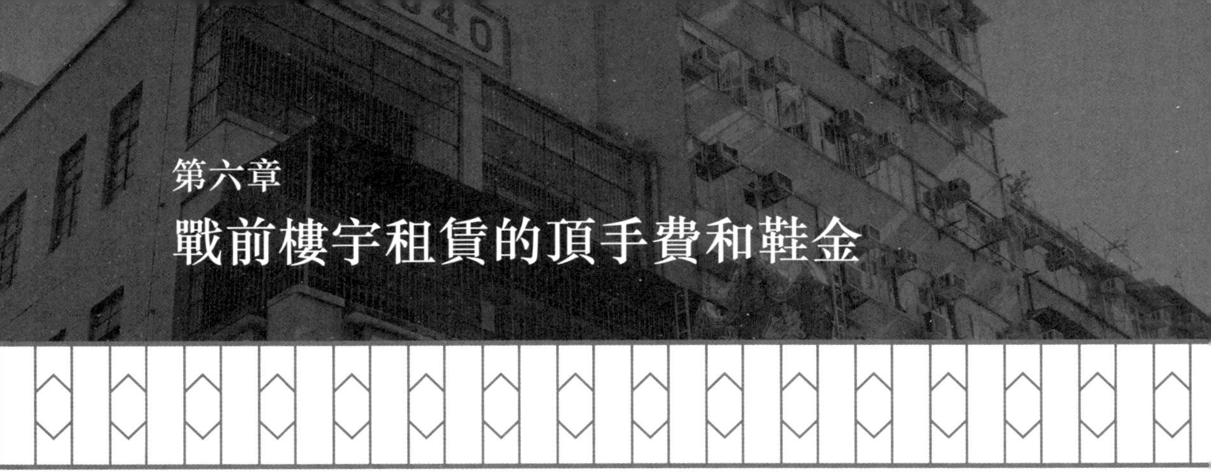

第六章 戰前樓宇租賃的頂手費和鞋金

一對鞋值五十金

1921 年，港府實施《租務條例》，保障租客免受無理加租和任意迫遷的影響，惟租屋有鞋金的惡習卻未有規管將之革除。報章謂多數居民皆認為鞋金這種「惡習極於住民有礙，當有革除之必要」。當時收取鞋金的惡習猖獗，業主或批租者明目張膽地在租約上寫上「收到某某鞋金五十元，訂明某月某日交出某街某樓一層，每月租銀若干」字樣，有租客到影相館攝影多張相片（影印機尚未發明），分寄各工會及向華民政務司署呈報。華民政務司傳召收租人到來詢問，問他在單據上寫明鞋金五十元是指一對鞋而言，還是多數鞋而言，指出香港地方並無如此貴重的鞋出售，業主無言以對。華民政務司再三詰問，收租人只答此乃雙方協議，鞋金乃華人慣例。華民政務司則以嚴辭訓誡他，業主則唯唯諾諾回應。

所謂鞋金，大概是紀經佣金的舊稱，以前租樓往往要透過中間人介紹才能成事，中間人以「沒有酬勞為何為幫你辦事」的理由來收取佣金，謂辦事要到處奔波，鞋子都磨破了，故藉口收取鞋金買鞋而已。

1938 年，港府實施《防止迫遷條例》，當中亦禁止苛索鞋金，只要有證據，可向政府舉報，但要是業主和住客雙方同意，政府則無法干涉。由於屋荒嚴重，住客不得不接受業主苛索鞋金和頂手費。

1947年《業主與租客條例》頒行後的頂手費和鞋金

1947年2月，報章報道港府計劃對戰前樓宇實施租金管制，惟對業主向租客收取鞋金惡習無法取締的情況頗感失望。報道指出當時常見出租街招，但接洽時，除了租金之外，還要索取鞋金，方能成功交易。鞋金的多寡，視乎地方大小，例如一間房便要500元鞋金，故愈來愈多人要露宿街頭。

1947年5月24日，港府頒佈《業主與租客條例》，法例管制業主只能依照標準租金加商號45%或住戶30%租金，超收即屬違法。法例禁止業主或二房東向租客索取鞋金、頂手費或間隔費等，違者可被罰款1,000元。住客可於該法例頒行後六個月內，依法控告業主或二房東，追回其已交過的鞋金或頂手費。若果業主和住客雙方同意有頂手費，政府則無法干涉。當時正值來自內地的難民潮，屋荒嚴重，租賃房屋相當困難，富有的難民往往以高價租佔房屋和商鋪，法例限制了租值後，求租者願以更高的鞋金和頂手費搶佔單位，只要業主和租客雙方同意，政府無法干涉，但若果租客在不知條例的情況下被索取頂手費，則有成功檢控的可能。

1947年6月，報載一宗成功檢控違法收取頂手費的案件，原告是一名西人租客，擬租寫字樓辦事，經介紹與被告相識，被告將置地公司名下太子行四樓四號房頂讓給西人，初索15,000元頂手費，最後以10,000元頂手費和月租120元成交。事件被西洋幫辦探知，將被告控案，被告認罪，法官重罰他600元，並要交還頂手費給原告及遷出單位。

1947年5月，報刊業主或二房東不用頂手費、鞋金名目，改收間隔修葺費用向租客苛索金錢。東區有很多戰時被毀的樓宇被業主以水泥加以重修，當中大多為兩層高的三合土建築，樓上賃作住宅，樓下經營商店。租客除了要繳交租金外，另被苛索「間房費」。業主在出賃樓房時，特別聲明不收頂手費和鞋金，但以間房費代名，避免當局注意。亦有出租單位並無間隔或戰時破毀尚未修葺的情況，要住客負責修葺費用，月租仍是 200 元左右，但所支付的修葺費用需卻要三四千元，與頂手費或鞋金不相上下。也有業主不敢苛索租金以外任何費用，以免被當局處分，每一房間月租約 60 元至 80 元，這些房間多無標貼招租，非有熟人介紹，則無從接洽租賃。

黑市房屋頂手風氣，在新租例施行後未見遏止，反而變本加厲，大行其道，雖然人所共知，但查無實據，執法者亦莫可奈何。報章報道，中環一間黑市房屋租賃介紹所，與經紀人有聯絡，但凡某區某地有樓出租，均登記簿內，有冊可查。職員為熟悉者介紹「斟盆」，或張貼街招，雖標明某街有樓出租，但不説明門牌號數，只謂知租處在某大廈某樓第幾號房，合意者要到介紹所面商，以避免賃客與出頂者直接接洽。賃客到介紹所後，職員首先詢問其打算租用何處和用途，然後根據賃客要求而作介紹。到了問租階段，職員則先打量賃客身份後才説明，月租由 100 元至 500 元不等，但聲明須一次付出頂手費或鞋金，所索頂手費起碼要四五千元，同時聲明介紹處應佔頂手費或鞋金總數一成，如果是 5,000 元頂手費，賃客要另交 500 元給介紹處，不在頂手費或鞋金數目之內，如欲包括在內，亦可商量。賃客欲先看樓後才講數，則要收 5 元看樓介紹費，之後發給「字條」，寫明樓宇門牌號數介紹前往。每多看一間，則多收 5 元，成事與否，不能索回。亦有穿着入時的女經紀在大酒店樓下穿插，密酌賃屋黑市生意，或相約在該處會合帶往看樓，以賺取黑市佣金過活。

頂手費和鞋金的大起與回落

雖然濫收頂手費或鞋金俱屬犯法，但由於樓宇求過於供，業主與住客之間仍私相授受，難以杜絕。1963 年《加租（住宅樓宇）管制條例》未頒佈前，新樓租金未受法例管制。1948 年報章報道普通住宅區一層樓，頂手費由三四千元至五千元，新樓租金不受限制，租金 150 元至 200 元不等。例如一間東區新樓，所收頂手費及鞋金為樓下 15,000 元，租金 500 元，二三四樓為 6,000 元，租金 240 元，全層可收頂手費 33,000 元。油麻地白加士街及庇利金街建成數十幢四層高的洋樓，每層一廳一房，一廚一廁，瞬間為市民租賃一空。一個四樓單位，月租 180 元，但違法收取的鞋金在 3,000 元以上，租用途徑只能聯絡經紀，租客永遠不知道業主是誰。有二房東向業主交租 50 元，但向三房客收取 100 至 150 元租金。

1950 年 11 月，新建樓宇的租金高昂，通常兩房一廳單位，月租在 300 至 500 元之間。來自京滬的旅客源源不絕到港，他們過慣了奢華生活，因慣用金條頂讓房屋，故抵港後以金價對換時值，不嫌額外費用。一時間頂手費被搶起，普通一層新建的兩房一廳有水廁設備的洋樓，年底已叫高至 12,000 元，更有介紹人將頂手費、租金和佣金退回，自願賠償，給能收取另一位付出更加高昂頂手費和租金的京滬旅客。跑馬地和半山的戰前洋樓，一廳三房，頂手費要 1 萬元至 1.6 萬元，兩廳三房，則突破 3 萬元，灣仔區也要 5,000 元。聖誕節過後，由於內地和平氣氛濃厚，南來大亨準備北返，轉而租住廣州酒店居住，致令頂手費開始回落至高峰時的三分一左右。

1948 年 4 月報章報道，由於上海大亨不斷移資香港，為求住得舒適，費用在所不計，投機者紛紛設立樓宇租賃介紹所，由過往黑市形式，轉為公開。香港島方面只是個別經營，互相介紹，唯有知道門徑的人方能問津。某香港介紹所的資料有：蘇杭街有木樓三樓，月租 250 元，鞋金 7,000 元；大道中有一廳一房，月租 180 元，鞋金 1,200 元；第三街有新樓一廳一房，月租 200 元，鞋金 4,800 元；科士街有木樓一廳一房，月租 120 元，鞋金 600 元。九龍方面，則公開標明公司字號，無視香港法律嚴禁收受租房鞋金。某九龍介紹所的樓宇介紹資料有：德成街有四房一廳，月租 400 元，鞋金 3.3 萬元；柯士甸道有兩廳三房，月租 170 元，鞋金 2.8 萬元；太子道有一廳一房，月租 160 元，鞋金 1.8 萬元；金巴利道有四房，月租 200 元，鞋金 1.8 萬元；彌敦道有四房，月租 200 元，鞋金 2.2 萬元；漢口道有一廳二房，月租 120 元，鞋金 1.3 萬元。介紹所運作與前述香港中環黑市房屋租賃介紹組織無異，介紹費為頂手鞋金的 10%，介紹所亦向業主或二房東一方收取佣金，介紹人的利益是兩面的，費用是雙方情願付出，保證交易後不會發生任何糾紛。

1949 年頂手費和鞋金再起風雲

1949 年，上海難民蜂擁到港，影響香港物價上漲，當中以一般上等洋房最為渴市，頂手費比以前激增一倍，跑馬地戰前洋樓約為 2.5 萬元左右，高峰時更突增至 4 萬至 5 萬元，一樓難求。4 月時北角新建樓，十天內建築費由 3 萬元增至 5 萬元，租金則由 500 元增至 800 元。投機公司陸續成立，把握機會租賃大量樓宇，然後伺機高抬各種費用與租金等，轉而租予由內地到港的豪門富戶大亨等居住，而從中操縱牟利。由於上海和內地各地富戶紛紛遷港，游資逃避，銀行與大商號紛紛開設，屋荒日趨嚴重，遂使房屋之頂手費愈搶愈高，商行樓宇尤為驚人，例如中環繁盛地點吉舖一間，頂手費為 14 萬元。某銀行頂用皇后大道中某號地下，頂手費 20 萬元，經紀人亦獲得 1 萬元鞋金，也有銀行以 13 萬元頂用德輔道中一個舖位等等。地價方面，6 月時九龍大埔道某地段為每平方呎 27 元。

騙取頂手費的事件亦時有發生，例如 1949 年 5 月，中央裁判署審判一宗騙取頂手費案件。首被告訛稱為灣仔告士打道 141 號三樓二房東，可將該樓租給原告，騙取頂手費保證金 2,700 元，首被告被判入獄兩年，並遞解出境，次被告前曾具款 2,500 元保釋，因棄保潛逃，法官將命沒收其保釋金，下令通緝歸案。

1950 年年底，香港物業交易空前稀疏，房屋頂手費普遍減低，新型洋樓由半年前萬元以上減至六七千元，租值則由六七百元減至 250 元至 300 元，而以七姊妹、筲箕灣、青山道、九龍城等地最為普遍，而九龍塘六十多幢洋房，早前因每幢鞋金由 1 萬元至 5 萬元而空置近半年，卻又陸續租出。有人擔心大戰一旦發生，香港將受影響，為謀安全而內返。亦有內地人士擔心大戰一旦發生，沿海地區必然有事，香港不必捲入漩渦，以為香港安全而來港。而居於僑鄉的僑眷，則又擔心一旦有事，華僑款項未必能夠直接匯返內地，而香港則可保無虞，故亦來港居住，人口增減，一時難以計算。

1953 年《業主與租客（修訂）條例》頒行後的頂手費和鞋金

1953 年，港府實施《業主與租客修正條例》，第一宗租務案件為 1953 年 8 月 6 日，九龍租務調查處拘捕三名收受房屋頂讓費的男子，首被告被控於 6 月 1 日在彌敦道 747 號頂讓樓宇，向原告歐籍男子索取現款 10,000 元，作為該樓轉讓予原告居住，第二和第三被告被控於 6 月 5 日在另一處地方收受原告現款 10,000 元，作為轉讓彌敦道 747 號之代價。按照租務條例，如有收取超過法律許可租值之二房東，一經定罪，最高罰款為 4,000 元，樓宇尚可交還業主。

1954 年 3 月，有報刊消息稱灣仔、銅鑼灣、大坑等住宅區的戰前舊樓有整層或分房出租，該等樓宇每層月租約 40 元至 50 元，每一間房為 25 元至 30 元，但索取頂手費或修理費之風熾熱。所訂租金雖屬合理規定，但每層樓所索取頂手費達五六千元，即使是房間亦須付 500 元至 800 元不等，故呼籲港府嚴厲禁止非法索取頂手費。

1954 年報章揭露，自從港府實施《業主與租客（修訂）條例》，二房東不能收貴租，改以向租客收頂手費或按金辦法。街頭不少「知租攤位」所經手介紹的房間，月租不過三四十元或五六十元不等，甚至十餘元亦有之，卻要收取頂手費二三百或七八百元不等，亦收取按金千餘二千元。所謂按金，即是租房人將按金交二房東，由二房東給回借據，他日租房人遷出，二房東亦給回按金。大抵二房東將住客所給予的按金生息，以補救不能收貴租的損失。

1963 年，港府頒佈《加租（住宅樓宇）管制條例》，把當時戰後住宅樓宇的租金准許升幅限制於每兩年 10%。曾交頂手費新樓，租期將延長保障，由三年增至五年。往後報章上很少看到頂手費和鞋金的話題，似乎這些問題已變得沒有像以前般水深火熱。

小結

租屋被苛索鞋金或頂手費是一種禁之不絕的惡習，只要業主和租客雙方同意，政府無法干涉，然而金額的大小，則與房屋供應短缺和市場需求的程度相關連，屋荒時鞋金自然飆升，舖位位處繁盛地點，自然人人搶出高價頂手。1953 年 12 月 25 日聖誕節石硤尾木屋區大火，最終導致了香港公共房屋的誕生。公共房屋的供應在某程度上解決了部分人的居住問題，大大降低了鞋金或頂手費的水平，但亦干預了私人樓宇的樓價和租金，對大部分租住私人樓宇的租客而言，是富爭議性的。

筆者四歲時，父親帶着家人到一個大廈單位看樓，父親先給了中介人 500 元，作為購買單位頂手費的訂金，原來對方是一個騙子，幸好得到朋友相助把訂金討回，最後購入了一個大單邊的唐樓。這樣的中介騙子可謂無處不在，不知曾有多少人被騙走了頂手費和鞋金。

第七章
戰前樓宇中的社區配套設施

在戰前，港九兩地的華人屋宇和商住樓宇主要依照《一九零三年公共衞生及建築物條例》興建，範圍包括港島北岸的堅尼地城、石塘咀、西營盤、上環、中環、灣仔、跑馬地、銅鑼灣、北角、西灣河和筲箕灣，南邊有香港仔，九龍半島的尖沙咀、油麻地、旺角、深水埗、長沙灣、紅磡、土瓜灣和九龍城。另外的半山、山頂、薄扶林、尖沙咀東部、何文田的梭椏花園和加多利山、九龍塘的花園城市，則是花園洋房的所在。

華人屋宇也好，花園洋房也好，總要有社區配套，配合市民的生活所需。社區配套設施一經規劃，每塊土地的用途便不會隨意更改，例如公園、油站、學校、醫院和政府部門等等。現就 1941 年香港淪陷前夕，為開埠至當時有紀錄可尋的社區設施和功能建築，包括所使用建築物的地址和建成年份，來一個總覽，建築物的建成年份並不代表是該政府部門、機構、公司和學校等的成立年份。公廁分為兩組，一組根據 1905 年官方資料，附有年份，部分公廁在二戰時已經不存在；另一組沒有年份的公廁，是根據地圖和航拍照找出來，一般設施一經規劃，即使重建，位置也不會輕易更改。有「*」號表示建築物於本書完稿前已經消失，「o」號表示為香港法定古蹟，「#」號表示為一級歷史建築，「##」號表示為二級歷史建築，「###」號表示為三級歷史建築。

中環和半山的設施和功能建築

1941 年時中區海岸線為干諾道中，華人屋宇分佈至半山堅道，往上至干德道為洋樓。中區是維多利亞城的行政和經濟中心，港府部門建築物和銀行大廈，盡皆集中於此。華人屋宇主要是第一代和第二代類型，大街如皇后大道中和德輔道中建有騎樓，其餘的窄街例如威靈頓街、砵甸乍街和鴨巴甸街等，都建有露台，惟空間不多。中區獨有纜車聯繫半山和山頂，亦有較多碼頭聯繫九龍和離島，當中統一碼頭是汽車渡輪碼頭。主要提供消閒娛樂的戲院集中在皇后大道中，酒店和會所也集中在中環商業區一帶。兵頭花園是香港最早的公共花園，英文名稱是 Botanic Gardens，或是 Public Gardens，Gardens 應譯作花園，而非公園（Park），公園是設有遊樂設施的，戰前的兵頭花園並無遊樂設施。中環和上環是香港西式文教的發源地，當時大部分的教堂建築至今依然健在，學校大多重建，或遷置他區。

政府及公共設施

上亞厘畢道港督府 °（1855）

下亞厘畢道 18 號殖民地司署 / 布政司署 *（1848）

花園道義勇軍總部 *（1866）

寶雲道 5 號准將府 #（1911）

荷李活道 10 號中央警署 °（1864）

奧卑利街 16 號域多利監獄 °（1858）

亞畢諾道 1 號中央裁判署 °（1914）

昃臣道 8 號最高法院 °（1912）

德輔道中 19 號郵政總局 *（1911）

德輔道中 83 號中央消防總局 *（1926）

皇后大道中 93 號中環街市 ###（1938）

半山馬己仙峽道雅賓利食水配水庫 #（1889）

兵頭花園食水配水庫 ###（1933）

半山花園道 33 號山頂纜車總站及聖約翰公寓 *（1936）

白加道山頂纜車站 # （1919）

皇后像廣場海旁皇后碼頭 * （1925）

干諾道中海旁雪廠街中環天星小輪碼頭 * （1903）

干諾道中海旁畢打街卜公碼頭 * （1900）

干諾道中海旁租庇利街統一碼頭 * （1933）

兵頭花園 # （1864）

和平紀念碑 ° （1923）

學校

下亞厘畢道 1 號聖保羅書院 # （1848）

堅尼地道 7 號聖若瑟書院 ° （1920）

堅尼地道 26 號日本國民學校 # （1934）

麥當勞道 33 號聖保羅女書院 ## （1927）

羅便臣道 2 號香港華仁書院 * （1921）

羅便臣道 10 號意大利修道會學校 / 嘉諾撒學校 * （1900）

堅道 140 號聖神學校 *

漆咸徑 1 號策文書院 ## （1927）

醫院

波老道英軍醫院 # （1903）

宗教建築

花園道 4 號至 8 號聖約翰座堂 ° （1849）

花園道 37 號聖若瑟堂 * （1876）

炮台里 1 號巴黎外方傳教會大樓 ° （1915）

下亞厘畢道 1 號會督府 # （1848）

己連拿利 76 號聖保羅堂 # （1911）

堅尼地道 22A 號愉寧堂 * （1890）

麥當勞道 31 號基督科學教會香港第一分會 ## （1911）

堅道 16 號聖母無原罪主教座堂 # （1888）

堅道 36 號意大利修會 / 嘉諾撒仁愛女修會聖心教堂 #（1907）
堅道 50 號浸信會堂 *（1923）
些利街 30 號回教清真寺禮拜堂 °（1890）

商業、私人設施及社會團體

皇后大道中 1 號香港上海匯豐銀行 *（1935）
皇后大道中 3 號印度新金山中國渣打銀行 *（1894）
皇后大道中 7 號德華銀行大廈 *（1899）
皇后大道中 7 號和 9 號荷蘭行 *（1937）
皇后大道中 11 號有利銀行 *（1880s）
德輔道中 6 號廣東銀行 *（1925）
德輔道中 10 號東亞銀行 *（1935）
畢打街 12 號畢打行 #（1924）
皇后大道中 31 號皇后戲院 *（1924）
皇后大道中 36 號娛樂戲院 *（1931）
皇后大道中 270 號中央戲院 *（1930）
德輔道中 197 號新世界戲院 *（1921）
下亞厘畢道牛奶公司倉庫 #（1892）
皇后大道中 62A 號至 68 號中華百貨公司 *（1932）
德輔道中 16B 號和 16C 號告羅士打大酒店 *（1932）
遮打道 3A 號香港會所 *（1897）
花園道 35 號梅夫人婦女會 °（1906）

公廁

砵甸乍街地下公廁 *（1910s）
威靈頓街地下公廁 ##（1913）
兵頭花園公廁 *（1905）
中央街市公廁 *（1938）
歌賦街公廁 *
雪廠街（16 號對面）尿廁 *（1903）

花園道口美利操場尿廁*（1903）

干諾道中（皇后街交界）三角碼頭尿廁*（1903）

干諾道中（近文華里）港澳碼頭尿廁*（1903）

干諾道中機利文街尿廁*（1904）

干諾道中摩利臣街尿廁*（1904）

上環的設施和功能建築

1941 年上環的海岸線為干諾道西，般咸道至干德道是半山，建有洋房。上環主要是華人商業區和住宅區，有很多私人碼頭貨棧和金山莊，船政署亦設於該處。三大華人百貨公司，即先施公司、大新公司和永安公司，亦位於上環的德輔道中。最早的官校亦設於上環，私人辦學的中文學校充斥於華人屋宇之內。上環是香港開埠早期的華人社區，傳統文化和宗教味濃，民生以文武廟為中心。教會難以發展，多遷往新社區。囿於早期欠缺規劃，街道和房屋狹窄，華人屋宇主要是第一代和第二代類型，大街如皇后大道中和德輔道中有騎樓，其餘窄街例如荷李活道建有露台，空間不多。太平山區因鼠疫而重新規劃重建，劃出了卜公花園作為休憩用地，設立了香港細菌學院，但樓梯街道密集，規限了交通發展。

政府及公共設施

干諾道中 102 號船政署大樓*（1906）

摩利臣街（永樂街交界）上環郵局*（1914-1936）

德輔道中 323 號上環街市北座°（1906）

文咸東街 126 號（永樂街交界南邊）上環街市*（1913）

干諾道中海旁永安街碼頭*

干諾道中海旁摩利臣街碼頭*

干諾道中海旁永樂街三角碼頭*

普興坊（居賢坊交界）卜公花園（1904）

堅巷香港細菌學院°（1906）

學校

鴨巴甸街 35 號皇仁書院 *（1889）
荷李活道 109 號庇理羅士女書院 *（1893）
荷李活道 232 號白思德紀念學校 / 聖公會聖馬太小學 *（1876）

醫院

鴨巴甸街 3 號中約九如坊公立醫局 *（1908）
普仁街 12 號東華醫院 #（1934）

宗教建築

必列啫士街 51 號香港中華基督教青年會中央會所 °（1918）
必列啫士街 68 號 / 樓梯街 5 號中華公理會堂 *（1901）
羅便臣道 70 號猶太教莉亞堂 #（1901）
太平山街 40 號廣福義祠 / 百姓廟 ##（1856）
荷李活道 128 號東華三院文武廟 °（1847）
荷李活道 128 號東華三院列聖宮 °（1847）
荷李活道 130 號文武廟公所 °（1847）

商業設施

德輔道中 181 號和 183 號大新百貨公司 *（1929）
德輔道中 107 號至 235 號永安公司 *（1912）
德輔道中 173 號至 179 號先施公司 *（1913）
荷李活道大笪地 *
九如坊向安和里九如坊戲院 *（1911）

公廁

鴨巴甸街（士丹頓街交界）地下公廁 ##（1918）
普仁街公廁 *（1884）
水坑口街公廁 *（1891）
上環街市公廁 *（1884）

太平山必列啫士街公廁*（1879）

永樂街公廁*（1900）

磅巷公共浴室及公廁*（1904）

堅巷公廁*（1904）

差館上街尿廁*（1904）

永樂街 121 號南北行二樓尿廁*（1904）

干諾道中機利文街尿廁*（1904）

樓梯街（面對摩羅下街）公廁*

卜公花園公廁*

西區和薄扶林的設施和功能建築

西區包括西營盤、石塘咀和堅尼地城，1941 年的海岸線為干諾道西，德輔道西接堅尼地城新海旁至西市街，範圍沿加多近街、科士街、石山街、西環七臺至薄扶林道，香港大學、寶珊道和干德道。西營盤大約於 1860 年代開始發展，有較好的規劃，街道較上環寬闊，佈局如棋盤狀，樓房多數連排依山坡地台而建，雖背對背，但前排與後排有高低落差，並留有空間。大街例如皇后大道西和德輔道西有騎樓，窄街例如第一街、第二街，直街例如正街和西邊街都有露台，半山則為洋房。西區當中以西營盤的規劃具代表性，街市在社區的中心，教會和警署在西邊西邊街，醫院在東邊，學校在上邊般咸道，貨棧倉庫在下邊海旁。西環包括石塘咀和堅尼地城，厭惡性行業集中，西環山道曾是妓院紅燈區，山道公園曾是公眾殮房所在，屈地街有煤氣廠。堅尼地城是工業區，有纜廠、玻璃廠、牛棚和辭靈亭，有獨立的消防局。第一代堅尼地城警署被用作傳染病醫院、東華痘局及後來的痲瘋病院，警署要遷往蒲飛路山嘴高處位置。

西營盤是醫療機構的集中地，雖然 1937 年瑪麗醫院取代了醫院道國家醫院，但醫療設施在當地不可或缺，戰後發展出分科診所、婦產科醫院和牙科醫院。戲院集中在皇后大道西。西營盤也是外來傳教會重整或駐腳的總部所在，包括般咸道的海外傳道會、倫敦傳道會和巴冕會／

禮賢會，高街的巴色會和巴陵會等。半山給予發展洋房和學校，例如香港大學、聖士提反女子學校和英皇書院等，自置校舍的學校至今依然存在。西營盤有柏道公園和香港英皇喬治五世紀念公園供市民休憩。

政府及公共設施

高街 1F 號半山警署 ###（1935）
皇后大道西 358 號七號警署 *（1858）
德輔道西 280 號西營盤警署 *（1933）
蒲飛路堅尼地城警署 *（1900）
薄扶林道西營盤郵局 *
卑路乍街 12 號西區消防局 / 堅尼地城消防局 ##（1923）
正街 45 號西營盤街市 *（1930s）
第二街 57 號至 59 號（正街交界）舊西營盤街市 *（1864）
山道與南里之間石塘咀街市 *（1875）
第二街公共浴室 ##（1925）
柏道城西公園
醫院道（東邊街交界）香港英皇喬治五世紀念公園（1936）
干諾道西海旁東邊街碼頭 *
山道 74 號域多利公眾殮房 *（1904）
薄扶林道西區（義律）抽水站、濾水廠、高級職員宿舍及工人宿舍 ##/###（1918）
旭龢道 50 號西環濾水廠 #（1914）
科士街牛房和牲口屠房 *（1895）
堅尼地城牲口火葬場 *（1903）
醫院道 4 號苦力館 ##（1921）

醫院

般咸道 8 號至 10 號那打素醫院 *（1938）
般咸道 8 號至 10 號雅麗氏紀念產科醫院 *（1929）
卑利士道 2 號何妙齡醫院 *（1906）

醫院道 1 號國家醫院*（1876）

高街 2 號國家醫院外籍護士宿舍*/o（1892）

般咸道 9B 號外籍人士精神病院*（1885）

東邊街 45 號華人精神病院##（1891）

西邊街 36A 號贊育醫院#（1922）

第三街 105 號西約公立醫局 / 西約方便醫所##（1909）

加惠民道東華痘局 / 西環痲瘋療養院*（1910）

薄扶林道 102 號瑪麗醫院##/###（1937）

學校

薄扶林道 54 號 The First House 歐童男校*（1893）

醫院道 26 號和 28 號育才書社*（1896）

羅便臣道 76 號英華女學校*/###（1900）

列提頓道 2 號聖士提反女子學校o（1923）

般咸道 80 號和 82 號廣州培英中學香港分校*

巴丙頓道 7 號培英中學*

般咸道 63A 號英皇書院o（1926）

光景臺 3 號至 5 號聖嘉勒女書院*（1910s）

薄扶林道 54 號嘉諾撒嬰堂*（1879）

第三街 179 號聖類斯中學##（1936）

西邊街 6 號西角白思德學樓 / 聖公會聖彼得小學*（1914）

薄扶林道與般咸道香港大學o（1912）

般咸道 69 號香港大學聖約翰堂*（1912）

克頓道 5 號香港大學馬禮遜堂*（1913）

薄扶林道 93 號香港大學利瑪竇堂*（1929）

般咸道 9A 號羅富國師範學院o（1941）

宗教建築

般咸道 2 號中華基督教會合一堂#（1926）

羅便臣道 79 號至 80 號倫敦傳道會樓##（1896）

般咸道 38C 號香港基督教女青年會 *（1930）
德輔道西 280 號聖彼得堂 *（1872）
高街 97A 號救恩堂 #（1932）
般咸道 86A 號禮賢會堂 ###（1914）
光景臺 3 號聖母大神會 *（1910s）
薄扶林道 62 號聖士提反堂 *（1924）
青蓮臺 15 號魯班先師廟 °（1884）

商業設施

屈地街皇后大道西中華煤氣廠 *（1864）
堅尼地城士美非路中華煤氣廠 *（1935）
薄扶林牛奶公司及牧場 */#/##/###（1880s）
皇后大道西 421 號太平戲院 *（1904）
西營盤水街 7 號西園戲院 *（1924）
皇后大道西 117 號高陞戲院 *（1928）

公廁

皇后大道西雀仔橋地下公廁 */##（1900）
正街 45 號西營盤街市公廁 *（1930s）
西營盤尿廁 *（1903）
石塘咀街市公廁 *（1879）
西邊街地下公廁 *（1910s）
西營盤街市公廁 *（1879）
科士街牛房公廁 *（1879）
科士街豬羊房公廁 *（1879）
卑路乍街公廁 *
水街公廁 *

金鐘和灣仔的設施和功能建築

1941 年時，金鐘的海岸線為聯和道，灣仔的海岸線為告士打道。金鐘是海軍船塢和軍營的所在地，軍營用地在 1970 年代交還港府發展，只保留添馬艦。灣仔在戰前經歷了兩次填海，華人屋宇出現明顯的兩代模式，騎樓集中在皇后大道東和莊士敦道以北的新填海區，街道寬闊。莊士敦道以北的直街和皇后大道東以南街道的樓宇則建有露台，皇后大道東和莊士敦道的騎樓設計較為古典，一般塑有花飾，拱券外廊亦很流行，新填地內的騎樓則較為簡約，只有柱列外廊。灣仔是海員的落腳地，駱克道是酒吧紅燈區，修頓球場是主要的休憩用地，主要由貝夫人健康院和灣仔公立醫局提供醫療服務。進教圍是天主教嘉諾撒仁愛女修會在灣仔傳教、辦學、安老和醫療的要地。

政府及公共設施

域多利兵房 */#（1841）

域多利兵房駐港英軍總司府 °（1846）

中環花園道 1 號美利兵房長官宿舍 / 美利樓 *（1846）

威靈頓兵房的主樓 / 羅德尼大樓 *（1845）

告士打道 123 號海旁灣仔警署 ##（1932）

皇后大道東 221 號灣仔郵局 °（1913）

軒尼詩道 435 號東區消防局 ##（1941）

皇后大道東 264 號灣仔街市 */###（1937）

灣仔公共浴室 *（1925）

菲林明道告士打道海旁菲林明道碼頭 *

分域街告士打道海旁分域街碼頭 *

盧押道、莊士敦道與軒尼詩道之間修頓球場（1934）

醫院

聖佛蘭士街 42 號和 44 號聖方濟各醫院 *（1911）

莊士敦道 127 號貝夫人健康院 *（1935）

石水渠街 85 號東約灣仔公立醫局 *（1931）
皇后大道東 266 號英國皇家海軍醫院 *（1873）

學校

皇后大道東 269 號灣仔學校 *（1873）
活道官立漢文高級中學 *
活道官立漢文學校 *
活道香港官立高級工業學院 *（1936）
司徒拔道 15 號私立廣州嶺南大學附屬第二小學 *（1928）
堅尼地道 88 號和 90 號麗澤中學 *（1930）
堅尼地道 9 號至 13 號聖方濟各學校和聖嬰學校 *（1911）

宗教建築

軒尼詩道 22 號軍人及水手之家 *（1929）
軒尼詩道 36 號中華循道公會禮拜堂 *（1936）
皇后大道東 271 號循道公會英語堂 *（1893）
皇后大道東 371 號錫克廟 *（1933）
司徒拔道 41 號聖大亞爾伯修道院 *（1935）
皇后大道東 127 號北城侯廟（1867）
皇后大道東 129 至 131 號灣仔洪聖廟 #（1847）
隆安街 2 號北帝廟 °（1863）
隆安街 2 號包公廟（1862）

商業設施

告士打道 72 號六國飯店 *（1933）
交加里中華煤氣廠 *（1900s）
菲林明道（譚臣道交界）東方戲院 *（1932）
駱克道 369 號（馬師道交界）國民戲院 *（1940）
灣仔道 125 號（普樂里交界）國泰戲院 *（1939）

公廁

交加街（春園街三角地段）公共浴室及公廁*（1903）
皇后大道東 219 號與 221 號三號差館之間公廁*（1903）
寶靈渠口公廁*（1904）
寶靈渠面（軒尼詩道和駱克道之間）公廁*（1932）
船街公廁*（1899）
慶雲街公廁*（1901）
修頓球場公廁*（1934）

跑馬地的設施和功能建築

跑馬地的樓宇主要是洋樓或花園洋房，與堅道的洋樓和洋房差不多，成和道 9 號和 11 號是一座戰前樓宇，建有懸臂式騎樓。鳳輝臺、山村道、毓秀街等建有連排的洋樓。跑馬地很早已設立西式墳場，包括香港墳場 / 基督教墳場、天主教墳場、祆教墳場、回教墳場、印度墳場和猶太墳場。

政府及公共設施

毓秀街 2 號和 4 號黃泥涌街市*（1938）
跑馬地印度墳場（1928）
咖啡園墳場*（1891）

醫院

山光道 2 號養和醫院*（1922）

宗教建築

樂活道 2A 號聖瑪加利大堂#（1925）
黃泥涌道加爾瓦略山會院##（1907）
雲地利道 17A 號先導紀念堂*（1939）
跑馬地香港墳場基督教墳場教堂#（1845）

跑馬地天主教墳場聖彌額爾小堂[##]（1868）

跑馬地祆教墳場教堂[##]（1852）

山光道 13 號猶太墳場教堂[###]（1904）

山光道 15 號東蓮覺苑[°]（1935）

藍塘道 9 號黃泥涌譚公廟（1901）

藍塘道 9 號黃泥涌天后廟（1930）

商業設施及社會團體

跑馬地香港賽馬會[*]（1931）

跑馬地香港足球會[*]（1886）

公廁

黃泥涌遊樂場東邊公廁[*]（1899）

成和道（奕蔭街交界）公廁[*]

銅鑼灣和北角的設施和功能建築

1941 年銅鑼灣的海岸線為高士威道接興發街至現今海岸線。北角海岸線為現今和富道以北的海岸線接渣華道至健康西街，再接英皇道至糖廠街，續接太古灣道轉康祥街至永安街。銅鑼灣最早稱為東角，設有渣甸貨倉和高士威道的棉花廠。北角則有電照街的北角發電廠、英皇道的太古糖廠和太古船塢，還有漆廠。其後大坑銅鑼灣道出現騎樓和洋樓，軒尼詩道以騎樓為主，設計簡約，怡和街、渣甸坊、伊榮街和敬誠街一帶為華人屋宇。1920 年代利希慎家族開發利園山，興建帶有露台的樓房或洋樓及利舞臺。北角的電氣道和春秧街建有樓房。銅鑼灣有警署、掃桿埔街市和大坑街市。大坑是住宅區，建有聖馬利亞堂。掃桿埔主要是休憩用地和學校所在，設有聖光堂。由於 1900 年代灣仔進行填海，遮打爵士協助灣仔聖保祿修院及其醫院和學校遷到當時是棉花廠的現址。大坑道虎豹別墅是香港唯一免費開放私人花園給大眾遊樂的豪華府第。

英皇道在 1934 年開闢並於翌年命名，電車路由電氣道改行英皇道。電氣道的樓宇建有淺窄的露台，英皇道的樓宇則建有騎樓。戰後 1950 年代唐樓建有騎台，在 1955 年新《建築物條例》頒佈前，仍有不少附建騎樓樓宇落成，例如英皇道 483 號至 497 號（1986 年重建成東寶大廈）。1960 年代初港府重新發展北角，規劃英皇道兩旁樓宇重建成 20 層左右的高樓大廈。1997 年時，只有英皇道 39 號一間有騎樓和露台的樓宇，而柱腳是圓柱形的。

政府及公共設施

電氣道 142 號位置銅鑼灣警署 *（1910s）

七姊妹道 160 號位置北角警署 *（1900s）

鰂魚涌街 38 號位置鰂魚涌警署 *

浣紗街大坑街市 *

燈籠州街市位置掃桿埔街市 *

鰂魚涌街 38 號位置鰂魚涌街市 *

箕璉坊濾水池和配水庫 *

銅鑼灣皇后運動場 *（1898）

醫院

銅鑼灣道 30 號聖保祿醫院 *（1916）

掃桿埔東院道 19 號東華東院 ##（1929）

學校

禮頓道 140 號法國修道會學校 / 聖保祿學校 *（1897）

掃桿埔東院道 9 號官立嘉道理爵士小學 *（1916）

銅鑼灣聖公會學校 / 聖公會柴灣聖米迦勒小學 *（1919）

加路連山道（禮頓道交界以南位置）掃桿埔學校 *（1890s）

北角康山太古義學 / 太古漢文學校 *（1923）

英皇道 986 號鰂魚涌英童學校 ###（1926）

宗教建築

加路連山道 33 號聖保祿修會基督君王小堂 #（1930）
大坑道 2A 號聖馬利亞堂 #（1937）
東院道 7 號中華基督教會聖光堂 ##（1927）
禮頓道 101 號祆教廟 *（1931）
大坑蓮花宮西街大坑蓮花宮 °（1863）
天后廟道 10 號銅鑼灣天后廟 °（1868）
電氣道 158 號和 160 號岳王古廟（1930s）
加路連山道 77 號孔聖講堂 #（1935）

商業、私人設施及社會團體

電氣道北角發電廠 *（1919）
太古船塢 *（1883）
太古糖廠 *（1883）
波斯富街 82 號利舞臺戲院 *（1927）
大坑道 15A 號虎豹別墅 #（1935）
大坑道 2 號聖約翰救傷隊總部 ##（1935）
銅鑼灣道 123 號中華游樂會 *（1912）
加路連山道南華體育會 *（1934）
北角南華體育會海泳場 *（1929）
金龍臺 25 號香港紅卍字會 #（1940）
油街 12 號香港皇家遊艇會 ##（1908）
奇力島皇家香港遊艇會（1939）
禮頓道 66 號保良局 #（1932）

公廁

掃桿埔街市公廁 *（1891）
永豐街公廁 *（1891）
勿地臣街公廁 *（1885）
大坑村公廁 *（1903）

筲箕灣的設施和功能建築

筲箕灣包括西灣河，1941 年筲箕灣的海岸線由永安街、興民街、海晏街至筲箕灣道，南安街、東喜道至阿公岩村道。樓宇主要沿筲箕灣道興建，包括西灣河街，都是二至三層高、建有露台的華人屋宇，或是一至兩層高的雙坡頂房屋。現今筲箕灣警署至聖十字徑一段樓宇主要建在近山的一邊，警署至街市一段樓宇建有淺窄的露台，但街市至聖十字徑一段的一些樓宇有騎樓，一些樓宇建有露台，互相交插，不是清一色騎樓或露台，為其他地區少見。現存的戰前樓宇有西灣河街 118 號、120 號和 141 號。當時筲箕灣道北邊太祥街至太安街有八排洋樓，是太古船塢員工宿舍。

政府及公共設施

筲箕灣東大街 19 號筲箕灣警署 *（1910s）
筲箕灣西灣山鯉魚門兵房 o/#/##（1885）
筲箕灣道 57 至 87 號筲箕灣街市 *（1873）

醫院

筲箕灣西大街 135 號筲箕灣公立醫局 *（1930s）

學校

筲箕灣道教堂街 1 號嘉諾撒修院學校 *（1891）

宗教建築

柴灣道 18 號慈幼會修院 ##（1939）
巴色道 4 號筲箕灣崇真會堂 *（1941）
金華街（筲箕灣東大街交界）筲箕灣城隍廟 ###（1877）
筲箕灣東大街 53 號筲箕灣天后廟 ##（1873）
譚公廟道筲箕灣譚公廟 ###（1905）
亞公岩村 26A 亞公岩玉皇宮殿（1912）

商業設施

西灣河聖十字徑長樂戲院 *（1927）
筲箕灣道 290 號筲箕灣戲院 *（1924）

公廁

筲箕灣街市公廁 *（1891）
近筲箕灣警署（筲箕灣官立小學位置）公廁 *（1891）
筲箕灣亞公岩村西邊公廁 *（1891）

香港仔和赤柱的設施和功能建築

1941 年香港仔住宅區的海岸線，由香港仔墳場開始的香港仔海傍道至香港仔工業學校。香港仔於 1920 年代進行填海以興建住宅和發展社區，填海後所建的華人屋宇建有懸臂式外廊，住宅分佈於香港仔大道東邊、湖南街和湖北街之間、東勝道西邊、西安街北邊和香港仔十五間。香港仔大道北邊則為獨立露台的洋樓，這些華人屋宇已拆卸重建。赤柱有傳統形式的華人屋宇，但社區設施例如警署、郵局、街市、醫局和學校都很齊備。

政府及公共設施

壽山村道 45 號財政司府第 ##（1935）
黃麻角道赤柱軍營（1936）
香港仔大街 116 號香港仔警署 ##（1891）
赤柱村道 88 號赤柱警署 °（1859）
東頭灣道 99 號赤柱監獄（1938）
赤柱村道 40 號馬坑監獄 ###（1939）
香港仔舊大街 54 號香港仔郵局及香港仔消防局 *（1850s）
黃麻角道 2 號赤柱郵局 ##（1937）
香港仔大道 171 號（湖北街交界）香港仔街市 *（1912）
赤柱市場道赤柱街市 *

香港仔華人永遠墳場（1915）
赤柱軍人墳場 ###（1933）

醫院

香港仔大道嘉諾撒仁愛會醫院 *（1897）
香島道 46 號和 47 號香港仔公立醫局 *（1931）
黃麻角道 14 號赤柱公立醫局 ###（1930s）

學校

香港仔大道嘉諾撒仁愛會學校 *（1897）
黃竹坑道 1 號香港仔兒童工藝院 ###（1935）
黃麻角道 30 號聖士提反書院附屬小學 ###（1938）
赤柱村道 78 號赤柱白思德學校 / 聖公會赤柱小學 *（1881）
東頭灣道 22 號聖士提反書院 o/##（1929）

宗教建築

香港仔大道 220 號位置聖伯多祿堂 *（1929）
香港仔大道嘉諾撒仁愛會孤兒院 *（1897）
東勝道 26 號和 28 號（洛陽街交界）香港仔浸信會 *（1931）
黃竹坑惠福道 6 號華南總修院 #（1931）
赤柱村道 44 號瑪利諾神父宿舍 #（1935）
赤柱村道 68 號加爾默羅聖衣會 ###（1936）
東頭灣道 53 號赤柱回教廟 #（1936）
香港仔大道 182 號石排灣天后廟 ###（1851）
鴨脷洲洪聖街 9 號鴨脷洲洪聖廟 o（1773）
鴨脷洲大街 181 號鴨脷洲水月宮 ###（1866）
赤柱大街赤柱天后廟（1930s）
赤柱大街赤柱水僊廟
赤柱北帝古廟

商業設施

香港仔船塢 *（1867）
香港仔大道 190 號香島戲院 *（1930s）

公廁

香港仔公廁 *（1891）
貝璐道口公廁 *（1879）
鴨脷洲公廁 *（1891）
赤柱村公廁 *（1891）

尖沙咀的設施和功能建築

1941 年尖沙咀西邊和南邊的海岸線和現在差不多，東邊海岸線是現在漆咸道東邊臨街的花園至加士居道位置。尖沙咀最早只有軍營、警署和碼頭倉庫，1900 年代才開發住宅區，受港島鼠疫影響，很多葡國人和歐洲人移居九龍半島。九龍街道較港島寬闊，尖沙咀彌敦道以西為歐人花園洋房和洋樓住宅區，華人樓宇在彌敦道以東。廣東道有騎樓，海防道有淺窄的外廊，北京道西段、漢口道和樂道是洋樓。彌敦道兩旁有騎樓，設計古典，一般都塑有花飾，拱券外廊和西洋柱式很常見。火車站、郵局、消防局、街市、學校、教堂、戲院和酒店相繼落成。山林道的洋樓則於 1930 年代由遮打別墅的土地發展而來。1960 年代港府擴建啟德機場，由於九龍半島位處飛機航道，樓宇高度受到管制，新建的樓宇只有六至十四層高，九龍城樓宇只有四層高。

政府及公共設施

廣東道 2A 號尖沙咀水警署 °（1884）
彌敦道 134A 號天文台 °（1883）
威菲路軍營 */#（1890）
槍會山軍營 ##/###（1900s）
訊號山大包米訊號塔 °（1907）

梳士巴利道九龍郵局 *（1910）

梳士巴利道 33 號九龍消防局 / 尖沙咀消防局 ##（1920）

北京道 1 號尖沙咀街市 *（1911）

梳士巴利道九廣鐵路火車總站 */o（1916）

覺士道 7 號九廣鐵路經理宿舍 / 賈梅士學校 ##（1903）

尖沙咀碼頭廣場海旁九龍天星碼頭 *（1912）

學校

彌敦道 136 號九龍英童學校 o（1902）

柯士甸道 162 號聖瑪利學校 #（1925）

柯士甸道 103 號九龍華仁書院高班分校 *（1920s）

宗教建築

梳士巴利道 41 號基督教青年會 #（1924）

彌敦道 138 號聖安德烈堂 #（1905）

漆咸道南 125 號玫瑰堂 #（1905）

山林道 38 號尖沙咀浸信會會堂 *（1939）

彌敦道 105 號九龍清真寺 *（1896）

海防道尖沙咀福德古廟（1900）

商業設施及社會團體

廣東道海旁九龍倉 *（1916）

梳士巴利道半島酒店 #（1924）

漢口道 2 號九龍酒店 *（1923）

北京道 12 號景星戲院 *（1922）

覺士道 10 號九龍木球會 ##（1932）

柯士甸道 123 號九龍草地滾球會 ###（1939）

公廁

金巴利道尿廁 *

油麻地的設施和功能建築

油麻地是九龍半島最早開發的住宅區，位置在寶靈街至眾坊街、新填地街至彌敦道的範圍內。1900年代，海岸線伸展至渡船街，原來的社區已重新規劃，社區伸展至界限街和柯士甸道。到了1941年，油麻地除了寶靈街至佐敦道之間的吳淞街和廟街建有露台外（當中廟街235號、257號和259號仍然存在），其他地方所建的華人屋宇都有騎樓，設計亦很古典，一般都塑有花飾，拱券外廊和西洋柱式亦很常見。榕樹頭一帶是社區的中心，有天后廟、警署、郵局、街市、學校、戲院和公立醫局，彌敦道與加士居道交界是戲院和酒店的集中地，教堂和休閒活動區在佐敦道西段、上海街最為繁盛。窩打老道至火車橋範圍北邊有青年會、廣華醫院、東方煙廠、機器洗衣局，登打士街至火車橋一段是住宅樓宇，南邊有果欄、危旗山配水庫、公眾殮房、衛生局馬房和墳場。

政府及公共設施

廣東道627號油麻地警署 ##（1923）
眾坊街60號第一代油麻地警署 *（1873）
加士居道38號九龍巡理府／九龍地方法院 #（1936）
上海街344號油麻地郵局 */#（1895，原為油麻地抽水站）
街市街油麻地街市 *（1879）
危旗山配水庫 #（1894）
窩打老道42號和44號公眾殮房 *
窩打老道54號衛生局馬房 *
佐敦道渡船角海旁佐敦道碼頭 *（1933）
公眾四方街渡船街海旁油麻地碼頭 *
九龍喬治五世紀念公園 *（1941）

醫院

甘肅街油麻地公立醫局油麻地水上醫局合局 *（1916）
廣華街廣華醫院 */o（1911）

學校

永星里（彌敦道 469 號和 471 號位置）油麻地官立學校 *（1906）
佐敦道 1 號拔萃女書院 *（1913）
德興街 12 號麗澤中學分校 *（1930）
廟街油麻地書院 °（1876）

宗教建築

窩打老道 23 號中華基督教青年會九龍支會 *（1929）
佐敦道 2 號和 4 號九龍佑寧堂 °/###（1931）
廟街（眾坊街交界）油麻地天后廟 °（1876）
廟街油麻地社壇 °（1876）
廟街油麻地福德祠 °（1876）
廟街油麻地城隍廟 °（1876）

商業設施及社會團體

窩打老道油麻地果欄 ##（1913）
佐敦道上海街西北邊中華煤氣廠 *（1892）
廣華街（登打士街交界）機器洗衣局 *（1902）
彌敦道、登打士街和豉油街範圍東方煙廠 *（1908）
彌敦道 360 號大華戲院 *（1928）
彌敦道 383 號至 389C 號平安戲院 *（1934）
公眾四方街光明戲院 *（1930s）
彌敦道 380 號普慶戲院 *（1928）
甘肅街 7 號（廟街交界）廣智戲院 *（1919）
窩打老道 6 號油麻地戲院 ##（1930）
眾坊街第一新戲院 *（1931）
加士居道 20 號西洋波會 ###（1937）
衞理徑 4 號文康市政職員遊樂會 ###（1930）

公廁

街市街公廁 *（1902）

咸美頓街 22 號公廁 *（1901）

堅彌地街（白加士街 107 號位置）公廁 *（1901）

京士柏公廁 *（1904）

甘肅街油麻地街市公廁 *

旺角的設施和功能建築

旺角於 1900 年代填海後開始發展，海岸線為塘尾道，警署位於塘尾道與柳樹街交界東北邊位置。1941 年，旺角的範圍包括界限街至登打士街，渡船街至火車路之間，所建的華人屋宇都建有騎樓，設計古典，一般都塑有花飾，拱券外廊和西洋柱式亦很常見，1930 年代的騎樓則較有裝飾藝術風格。1920 年代，何東購地發展地產，以東樂戲院促進了地區繁榮，這一帶成了中心區，設有警署、戲院、碼頭、教堂和學校，戲院集中在彌敦道，界限街街市在 1946 年設立。1948 年匯豐銀行在旺角彌敦道 659 號開設分行，是首間九龍區的銀行。1952 年旺角消防局設立，1959 年旺角郵局亦設立於弼街 57 號。

政府及公共設施

彌敦道 700 號旺角警署 *（1925）

廣東道 1047 號（亞皆老街位置）旺角街市 *（1910s）

油麻地火車站 / 旺角車站 *（1910）

渡船街海旁山東街旺角碼頭 *（1919）

學校

彌敦道（太子道交界）警察訓練學堂 */##（1925）

弼街 56 號中華基督教會望覺堂暨英華書院 *（1928）

奶路臣街 6A 號至 6E 號九龍華仁書院 *（1928）

宗教建築

砵蘭街 90 號便以利會 *（1922）

染布房街 2 號諸聖堂 ###（1928）

通菜街 130 號禮賢會九龍堂 *（1933）

山東街 90 號大石古水月宮 ###（1926）

福全街 58 號和 60 號福全街洪聖廟 ###（1930）

商業設施

彌敦道 750 號始創行九龍巴士公司總部 *（1933）

彌敦道 760 號東樂戲院 *（1931）

彌敦道 625 號勝利戲院 *（1931）

塘尾道（近荔枝角道 197 號和 199 號）好世界戲院 *（1940）

旺角亞皆老街 65 號（西洋菜南街交界）新華戲院 *（1940）

彌敦道 603 號至 609A 號彌敦戲院 *（1938）

塘尾道 197 號旺角戲院 *（1920s）

公廁

差館街（上海街）東邊公廁 *（1891）

深水埗的設施和功能建築

深水埗在割讓九龍半島後近界限街位置出現傳統墟市，1897 年港府租借新界，1900 年代興建了大埔道，1904 年設立九龍塘配水庫（窩仔山配水庫）。1910 年代清拆墟市，在鴨寮街、南昌街、通州街和欽州街範圍內，興建華人屋宇，設有北河街街市。1920 年代社區發展至界限街，1930 年代至青山道。1941 時，已發展的範圍為荔枝角油庫以東，青山道接大埔道，再接界限街至通州街海旁，東京街海旁接長沙灣道海旁。區內所有華人屋宇都建有騎樓，設計古典，一般都塑有花飾，拱券外廊和西洋柱式相當普遍。1930 年代的騎樓則較有裝飾藝術風格，即使是橫街的樓宇亦很古典美觀。區內設有街市、警署、碼頭、醫局、醫院、戲院、碼頭、教堂、學校和工廠等，欽州街以西填海地至長沙灣道是軍營。

政府及公共設施

欽洲街 37A 號深水埗警署 ##（1925）
昂船洲軍營 */#/##/###（1863）
深水埗軍營 *（1927）
北河街、桂林街與大南街之間深水埗街市 *（1918）
窩仔山九龍塘配水庫 #（1904）
北河街與通州街海旁深水埗碼頭 *（1919）

醫院

青山公路 800 號荔枝角醫院 ###（1924）
青山道 113 號寶血醫院 ###（1929）
醫局街 137 號深水埔公立醫局 ##（1936）

學校

黃竹街 17 號和 19 號崇真學校 *（1931）
青山道 101 號德貞學校 *（1929）
深水埗聖公會學校 / 聖公會聖多馬小學 *（1924）

宗教建築

大埔道 58 號巴色樓 *（1901）
黃竹街 17 號至 19 號崇真會堂 *（1932）
元州街 86 號寶血會女修院寶血堂 ##（1937）
海壇街 158 號深水埗武帝廟 ##（1891）
醫局街 180 號至 184 號深水埗天后廟 ###（1901）
汝州街 196 號和 198 號深水埗三太子廟 ##（1898）
汝州街 196 號和 198 號深水埗北帝廟 ###（1920）

商業及私人設施

青山道 58 號嘉頓公司（1938）
北河街北河戲院 *（1934）
東沙島街（近保安道）仙樂戲院 *（1930s）
荔枝角道 236 號明聲戲院 *（1930s）

公廁

南昌街 193 號公廁 *
鴨寮街 215 號公廁 *
欽州街 75 號公廁 *

九龍城、何文田和黃大仙的設施和功能建築

九龍城在割讓九龍半島時有很多村落，並建立了九龍寨城，為九龍城名字起源。1920 年代，九龍塘發展為花園城市，港府開闢太子道，火車橋以西為有騎樓的樓房，以東則為花園洋房。以衙前圍道為中心的九龍城華人住宅區樓房建有騎樓，往東的啟德濱花園城市發展計劃只完成一半便告失敗。日佔時期，九龍城的警署、街市、醫局、郵局、啟德濱的街道和樓宇，因日軍擴建啟德機場而被清拆。

政府及公共設施

太子道（衙前圍道交界東邊）九龍城警署 *（1925）
石鼓壟道（衙前圍道交界東南邊）九龍城郵局 *（1920s）
沙埔道石鼓壟道（衙前圍道交界北邊）九龍城街市 *

醫院

隔坑村道九龍城公立醫局 *（1932）
亞皆老街 147A 號九龍醫院 ##/###（1925）
亞皆老街 147A 號九龍醫院中九龍診所 ##（1935）

學校

亞皆老街 131 號拔萃男書院##（1927）

界限街喇沙利道路段喇沙書院*（1932）

培正道 20 號香港培正中學*（1933）

窩打老道 130 號瑪利諾修院學校°（1936）

東寶庭道 8 號民生書院*（1939）

天光道 2 號中央英童學校 / 英皇喬治五世學校##（1936）

嘉林邊道 45 號和 47 號伯特利神學院##（1930s）

宗教建築

清水灣道 35 號聖若瑟安老院##（1919）

太子道西 258 號聖德肋撒堂#（1932）

窩打老道 132 號基督堂###（1938）

九龍塘金巴倫道宣道會*

觀塘道三山國王廟###（1800）

聯合道九龍城侯王廟°（1730）

黃大仙 5282 號地段黃大仙嗇色園（1921）

商業設施

亞皆老街 139 號至 147 號中華電力有限公司總辦事處及宿舍*/#（1940）

啟德機場*（1928）

九龍城啟德濱新九龍映戲院*（1930s）

紅磡和土瓜灣的設施和功能建築

紅磡以 1863 年成立黃埔船塢開始發展。1873 年紅磡、鶴園和土瓜灣組成三約。1898 年青洲英泥由澳門遷到紅磡發展。1921 年鶴園電廠設立。1941 年時紅磡的範圍包括漆咸道以東，溫思勞街海旁和鶴園街海旁以內的大環山和填海地區。土瓜灣的範圍包括馬頭圍道以東，海旁為宋皇臺道接偉景街直落至榮光街、環安街，斜出至崇安街接鶴園街。三約的華人屋宇都有騎樓，二戰時盟軍軍機轟炸紅磡黃埔船塢，附近一帶大部分樓房被炸毀，現存馬頭圍道 344 號和下鄉道 65 號兩幢戰前華人屋宇。

政府及公共設施

差館里（馬頭圍道交界）紅磡警署 *（1885）
馬頭角道 63 號馬頭角牲牛檢疫站 ##（1908）
蕪湖街 34 號至 44 號 / 街市街紅磡街市 *（1888）
機利士路温思勞街海旁紅磡碼頭 *
12 號山老龍坑山配水庫 *（1900s）

醫院

觀音街紅磡公立醫局 *（1900s）
太子道 627 號聖德肋撒醫院 *（1940）

學校

寶其利街嘉諾撒修會學校 *（1880s）
農圃道 1 號協恩中學 ###（1937）
江西街 2 號土瓜灣聖公會學校 / 聖公會聖提摩太小學 *

宗教建築

馬頭涌道 135 號聖三一堂 ##（1937）
差館里 18 號和 20 號紅磡觀音廟 #（1873）
下鄉道 49 號土瓜灣天后廟 ###（1885）
馬頭圍道 146 號鶴園角北帝古廟（1929）
土瓜灣島海心廟 *（1885）

商業設施

紅磡黃埔船塢*（1888）
鶴園電廠*（1921）
土瓜灣道 100 號香港中華煤氣公司*（1933）

公廁

紅磡街市公廁*（1888）
機利士路（機利士南路差館里交界）公廁*（1903）
船塢街公廁*（1891）
土瓜灣公廁*（1891）
必嘉街公廁*
戴亞街公廁**
機利士南路公廁

小結

1941 年以前，香港市區的華人屋宇主要在大街如皇后大道、德輔道、干諾道、莊士敦道以北街道，這些街道建有騎樓，其餘街道則以露台為主。九龍除了一段廟街和吳淞街的華人屋宇有露台外，其餘華人屋宇都有騎樓。從 1941 年的地圖所見，香港島已開發的地區出現的名稱有堅尼地城、石塘咀、西營盤、上環、太平山、中環、灣仔、掃桿埔(銅鑼灣)、北角、筲箕灣、香港仔和赤柱，九龍則有尖沙咀、油麻地、旺角、深水埗、紅磡和九龍城。街市各區皆有，但銀行只有中環才有。獨立的消防局只有四間，位於中環、堅尼地城、灣仔和尖沙咀。郵局只有四所，位於中環、西營盤、灣仔和尖沙咀，大致以郵筒提供服務。公園只有中環、上環、西營盤、灣仔和油麻地五處，預作休憩的空地則有旺角和深水埗，即現今的麥花臣遊樂場和楓樹街遊樂場。

公共醫院診所計有瑪麗醫院、九龍醫院和貝夫人健康院，公立醫局則有十間，私營醫院則有由東華三院、倫敦傳道會、法國修會、意大利修會及其分支寶血會開辦的 12 間醫院。公立學校則是寥寥可數，四間中學都在中西區，九龍只有一間油麻地官立學校，大概是港府以津貼的形式，支持教會或私人辦學來維持教育。雖然每一區都有警署維持治安，但當時貪污風氣盛行，市民是否得到保障，大有疑問。基本民生設施可說是港九兩地樣樣皆有，惟收費服務是否人人能夠負擔得起卻是另一回事。悠悠歲月，物換星移，一切離合亦有緣分，能有兩餐溫飽，幾許所願稱心，社區設施是生活的基本需求。現在社區設施已相當充裕，卻仍然有人未能受惠，想到舊年，更多挑戰。

第八章 戰前樓宇中的校舍

香港開埠初期的教育情況

1841 年 1 月 21 日，香港開埠為自由港，吸引各國商人來港營商，教會亦隨之到來辦學傳教，傳授西方知識和宗教信仰。1844 年，港府每月給中區、赤柱和香港仔三所學校十元補助。1842 年時，教會學校有美南浸信會的宏藝書塾和馬禮遜基金會的馬禮遜學堂，是自置校舍。當時華人書塾式的學校，主要教授古文和珠算，多設於祠堂、民房或住宅樓宇的樓層內，設備簡陋，環境並不理想，學生主要為參加滿清政府的科舉考試而修讀，以謀一官半職，名成利就，光宗耀祖。

1847 年 12 月，第二任港督戴維斯委任多人組成教育委員會，負責研究港府如何補助學校，特別是行「屬世教育」的漢文學校。1851 年，聖公會開辦聖保羅書院，當時九間由該會教師任教學校的學生，成為該校的基本補給學生。1854 年，教育委員會建議香港應該多設新式學校，以應社會需要。1958 年，港府設立見習教師制度，又從英國聘請教師來港教學，並派督學巡視各校。

1859 年，港府倡辦官習生制度，官員深通華語，使政府與華人團體能夠直接溝通，並設立教育辦事處（Education Office）和三間官立學校。由於香港人口增加，各政府部門亦陸續設立，各國傳教士紛紛到港傳教，並將西洋最新的關於學校教育、科學知識、政治制度、經濟組織等書籍帶到香港，辦學傳教，使香港民智漸開。1860 年，港府在歌賦街宏藝書塾舊址開辦中央書院，開辦初期，學生的英語能力和文化成績並不理想。

港府為了社會安定，避免居民因教育程度不足而失業引致社會問題，接納了教會人士的意見，鼓勵教會和私人興學，包括免費撥出土地興建校舍，按開辦經費給予相同的補助費作為獎勵，推動香港教育發展。當時香港充斥着許多無業游民，今日是廚子，明日當苦力，他日可以是位固守禮教的老師，毫無執教資格。第三任港督般含爵士反對英國特選委員會要本地居民學習中文的建議，他認為學習中文會使學生的理解力狹隘，缺乏普通常識和科學智慧。1873 年，教育補助計劃開始根據學生人數多寡計算，辦理屬世教育者會優先獲得考慮。

1890 年，港府成立教育司署（Education Department）。1895 年，港府規定新成立的學校，若果不是以英語為媒介者，便不會獲得政府補助。1887 年至 1910 年間，不少華人或華人社團開辦漢文學校，學校並不接受港府補助，全以學生學費來維持經營，校舍大多設在住宅樓宇的樓層內，設備不足，衞生環境亦不理想。

香港之義學

香港之義學始於十九世紀末期，最初創辦的動機只是富商巨賈為子侄們有機會識一點字，後來發展至同鄉會和慈善團體和孔聖堂等。

1928 年，有 21 間文武廟義學，性質是一位老師主理一班學生便為一所義學，當中有四間位於文武廟旁荷李活道 122A 號至 124 號中華書院內，其他義學位於正街 11 號四樓、大道東 174 號四樓、樓梯街 2 號二樓、正街 8 號二樓、大道西 68 號四樓、大道西 308 號四樓、太原街 14 號三樓、樓梯街 4 號二樓、永豐街 10A 號二樓、跑馬地景光街 14 號、樓梯街 2 號地下、德輔道西 248 號三樓、太和街 15 號四樓、油麻地天后廟南書院和北書院、筲箕灣福德祠側等，因頂層租金較低層平，故義學多位於樓宇頂層。1931 年，顏成坤主席把東華醫院、廣華醫院和東華東院合辦為東華三院，並開始辦理女子義學，分別設於軒尼詩道 201 號四樓和皇后大道西 385 號和 387 號四樓。另有九間男童義學，當中四間是景光街14號和油麻地天后廟南書院和北書院的文武廟義學，其他分別位於必列啫士街37號、樓梯街文武廟側、德輔道西146號至152號三樓、駱克道198號至202號三樓和四樓，以及筲箕灣電車路尾。

香港義學的分類

義學類別	具體學校
第一類 個人贈款的義學	大道西130號周卓凡義學、第三街13號周少岐東義學校、醫局街144號黃耀東義學、馮平山男女義學和波斯富街1號至3號四樓寶覺女義學等。
第二類 團體撥款的義學	第二街125號中華聖教總會第一義學、卑路乍街146號南海商會香港義學、廟街63號鮮魚行第一義學、必列啫士街6號孔聖會第一分校、金華街53號崇正（總會）第一義學等。
第三類 慈善機構設立的義學	軒尼詩道201號東華醫院總理女義學、駱克道198號東華免費小學校。
第四類 廟宇設立的義學	必列啫士街37號文武廟義學、廟街2號天后廟義學、駱克道302號洪聖廟女義學和廟街4號廣福祠義學。
第五類 紀念性義學	第一街121號恩普紀念第一義學。
第六類 為難民而設的 港九（澳）中華義學	中環些利街20號港僑中學的第一校、堅道85號興中中學的第二校、南角道18號九龍大同學校的第三校、屋蘭士街1號西南中學第四校、普慶坊10號上環仿林中學的第五校、洗衣街47號旺角德明中學第六校等48間。

1913年的《教育條例》

1912年香港大學正式啟用，大多數學生着重英文學習，轉讀英文書院，以升讀香港大學。1913年8月8日，港府宣佈《教育條例》，法例分為五章23項，包括第一章總綱，說明定義、職權、待遇和註冊規則等，第二章是註冊方法，第三章是免受註冊和視導的學校規則，第四章是學校統籌和視導，第五章是學校紀錄和起訴等。法例着重學校註冊和管理層面，校舍衞生設備要完善，規定十個學生或以上才稱學校，要向教育司署註冊，否則罰款500元。港府把私立漢文和英文學校分為甲、乙、丙三級，丙級漢文學校有153間，學生3,144人，英文學校有17間，學生256人，絕大多數設於商住兩用或住宅樓宇的樓層內，而非像教會或官立學校般有獨立校舍。港府通知各校須在1914年7月1日前註冊，少數學校結束，大部分學校積極改善，例如安置衞生設備，粉飾課室、聘用合資格和有經驗的教師，以及提高教師待遇等等。

1932年，港督貝璐爵士（Sir William Peel）按照1913年《教育條例》，增訂規則：

一、在課室光線充足的情況下，每位學生所佔容積，不得少過80立方呎，面積不得少過八平方呎；
二、學校每層只可設一個住宿用的房間，特許者不在此限。校舍不得分租給人，違例者會被勒令遷徙，或取消學校註冊執照；
三、校內地方每星期最少要清潔一次，每日必須在上課二小時前打掃一次；
四、必須有光線落在書桌左方，黑板與書桌相隔至少三呎距離；
五、學生和教職員須要衣履整齊清潔；
六、授課時不准吸煙；
七、只可把痰吐在痰盂內，痰盂必須時常清潔；
八、學校必須設有標準廁所；
九、不得向女生施行體罰；
十、體罰只可以用手或小藤條輕撻手掌，或隔褲鞭打臀部；
十一、若教員多於一人，體罰須由班主任執行；
十二、授課時，課室只有教員和學生；
十三、每班要有標準的點名冊；
十四、若設有宿舍，至少每半年有西醫檢驗一次；
十五、檢驗宿舍的西醫，須將學校的衞生情況和宿生狀況記錄
十六、校長須向教育司呈報西醫的檢驗報告；

十七、若打算遷校，要先得到教育司批准，如果新校址鄰近有相同性質的學校，可能不獲批准；

十八、未經教育司批准，不得充任教員。女校如欲聘任男教師，須具理由向教育司申請批准；

十九、學校必須設有視學官核准的時間表和課程表，並懸於課室當眼處，課本亦要審核批准；

二十、每名教員只可同時教授不超過 50 名學生，體操、手工和唱遊堂例外；

二十一、女校可以兼收 12 歲以下男生；

二十二、如要更改學費和校租，須獲批准；

二十三、凡屬例外特別假期，須獲批准；

二十四、註冊人須負責學校一切事務；

二十五、視學官對規則有酌情權。

1935 年，港府修改《一九一三年教育條例》，將每位學生佔用課室地面至少 8 平方呎改為 9 平方呎，中學依舊為 10 平方呎，並對校舍增建部分規管更為嚴格。1937 年，日本發動侵華戰爭，許多人遷居香港，全港學生人數達 86,993 人，其中 28,560 人是女生，但香港絕大部分兒童是失學的。

以洋房或住宅樓宇創校的英文學校

現在有多所在戰前成立的學校，在開辦時是沒有自置獨立校舍的，學校租用洋房或華人住宅樓宇上課，例子有聖士提反書院、聖士提反女子中學、英華書院、聖保羅女書院和華仁書院等。這樣做的原因大概是當時的住宅區已沒有多餘土地興建校舍，二來聲譽未隆，總要做出了成績，學生人數漸多，才考慮興建校舍。

聖士提反書院於 1903 年以般咸道 5 號洋樓 Ball's Court 創校，開校時只有五名教師和六名學生，1923 年遷往光景臺 3 號至 6 號洋樓、般咸道 71 號教會傳道會聖士提反樓（Church Mission House, CMH），以及薄扶林道 131 號被充公的德屬真光盲人院，並借用香港大學地方，1928 年遷往赤柱現址。

聖士提反女子中學於 1906 年以堅道 35 號洋樓作為校舍，1909 年遷往堅道 27 號洋樓，1923 年遷往西營盤列堤頓道 1 號至 2 號現址，兼作香港大學首間女生宿舍。1922 年英國皇儲威爾斯親王訪港，曾主持聖士提反女校列堤頓道新校舍的奠基禮。

聖士提反女子中學於 1906 年以堅道 35 號洋樓作為校舍，1909 年遷往堅道 27 號洋樓，1923 年遷往西營盤列堤頓道 1 號至 2 號現址，經歷多次擴建（2009 年攝）

英華書院始創於 1818 年，1843 年從馬六甲遷至香港，當時尚有土地興建太利樓校舍，1858 年停辦。1914 年復校，先後租用堅道 9 號、堅道 67 號、堅道 45 號和般含道 82 號 Westbourne Villa 等洋樓上課，1928 年才遷往旺角弼街 56 號和 58 號自建校舍。

聖保羅女書院由凱薩琳（Kathleen Stewart）於 1915 年創立，她是聖保羅書院校長史超域牧師的妹妹，校址原位於堅道 2 號洋樓，1927 年遷往麥當奴道 33 號現址。1945 年聖保羅書院因校舍在戰時受到毀壞，與女書院暫時合併，其後男校在般咸道 69 號現址復課，書院維持男女同校，並改名為聖保羅男女中學，是香港首間男女同校的學校。

華仁書院於 1919 年在荷李活道 60 號住宅樓宇三樓創校，開學時有四位學生，該樓宇至今仍然健在，樓下是公利真料竹蔗水。1920 年租用卑利街 54A 號擴班，暑假改在摩羅廟街 33 號。1921 年遷往羅便臣道 2 號聖若瑟大廈（St. Joseph's Mansion）和 8 號前聖若瑟書院南座，1955 年遷往皇后大道東 281 號現址。

以住宅樓宇創校的中文學校

1916 年，內地教育部開始將一學年分為兩個學期，每年 8 月 1 日至翌年 1 月 31 日為上學期，2 月 1 日至 7 月 31 日是下學期。小學和中學都是六年制。1928 年，內地爆發政府向外國教會學校收回教育權運動，學校交華人接辦。1914 年至 1941 年間，香港華人社團和私人積極辦學，主要是漢文學校，大多數是小學和識字班，亦多採用內地學制，課室大多設於住宅樓宇的樓層內，規模很小，設備簡陋。此間在香港註冊成立的著名私立中文學校，小部分這些私校獲得政府津貼和特別補助，例如民生書院和顯理中學，另外有很多中文學校參加內地考試。1937 年日本侵華，內地大量中學和小學遷至香港，因香港規定中學要男女分校，所以剛遷入的中學分為男校和女校上課，小學則為男女同校。

1910 年代成立的中文學校

學校名字	成立年份	校址
廷用學校	1918	戰後位於第二街 136 號。
梅芳男女中學	1918	男校位於羅便臣道 94 號，女校位於羅便臣道 86 號至 88 號，戰後位於駱克道 195 號至 197 號。
敦梅中學	1919	戰後位於駱克道 205 號至 209 號、告士打道 116 號至 120 號、告士打道 109 號至 112 號。
衞文學校	1919	戰後位於砵蘭街 46 號和窩打老道 7 號。

1920 年代成立的中文學校

學校名字	成立年份	校址
信修中學	1922	位於堅道 61 號。
仿林男女中學	1923	男校原位於九龍城公園道 2 號，女校原位於跑馬地鳳輝臺，戰後正校遷至西摩道 7 號，分校設立於羅便臣道 58 號至 60 號和羅便臣道 87 號。
徽遠中學	1923	戰後位於駱克道 262 號至 266 號、荷李活道 118 號至 120 號。
崇蘭中學	1923	原位於黃泥涌道 165 號 2 樓，戰後遷至禮頓山道 37 號。
顯理中學	1924	原位於堅道 52 號，戰後遷至羅便臣道 64 號、柏道 33 號，1994 年遷至城市花園道 2 號現址。
民生書院	1926	原位於九龍城啟德濱 2 號，1939 年遷至東寶庭道 8 號現址。
中華中學	1926	原位於堅道 20 號和 22 號，戰後遷至羅便臣道 123 號。
西南男女中學	1928	男校位於屋蘭士街 1 號，女校位於巴丙頓道 3 號和 5 號，女校分校位於窩打老道 69 號。
麗澤中學	1929	原位於灣仔鳳凰臺和佐敦道 38 號，1930 年正校遷至堅尼地道 88 號，分校設立於德興街 12 號，1955 年合併遷至廣東道 180 號現址。
國光學校	1929	戰後位於駱克道 97 號。
九龍樂善堂學校	1929	位於九龍城城南道 52 號。

聖保羅男女中學原稱「聖保羅女書院」，1915 年創立時以堅道 2 號住宅作為校舍，1927 年遷往麥當奴道 33 號現址的自置校舍，後又購入相鄰的歌老打路 2 號白屋仔作為校舍一部分，經歷多次擴建和重建，現在尚存主樓部分（2006 年攝）

1930 年代初期成立的中文學校

學校名字	成立年份	校址
孔教中學校	1930	位於柯士甸道 14 號。
嶺東男女中學	1930	男校位於彌敦道 229 號及灣仔鳳凰臺 12 號，女校位於佐敦道 19 號，小學部位於庇利金街 51 號，戰後一併遷至深水埗大埔道 168 號至 176 號及 103 號。
東方中學	1930	戰後位於深水埗界限街 44 號至 50 號，1951 年增設羅便臣道 86 號和 88 號校區。
大成學校	1930	戰後位於堅道 131 號。
中南中學	1931	位於卑利上街 78 號。
知行中學	1932	戰後位於莊士敦道 199 號至 203 號、堅尼地道 88 號至 90 號、布律活道 23A 號、菲林明道 13 號和 15 號。

（續上表）

學校名字	成立年份	校址
培正中學	1933	原位於窩打老道 80 號，現址為培正道 20 號。
德明中學	1934	正校原位於洗衣街 47 號，分校原位於馬師道 7 號至 11 號及九龍城啟仁路，戰後正校遷至洗衣街 76 號，分校遷至告士打道 84 號。
華南中學	1934	第一校位於西摩臺及羅便臣道，第二校位於彌敦道 638 號至 652 號，女子中學及男女小學位於彌敦道 664 至 672 號，戰後合併遷至佐敦偉晴街。
真光女子中學	1935	小學部位於堅道 26 號，1950 年遷至大坑道 50 號現址。

1930 年代後期成立的中文學校

學校名字	成立年份	校址
同濟中學	1936	原位於灣仔道 191 號，戰後遷至堅尼地道 15A 號。
揚光學校	1936	戰後位於德輔道西 246 號。
僑光中學	1937	戰後位於駱克道 154 號至 164 號。
嶺英中學	1938	原位於銅鑼灣利園山上，戰後遷至恩平道。
光華中學	1938	正校位於荷李活道 1 號、分校位於雲咸街 77 號。
中國兒童書院	1938	戰後位於駱克道 110 號和 112 號。
漢華中學	1938	原位於青蓮臺，戰後遷至山道 12 號，2006 年遷至富欣道 3 號現址。
香港知用中學	1938	原位於深水埗大南街，小學部位於士丹頓街和伊利近街，戰後合併遷至砵蘭街 252 號至 262 號。
中華小學	1940	位於荔枝角道 299 號。
半島學校	1941	位於基隆街 71 號。

內地因戰亂遷到香港的學校

1937 年，日本發動侵華戰爭，有不少內地學校遷往香港或設立分校，主要是教會學校，遷港後暫時於洋樓上課，其後自建獨立校舍，延續至今者有真光中學、培道中學、培英中學、培正中學、華英中學和嶺南中學這六間教會學校。

真光書院源於廣州，與培英中學分別為遷至香港的學校中最早在內地成立的女校和男校。1872 年，來華傳教士那夏禮（Henry V. Noyes）的妹妹那夏理（Harriet N. Noyes）在沙基創辦真光書院，曾多次遷址，1917 年改名「私立真光女子中學」。1935 年租用堅道 26 號洋樓，開辦真光小學及幼稚園，1939 年遷往堅道 75 號自置校舍，易名「香港真光小學」。1937 年日軍空襲廣州，廣州真光在香港鐵崗校舍復課，翌年遷往肇輝臺，並與香港真光小學合併，翌年租賃九龍福華街 33 號，開辦香港九龍真光分校。1947 年，香港真光小學增辦初中，翌年易名為「香港真光中學」。1949 年，廣州真光遷往窩打老道 115 號，定名「九龍真光中學」。1951 年，香港真光中學遷往大坑道現址，堅道用作小學。1960 年，九龍真光中學遷往真光里，窩打老道校舍用作小學和幼稚園。1973 年於油麻地開辦真光女書院校舍。1975 年，堅道校舍改為香港真光英文中學，1995 年遷校至鴨脷洲，四年後改名為「香港真光書院」。

培英中學源於廣州，1860 年那夏禮奉美北長老會之命到中國傳教，1879 年在沙基創辦蒙學安和堂，1888 年遷往芳村，改名「培英書院」。1927 年由華人接辦，改名「私立培英中學」。1937 年日軍侵略廣州，培英中學租用般咸道 80 號至 82 號 Westbourne Villa 作為小學——廣州培英中學香港分校校址，中學遷往干德道 9 號 Ladbroke，其後再租用羅便臣道 75 號 Fernside 和鐵崗 6 號，並以高街救恩堂為初中校舍和宿舍，衛城道 13 號 The Castle 為高中宿舍。1939 年租用羅便臣道 69 號為高中校舍，放棄鐵崗和衛城道址，翌年租用巴丙頓道 7 號 Inglewood。戰後內地各校收歸國有，遂轉租巴丙頓道 3 號 Edenhall 復辦中小學，1950 年更名「香港私立培英中學」，1963 年完成重建。1978 年停辦小學，1989 年遷往薄扶林華富道 55 號現址。當年學校租用洋樓作為校舍是很普遍的，羅便臣道 52 號二天堂創辦人韋少伯的大宅，也在戰後租予萊敦書院，而羅便臣道 123 號大屋 Mount Richmond 則作為中華中學校舍。

香港培正中學原稱「私立廣州培正中學香港分校」，正校私立廣州培正中學校原稱「培正書院」，是由廣州浸信會教友於1889年開辦的男校，曾多次遷校和易名，分校分別位於澳門、廣州東山和西關等地。1931年，廣州培正中學在香港灣仔軒尼詩道488號設立小學分校，以銜接升讀廣州培正中學，其後於1933年購入窩打老道80號（今培正道20號）現址作為永久校址，1935年增辦初中，1949年增辦高中，1950年與廣州和澳門培正各自獨立，改稱「香港培正中學」。

香港培道中學源於廣州的培道女校。1888年美國南方浸信會女聯會宣教士在廣州五仙門開辦婦孺班，經過遷校發展成為中學、小學、幼稚園和師範，1924年定名「培道女子中學」。1938年因戰事輾轉遷到香港廣華街，開辦培道中學肇慶分校附屬小學。1940年，小學部遷入九龍城士他令道浸信會禮拜堂副堂。1946年，香港分校復課並稱「香港私立培道女子中學」，1947年租賃嘉林邊道37號洋樓，1954年遷往延文禮士道2號現址。

華英中學於1913年在佛山創校，1923年增設華英女子中學。1937年佛山淪陷前，華英已遷至香港，男校先後於大嶼山東涌炮台、沙田何東樓和深水埗大埔道巴色樓等地方設校，華英女子中學暫借灣仔中華循道公會香港堂和皇后大道東英語堂為臨時校舍上課，小學設於大道東洋船街妙鏡臺12號樓宇。戰後返回佛山合併為華英中學，1952年校舍被當地政府接管關閉。1962年，華英中學香港校友會成立，經過一番努力，華英中學於1971年在常和街8號現址復校。

1922年，廣州的嶺南大學在香港樂活道1號和2號開辦小學部廣州嶺南分校，翌年遷往鳳輝臺4號至6號，1928年遷往司徒拔道15號，租用何東爵士名下高座和低座大屋上課，1933年以13萬元購入地皮，1934年在廣州註冊為私立廣州嶺南大學附屬第二小學。分校於1946年復課，並增設香港私立嶺南中學，1954年增辦高中。1967年嶺南書院在嶺南中學校園內成立，1995年遷往屯門現址，中學則於1999年遷往杏花邨現址。日本侵華期間，亦有四間內地大學暫時遷往香港復課。1938年嶺南大學借用香港大學校舍復課，1939年廣州大學在深水

1949 年，廣州真光書院遷往窩打老道 115 號花園洋房，定名「九龍真光中學」，1960 年遷往真光里，窩打老道校舍用作小學和幼稚園（2012 年攝）

埗元州街 165 號至 169 號設立分校授課。1938 年 10 月廣州淪陷，廣東國民大學在屯門新墟青山道芳園何添別墅和旺角新填地街 470 號設立分校，南華大學則在九龍城獅子石道設校。另有三間學院成立，包括佐敦道 11 號美國美爾大學中國分校（Milton University, China Branch），羅便臣道 83 號妙高臺華夏書院，以及 1938 年成立灣仔莊士敦道 88 號的東南法學院。

小結

香港現在的中小學都有獨立校舍，但戰前的香港，除了教會學校、官立學校和少數的英文學校外，學校都是以洋樓或住宅樓宇作為校舍上課，其中尤以中文中學佔絕大多數。時至今日，幾乎所有在戰前成立、沒有教會背景的中文學校已經銷聲匿跡，甚至在戰後初期成立的、沒有教會背景的私立中文或英文學校，也多在 1978 年港府推行九年強制性免費教育之後逐漸被淘汰。這些學校因為沒有內地政府補助，又沒有社會人士支持，因此大多數是規模很小，師資不足。戰前成立的私校，大多寄租在住宅樓宇或洋樓內，設備並不完善，內容簡單，而且支出費用、教職員的薪酬，皆出自學生身上，有些學校如同做生意的學店。量出為入者向學生收取昂貴學費，巧立名目收費；量入為出者則盡量節省開支，並縮減教職員的薪酬，教師與學生皆身受窘困。私立學校良莠不齊，一些中學附設有小學，雖以中學為名，但小學部學生人數遠比中學部多，其實是借中學招牌之名開辦小學，以求把成本減低，多點利潤，也有初中掛着高中牌子，或以英文中學招徠，為的是虛張聲勢，吸引學生入讀。

當時並沒有九年強迫性免費教育這回事，社會普遍貧窮，不是人人可以交得出學費，小學生不多，中學生更少。那時候做童工是合法的，很多家長只求子女認識一點字後，便要快快出來打工幫補家計，哪會把事情看得長遠。沒有自置校舍的學校，多位於人煙稠密、大街小巷的二三樓中，學習環境惡劣，就連基本設施如圖書館和操場也欠奉，學生要走到街上的公共球場上體育課，即使有圖書館，圖書也大多不合時宜。有些學校為了解決財政問題，大開方便之門，有教無類，學生的程度參差不齊，學校亦不大理會學生的日常功課和操行，造成校風敗壞。這就是設於戰前樓宇學校的一般景象，但願歷史不要在新式學校的身上重演。

第九章
戰前樓宇中的當舖

香港當押業簡介

當押業或稱典當業，就是向借錢的人提供資金周轉的行業，借錢的人要有物件作抵押，並要支付利息，到期時還款把物件贖回。典當業在世界各地都有，可追溯至古希臘和古羅馬時代。中國南北朝時，佛寺得到大量封地，除租予佃農收取租金外，並以「質庫」名義營運典當業，獲取利息，不耕而食。清朝時，當舖分為以皇室資金營運的「皇當」、官府資金的「官當」和民間資金的「民當」。

在香港以往典當業全盛時期，當舖員工人數可以有 20 人以上，分工精細，內部職員架構大致為最上級的經理，對下為內缺（管理員）和外缺（營業員），外缺對下為中缺，中缺對下為學徒。外缺分為四級，包括首櫃、二櫃、三櫃和四櫃，他們為抵押品鑒別估價和計算利息，又善於交際，與顧客建立良好關係，被尊稱為「二叔公」。內缺分為四類，有管理衣服器皿等的「管包」，由於這些物品都會放在樓上，故又稱「管樓」;「管錢」負責管理錢銀出入;「管飾」管理金銀首飾，把這些貴重物品存放在夾萬內;「管賬」就是會計和記賬。中缺包括負責撰寫當票的「寫票」、負責整理繳還當票的「清票」、負責將典當物分類的「捲包」和為典當物標記的「掛牌」。學徒是當舖的廉價勞工，職務繁瑣。現在的當舖已精簡人手，大當舖十人左右，小當舖則只有二至五人。

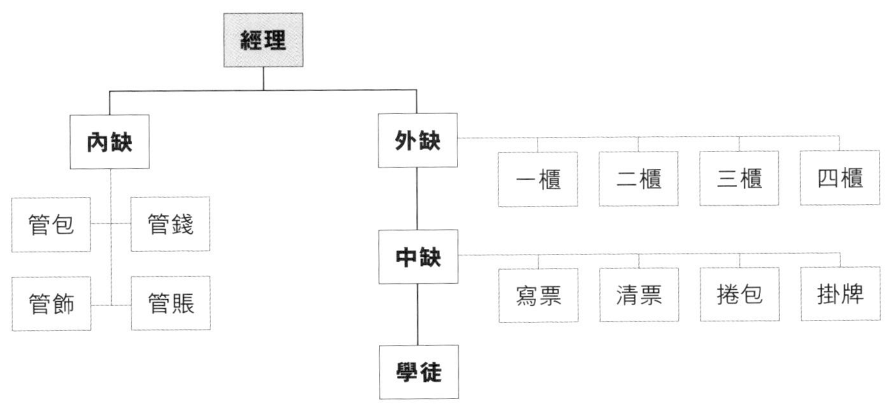

香港每間戰前樓宇當舖的設計大致相同，德榮大押樓宇下是營業的地方，樓上是倉庫，傳統佈局，門口有俗稱「遮羞板」的屏風，以防典當人因被路人看見而感到尷尬，保護私隱，亦起風水上的「擋煞」作用。過頭高的櫃枱配以鐵欄防盜，讓典當人看不到當舖的內部情況，也看不見朝奉的舉動，方便朝奉隨意檢驗典當物，朝奉高高在上，心理上盛氣凌人，有利議價。典當人把典當物舉上去之後，取得押款和一張當票的一連串動作，就被雅稱為「舉獅觀圖」。牆上掛着典當物品的規矩，樓上是擺放典當物的倉庫，各層露台均用鐵枝圍封防盜，遇到大批物品典當時會關門議價。當票上有掌櫃自家的字體書法撰寫典當內容，不易偽冒。招牌為傳統的「蝠鼠吊金錢」模式，上半部象徵蝙蝠，取其諧音「福」，下半部分形似銅錢，喻意「有福又有錢」。由於當押的契約可以保存且生效多年，當舖一般不會遷移，若要搬遷，也會移至左近地方，以免典當人找不到當舖而贖不回典當物。

香港現存的戰前樓宇當舖，大多是單邊樓，單邊樓有獨立自用的樓梯，但主要是減低了受相鄰樓宇火災威脅的一半機會。德輔道中 72 號德榮大押樓高四層，建於 1940 年，鋼筋水泥建築，平屋頂，臨街建有騎樓，沒有後巷，以後段的混凝土樓梯上落，在梯台牆面開窗，從外牆可以看到窗位與其他窗戶不在相同水平，部分後欄地方已擴建成樓體的一部分。德榮大押由昔日的「典當業大王」高可寧的高氏家族經營至今。另有上海街 178 號的德生大押和深水埗南昌街 117 號南昌大押，

旺角上海街 594 號的同昌大押（2025 年攝）

灣仔軒尼詩道 369 號和 371 號的同德大押，都是戰前樓宇，1997 年仍在，同德大押已於 2015 年拆卸，改在旁邊軒尼詩道 367 號繼續經營，四間大押都是高氏家族擁有。

現存戰前樓宇中的故衣店

故衣店曾經與當舖息息相關，皇后大道西 153 號戰前樓宇曾經是故衣店，樓宇建於 1941 年，樓高四層，騎樓柱鑲有「合德行」字眼，一樓和三樓仍然掛有「合德故衣行」白底綠邊紅字招牌，樓頂山牆有白底綠邊紅字的「1941」和「囍」字樣。地舖現為合德珠寶金飾行，設有老一代封閉式櫃位售賣金飾。樓宇是單一業權，因沒有在行人路旁開有樓梯，故整幢宇為業主自用，沒有出租。相信以前作故衣店時，樓上是貨

皇后大道西 153 號合德珠寶金飾行，原本是賣故衣的合德故衣行，現在仍保留了舊店的外牆裝修風格和招牌名字（2004 年攝）

倉和宿舍。

販賣故衣是一種古老行業，故衣店即售賣舊衣服的店舖，昔日香港有兩條故衣街，一條在皇后大道西由荷李活道去到東邊街，約有數十間故衣店；另一條在九龍的上海街，全盛時期由街頭至到街尾有過百間故衣舖。故衣店的物品主要來自當舖，過期仍未贖回的物品被視為斷當，當舖將斷當物品出售。昔日物資短缺，生活貧苦，很多人都會光顧故衣店，也有出口到外地。有「銀壇鐵漢」之稱的曹達華（1915-2007）於 15 歲便孤身前往上海拍攝默片《關東大俠》，1936 年返回香港拍攝《山東響馬》，1939 年，他在《烈女行》片中擔任主角。1941 年正值抗日戰爭期間，曹達華轉行賣故衣，賺取了第一桶金，到 1945 年香港重光，他跟家姐曹綺文創辦了友橋電影公司，創業作是《七劍十三俠》，而他憑電影《廹虎跳牆》獲封「銀壇鐵漢」。深水埗南昌街 147 號和 149 號長沙灣道交界位置有一間同生押和聯成市場，自 1968 年唐樓建成時已開業，為同一位老闆，同生押的斷押品便放在聯成市場出售，該店一邊以售賣金飾、玉器和手錶為主，另一邊賣故衣，一直至今。聯成市場曾被多次打劫，1978 年 5 月 28 日下午 4 時，便被五名蒙面匪徒持刀槍行劫。劫匪掠去 30 萬元金飾，並開槍一响，坐上客貨車遁去，事件中有三名店員被子彈或手槍擊傷。1983 年 2 月 3 日晚上 7 時和 4 月 14 日 7 時 15 分，同樣被四名蒙面匪徒持槍打劫。劫匪之後乘坐接應的客貨車逃遁，手法一樣，店舖損失財物分別為 40 萬元和 17 萬元。從損失的財物價值所見，當年經營當舖的利潤可見一斑。

香港開埠初期的當押業和典當法例

香港開埠後，對當舖並無規管，竊賊以贓物抵押但不贖回很普遍。1858 年 2 月，香港警察到西營盤富輝押查案，富輝押是港島第一間當舖，警員在店內發現一對名貴手錶，屬於已報失的賊贓，於是拘捕東主秦阿昌，法庭裁決他接贓罪成，予以重罰，事件引起華人不滿，最後由撫華道高和爾出面調停，得到港督寶靈批准輕判。港府遂於 1860 年頒佈典當法例，規定當舖要領牌照，訂明押物以農曆計四個月為期，每月限定利息比率，如果當舖誤收賊贓，只要有合理解釋，並不算是接贓，同年當押業商會成立。1910 年代歐戰爆發，當舖由發牌後的六十多家增至一百四十多家。

1930 年代典當業倒閉潮與當舖大王

1930 年，港府修訂《當押條例》。1932 年，因牌費過高，受世界不景氣影響，工人失業回鄉，工人是主要的當押者，加上越南和內地增加故衣入口關稅（當時成衣製造業和時裝店並未普及，一般要買布裁衣），而故衣是當時主要的當斷抵押品，於是香港典當業出現第一次倒閉潮，當舖只餘九十多家，經營典當業五十多年的巨擘李佑泉乘時收購，成為「當舖大王」。

戰後初期的當押業和《一九四六年當押業（修訂）條例》

1941 年 12 月，日軍侵佔香港，至香港重光後的五十年代，典當業反而更加興旺，典當以衣物為主，當舖將斷當的衣物高價轉售故衣店，獲得厚利。

1946 年 11 月 1 月，港府頒佈《一九四六年當押業（修訂）條例》，要求當押業恢復營業，斷押期為四個農曆月，為期一年，利息按 1930 年所定收取：每月利息規定七元以下每元收息一毫，七元以上 14 元以下每元收息五仙，14 元以上 40 元以下為三仙，40 元以上 140 元以下二仙，140 元以上每元首月收息二仙，次月一仙半，適用於金器和衣服。珍珠鑽石雜件，一律每元收息一毫。1947 年，斷押期恢復為 1930 年規定的八個月。1946 年，港九有 77 家當舖，有 33 家因不能奉行 1930 年當押條例，要自行結業。

1947 年港府促成恢復港九押業商會，令香港當舖之間關係更加密切。1954 年，灣仔駱克道 499 號和 501 號二樓當押業商會新址開幕，商會自稱有九十多年歷史，加入的當舖有 73 家。

南昌街 147 號和 149 號的同生押和聯成市場，昔日同生押的斷押品會放在聯成市場出售，聯成市場一邊以售賣金飾、玉器和手錶為主，另一邊賣故衣，現在專賣名錶鑽飾（2025 年攝）

同生
押
樂購
山姆
SAM
TESCO

1950 年代的當押業和修訂《當押業條例》

1950 年港府再次修訂《當押業條例》，將典押種類限制在金飾、手錶、古董等小額物品。1951 年，當押業不景氣，因故衣不能運往內地銷售，一件 200 元八成新西裝只值 10 元，抵押品以金飾最受歡迎，因其有原來的價值，多數當舖拒收影相機、名貴打火機和打字機等，恐怕不明來歷，會惹麻煩。

1954 年，深水埗一帶當舖的年尾生意有點異常，典當衣物的人比往年少，因為石硤尾大火，災民的衣物多告散失，欲當無從。

1958 年，當押業漸入正常，由於日常用品市價不斷下跌，例如一套西裝上半年價值 200 元，下半年值 150 元。一隻手錶價值 60 元，轉眼間降至 40 元。當舖將押價降低，避免居民不贖。

1959 年，一些當舖按照政府指示，要當押者自行填表，分列物主姓名、地址和抵押品價值，以免發生事故，互推責任，但不少當押者不識字，要找人代填。

1960 年代的當押業

1965 年，由於年尾時銀關緊張，當押業依舊在除夕延長營業至午夜 12 時，維持年初一休假一天，後來年初二亦休假。抵押品以原子粒收音機、手錶、墨水筆、金飾、家庭電器和衣物居多。由於當時銀行保險箱不多，不少居民會把貴重飾物以典當的形式，在當舖內存放，過年時才贖回穿戴。從前的人家裏沒有地方，會在夏季把棉被典當，冬天贖回使用，把利息當作是倉租，也有人代為打理。也有人象徵式地把嬰兒典當，謂其命賤，不招鬼魅妒忌加害，可以健康成長。受澳門周末外圍狗賭風影響，很多市民會投注和付資，當舖在這兩天生意特別興旺。當時市井流行幾句話：「有當有贖，上等之人；有當無贖，中等之人；無當無贖，下等之人。」自嘲罷了。

1966 年，新的衣物價錢便宜，很少人到故衣店買舊衫。由於各地生活水平普遍提高，或入口限制，水貨客已停止買故衣雜物到外地出售，市民也不再把衣物寄給港外親友，造成故衣長期滯銷，當押業亦減少收押衣物，生意長期冷淡。

1970年代的當押業和《一九七零年當押業（修訂）條例》

1970年，港府頒佈《一九七零年當押業（修訂）條例》，主例的保障由2,000元提高至5,000元，當中包括防止贓物利用當舖脱手的方法，規定當舖不授受18歲以下人士典押物品。當舖要查核當押者的身份證或其他身份證明文件正本。當舖營業時間由早上6時至晚上8時縮減為早上8時至晚上8時。違例者可被取消牌照。由於手續繁雜，許多人因「身份問題」，不願上當舖，往後兩年有十家當舖結業，餘下140家當舖生意普遍減四成。

1970年代香港經濟起飛，工商業興旺，人人有工做，夜夜有飯開，市民基本生活開始充裕，又有公共房屋解決居住問題，當然是少了人上當舖。銀行業與信貸公司興起，市民貸款非常方便，典當行業生意漸走下坡。然而當押與按揭仍然有明顯的差別，倘若遇到短期的小額周轉需要，又不想變賣物品時，當舖仍能擔當及時雨的功能。

1980年代及以後的當押業和《一九八三年當押業法案》

1984年，港府通過《一九八三年當押業法案》，主要有四項修訂，用新條文取代1930年的《當押條例》，包括將當款最高限額由5,000元提高至25,000元，最高利率為每農曆月息三厘半，又改善牌照管制程序，當舖因疏忽導致損失才要賠償。同一件物品，不能同時按押數筆款項，以免超越當押款項的最高限額。加重罰則，以收阻嚇作用。新界當舖每年牌照費由1,000元增至4,000元，港九當舖每年牌照費由2,500元增至4,000元。《當押商規例》規定當舖必須設置招牌，並展示一個告示牌，列明利率以及當舖在受押物品遺失或損毀時所需負賠償責任的最高額。拘捕涉嫌當押贓物人士，禁止在領有當押業牌照樓宇內經營非當押業業務，並規定當押票的格式、表格和紀錄冊等。

2008 年，香港有一百六十多間當舖，港島佔四十多間，九龍佔九十多間，新界則佔三十間左右。九龍以上海街最集中，有近十間當舖，港島則以軒尼詩道最集中。據 2021 年統計，全港約有當舖 180 間。

1997 年至今的戰前樓宇當舖

1997 年時，有不少戰前樓宇是以全幢當舖的形式存在，包括中環德輔道中 72 號的德榮大押、灣仔軒尼詩道 369 號和 371 號的同德大押、莊士敦道 66 號和昌大押、灣仔道 91 號振安大押、深水埗南昌街 117 號南昌大押、北河街 141 號恆貞大押、油麻地上海街 178 號德生大押和旺角上海街 594 號同昌大押。

和昌大押於 2003 年連同船街 18 號的一幢戰前商住樓宇由市區重建局以二千五百多萬元購入，和昌大押作為文物保護項目，為莊士敦道項目一部分，同時和昌大押遷移至對面的大王東街經營。2020 年 11 月 3 日起，和昌大押租約期滿，搬遷至銅鑼灣登龍街 51 號地下繼續營業，接手該處原有的和豐大押。

上海街 176 號和 178 號的德生大押是現存唯一以兩個街號樓宇營運的當押舖（2018 年攝）

同昌大押於 1998 年連同其他相鄰樓宇開始拆卸，以重建為朗豪坊，只保留數個石柱，於 2007 年被移置赤柱美利樓旁邊。同德大押於 2013 年因業主高可寧家族獲屋宇署批准被重建為 23 層高商廈，同時同德大押遷往旁邊軒尼詩道 367 號地下繼續營業，2015 年 8 月起展開拆卸工程。

恒貞大押在 1940 年代開業，2010 年代初期結業並空置，2017 年 7 月用作陳光記燒味飯店。2020 年 3 月，舖位由基隆茶餐廳承租，2024 結業。

有 80 年歷史的灣仔道振安大押於 2024 年 9 月 3 日亦貼出結業通告，押品候贖搬遷到灣仔軒尼詩道 311 號同豐大押，押品取贖至四個月期滿止。

小結

在現存百多座戰前樓宇中，以當舖形式存在的為數不少，戰前市區內的當舖，就以這種形式存在，由於斷押期和長久以來的一班相熟顧客，因樓宇重建而要遷址的當舖也要在附近地方繼續營運。日本佔領香港期間，當押業受到嚴重打擊，不少當舖結業。大戰結束後，港府為了周轉金融，催促當押業復業。當押業的興衰與社會經濟情況息息相關，經濟差時，當押業興旺，例如戰後至 1950 年代初、1960 年代末至 1970 年代初，是當押業的興旺時期。過去任何物件，只要有市場價值，都可以拿去典當，典當者因而可即時取得現金周轉，以濟燃眉之急，同是天涯淪落人，相逢何必曾相識。現時的典當物品主要是貴重的珠寶金飾，一個大夾萬便可以存放所有物品，迷你型當舖應運而生，人手二至五人，已不用整座樓房用來存放抵押品和聘用大量人手了。

第十章
戰前樓宇的天台木屋

戰後天台木屋的基本情況

《一九零三年公共衞生及建築物條例》規定屋頂上不得搭建上蓋，曬衣用竹架除外，煙囱旁不得有木料裝修，當局亦會派員經常巡視，如發現違例事件，則提出檢控。查看戰前的航拍相和高空照片，港九兩地住宅樓宇的天台都是乾乾淨淨，一間木屋也沒有。

戰後港府處理天台木屋僭建問題，依舊和戰前一樣，是有派員巡查和清拆的。1948 年 1 月 8 日，報章報道港府派員前往灣仔海旁告士打道各幢樓宇天台，展開清除天台木屋行動。當局指出，天台木屋居民並無衞生常識，更不顧環境衞生，把垃圾雜物堆積在天台上，以致蚊蚋滋生，病菌蔓延，天台木屋當中有私娼、賭檔和煙格存在，拆卸天台木屋，可防範於未然，木屋居民只好露宿街頭。

1949 年 1 月 21 日，港府發出通令，先行清除灣仔一部分天台和梯間木屋，範圍包括柯布連道、莊士敦道和軒尼詩道三角地帶，接著着是其他區域。2 月 13 日，當局完成清拆灣仔三角地區天台木屋，木屋居民遷往西環、銅鑼灣、筲箕灣等山邊去，也有部分人因為地區遙遠，不利上班，故逗留在天台上。1949 年 4 月，東區（灣仔至柴灣）多數天台木屋已被掃除，但有不法之徒，夜間在灣仔駱克道、謝斐道和軒尼詩道天台，以木柱帆布搭建臨時帳幕，私開煙局和妓寨，煙局顧客多數是苦力，召妓者多是外籍軍人，帳幕在日間拆走。1949 年 7 月 10 日，在拆卸九龍城譚公道天台木屋之後，九龍所有天台木屋居民接到清拆通告，數目有千多間。

深水埗汝州街 269 號和 271 號的
天台木屋（2008 年攝）

1950 年代天台木屋的湧現與相關案件報道

1950 年代，不斷有難民湧入香港，房屋不足以應付，且造成租金飆升，貧苦的人不能負擔昂貴租金，遂在路邊、山邊和天台蓋搭木屋居住。最初木屋建在市區和周邊的山腳，但人口不斷增加，便往上發展，一直起至山上山頭。石硤尾、窩仔山、大坑東、九龍仔山、何文田山、鑽石山、未移平前的灣仔摩理臣山、銅鑼灣大坑、西灣河、筲箕灣等山地都有木屋區。隨着城市發展，木屋也蔓延至慈雲山、觀塘、荃灣和柴灣等地。上環青年會一帶街道，也有木屋。天台木屋亦同步發展，平頂的戰前樓宇天台最適合搭木屋居住，尤以灣仔一列列長排平頂的戰前樓

旺角基隆街 5 號和 7 號的天台木屋（2004 年攝）

宇天台最為壯觀，連外國的電影公司也來取景。搭屋的材料主要是木板，也有用鋅鐵造牆和屋頂。

自從當局積極掃蕩天台木屋之後，天台木屋曾經一度銷聲匿跡，但居民在掃蕩工作結束之後，又再返回天台僭建木屋居住。當局認為必須執法，才能根除木屋。1949 年 8 月 9 日，當局派員到謝斐道天台將一名 40 歲木屋女住客拘捕，控告她未經業主許可，在天台搭建木屋，這是首宗被檢控的案件，當局説會繼續將違例者繩之於法。

1949 年 8 月 21 日，警方在駱克道 243 號天台，搜出一支左輪手槍和 12 顆子彈，揭發這與三宗持槍行劫案有關，拘捕九名疑犯，經查明，三人獲釋，其餘六名男子，一人 28 歲，五人 16 至 22 歲，則要還押域多利監獄候審。

1952 年 9 月 2 日，灣仔駱克道 480 號天台發生命案，一名 69 歲婦人被同住 32 歲的誼子酒後誤殺。事緣誼子失業時向死者搭食，訂明有工作時分期攤還，數月前誼子找到工作，當時已積欠婦人 480 元伙食費，但未有還錢。誼母由於手頭拮据，曾多次向誼子追討欠款，指他有收入仍不還債，繼而發生口角。9 月 2 日凌晨 2 時，誼子在同鄉會宴飲後，帶醉返回木屋，又與誼母口角，誼子酒後衝動，竟用木凳拍打誼母頭部和身體，令誼母受創。早上 8 時，誼子酒醒後，急陪誼母到東華東院請求醫治，院方以傷者傷勢為意外理由，不允收留，乃折返木屋自行調理，誼子則上班去。下午 2 時，婦人的親子聞訊即往探視，報警將母親送往瑪麗醫院，誼子在回家時被捕。

1956 年 12 月新聞報道，有騙子在九龍多處天台，聲言奉政府法令，為木屋辦理釘門牌事宜，向每戶收費 1.5 元，騙子收款後即將一個長約一吋、寬約吋許的塑膠四方牌，釘在木屋門上，並發出收據，牌上有一行英文，寫着「TOP FLOOR」和門牌號數，所編的號數則不知從何而來。港府聲明並無規定釘門牌，提醒居民不要受騙。當局指出是以白漆油在木屋上刷寫號碼作為識別，不收費用。

1956 年 12 月 16 日，油麻地長樂街 25 號天台木屋，一對新婚夫婦雙雙服毒自殺，幸而獲救。男子 26 歲，任職尖沙咀上海菜館夥計，年前結識在茶樓工作25歲女子，兩人在農曆八月在上址舉行婚禮，傳聞雙方夫母極不同意他們的婚事，加上生活迫人，故作出輕生之念。

1957年3月，報章報道衞生局聯同徙置局人員在香港東區、西區、鵝頸區、九龍的紅磡、旺角和深水埗等地區設立辦事處，專責處理天台木屋。在九龍的牛池灣、竹園村、老虎岩和紅磡大環山等處大量興建多層平民大廈，推測各區天台木屋居民，或將可獲就近地區安置。12月，又再傳出天台木屋居民將被分批徙置，香港區天台木屋居民將被徙置於靶塘山（虎豹別墅後山）新建徙置大廈，九龍區天台木屋居民將被徙置於黃大仙徙置大廈，但政府說沒有所聞。

1958年3月21日，一名30歲失業男子，被控假冒管理天台木屋人員，訛詞交款可免拆木屋，分別於1958年3月3日北河街124號天台騙取木屋居民20元，1956年7月5日在青山道434號四樓騙款20元，1957年10月18日在福華街137號天台騙取12元，被判入獄三個月，另償還騙款。

難民與天台霸王為兩大類天台木屋的住戶。一名天台木屋居民表示，一家數口原住在木屋區，火災後遷到天台暫居，其後天台木屋漸多，他亦因失業而入息有限，故在天台木屋住了一年有多，租住普通房要數十元，天台居住則省卻租金。另一位天台木屋居民表示，天台上的木屋居民，多與樓中的住家相識，或有親友關係，不少人從大陸逃到香港來投靠親友，香港寸金尺土，無法招待，遂在天台搭建木屋安身，所以有些天台木屋居民不用舉炊，伙食由樓宇的住客提供。天台木屋居民所用的食水，均在街喉取水，並自行挑上，亦有於四樓或三樓的住戶取水應用。有記者在天台現場觀察，天台木屋住戶可以分為兩類，一類是真正的貧苦難民，他們從內地逃難到香港，初則露宿騎樓底，但遭干涉，轉而在樓梯轉角處棲息，但又妨礙住客上落，最後登上天台，以破爛木料布帳蓋搭寮屋棲身。另一類是以新淨木料蓋搭木屋的「天台霸王」，屋內陳設所見，不像貧苦人家，他們不管業主和住客反對，強行佔地搭屋，更有人恐嚇住戶和業主，從事非法勾當，利用政府遷拆天台木屋所獲得的徙置權，從中圖利。

天台木屋的衞生、消防與治安問題

1956 年 4 月，許多樓宇天台已變成天台木屋區，一些新建的唐樓天台也被木屋侵佔。由於無自來水和衞生設備，引起蚊蠅滋生，有些市民建議恢復洗太平地，把地方消毒。1956 年 7 月，港府否認已制定徙置天台木屋居民的計劃。根據屋宇調查委員會的報告，香港有人口 250 萬，估計港九約有十萬名天台木屋居民。租住一個房間，要五六十至七八十元租金。由於多年來發生幾場木屋區大火，災民除了在樓底搭屋容身外，較為安全和長久的方法，就是到天台搭屋居住，當局也就容忍他們，當作為臨時安置區。許多原可遷到徙置區的災民，為免交房租，便在天台木屋住了下來。也有人因為方便返工，不願到偏遠的徙置區居住，更有人混水摸魚，僭建天台木屋，希望將來得到港府安置。

1956 年 9 月 29 日報章指出，天台木屋居民認為港府最終會安置天台木屋居民，就像處理山邊木屋區居民的辦法一樣，發出白卡給要清拆木屋的居民，憑卡入住徙置區。於是天台木屋不斷增加，由兩三間木屋變成村落。不法之徒未得樓宇業主同意，乘機僭建大量天台木屋出售，每間木屋佔地橫直只有十餘呎，售價 60 元至 80 元，亦有人把木屋出租，水源是天台水箱的廁所用水，糞溺垃圾觸目皆是，雨天時水渠淤塞，天晴時蚊蠅亂飛，衞生環境惡劣，對樓層住戶構成威脅。

天台木屋不只是貧民區，也是藏污納垢之地，有賭檔和色情場所，也有不良分子藏匿，對許多樓層住客增添麻煩。當局只能經常派員觀察，消防局和警署則派員留意消防和治安問題。拆了木屋之後不久，卻又重新搭建起來，拆之不絕。天台木屋起火會連累樓層住戶，天台居民將污物在水渠強行沖下，閉塞樓宇渠道，甚至封閉了天台的走火通道。為應付天台木屋，灣仔有一些舊樓在樓梯裝設了上鎖鐵閘，每一樓層皆配備鎖匙，只容許一些已搭建但清潔的木屋暫時佔用天台，閒雜人等不得進入。新樓業主亦裝設鐵閘，防止侵佔。

愈是人煙稠密就愈多天台木屋，九龍的深水埗、旺角、油麻地，香港的東區、西區，都是天台木屋的叢聚所在。灣仔駱克道、軒尼詩道和

九龍城衙前塱道 44 號和 46 號的天台木屋（2004 年攝）

深水埗元州街與南昌街交界戰後唐樓的天台木屋群（2025 年攝）

謝斐道等處，以 1920 年代建成的戰前樓宇為多，該些樓宇組成大型天台，因木屋太多，竟與街道無異，成為香港的特有景色，甚至有外國電影公司到來取景。

港府對天台木屋採取規管措施

1953 年 7 月 31 日，新聞指當局執行徙置計劃和取締天台木屋。當局分期清拆銅鑼灣春暉臺背後木屋，指定居民遷往柴灣徙置區搭屋居住，居民因地方遙遠，竟在天后廟道山邊重搭木屋。另外，港府計劃把天台木屋居民遷往徙置區，徙置區當局亦派員到各區調查，如有木屋居民願意遷往，可以代為安排。8 月 30 日，當局計劃按步拆卸所有天台木屋，並將居民遷往徙置區，並派員展開登記安排事宜。雖然港府已大舉掃蕩天台木屋，但仍有天台木屋不斷僭建，火警時有發生，更有不法分子派人在樓梯附近把風，樓層住客也不能上天台休息。木屋區時常發生大火，當中以 1953 年 12 月 25 日石硤尾大火至為嚴重，自認為災民前往登記的竟多達五萬，比現在相同位置的公屋人口還要多，港府旋即興建兩層高臨時性的「包寧平房」安置災民。

1954 年 1 月，港府訂立清拆寮屋的辦法，規定 1954 年 8 月以前興建者，不在清拆之列，但要儘快遷走，日後清拆，也不獲安置。該日期後興建的天台木屋，則嚴厲掃除，所拆物料，一律充公。由於人口激增，屋荒嚴重，雖有租務管制，但房屋頂手費高昂，當局人手不足，木屋禁之不絕，民間要求港府取締天台木屋的呼聲時有所聞。

1956 年 8 月，港府宣佈在石硤尾徙置區興建六幢七層高的徙置大廈，以代替二層高的包寧平房，以備徙置，規模像李鄭屋的廉租屋邨，共有房間 2,548 間，大門和樓梯在樓宇兩端，四周建有露台通道與單位相連，住客在露台旁煮食，大小二便要到每層的公廁解決，屋頂用作遊樂場或學校課室。

1956 年 11 月 20 日，港府完成了對市區內所有樓宇天台上非法建築物的詳細調查，僭建住戶約 63,500 人，所有天台寮屋面積和位置等資料，已包括在調查之內，當中多數有照片為證。經衞生督察和徙置督察上門調查和登記後的天台木屋，即被白油在門前漆上登記號碼。11 月 21 日，港府宣佈取締天台木屋的嚴厲措施，以免天台僭建木屋情況繼續惡化。1956 年 11 月 20 日以後新建木屋即刻被拆除，絕不予以徙置，現存天台寮屋住戶要從速覓地他遷，不日拆卸。為使徙置事務處能夠從速遏止天台僭建起見，港府頒佈《一九五六年應付非常時期（清除僭建住戶）（修改）規例》，當中規定樓宇業主若有任何建於 1956 年 11 月 20 日以後的非法建築物，須向徙置事務處呈報，違例者會被罰款 500 元，當局亦設有舉報熱線電話。新例是在《一九五三年應付非常時期（清除僭建住戶）規例》上添加兩條細則而成。

1956 年 12 月 21 日，當局聲稱尚無為拆卸天台木屋定出限期，徙置區所收容的人數已超過 20 萬人，約佔全港人口 8%，等候徙置的人數約有 28 萬，若要連 6.5 萬名天台木屋居民包括在內，非要把 28 萬人全部徙置以後才作考慮。

1958 年 8 月 18 日，中央裁判署開庭審訊首宗警方檢控天台木屋案件。8 月 17 日，一男一女在灣仔軒尼詩道 149 號天台被警察檢舉。男被告是一名木匠，被控在天台僭建木屋，火警時足以危害住客生命安全。女被告被控主使男被告違法搭建天台木屋。兩人認罪，各獲准以 100 元保釋候判。19 日男被告在庭上向法官求情，解釋只是受僱行事，還要贍養盲眼妻子和幼女，於是法官輕判並予以警誡，須要簽保 250 元，一年內不得再犯，可發還工具。女被告辯稱不知法例，法官反問她如果有人在她的屋內搭屋，她會怎麼樣？結果判罰 200 元或入獄兩個月。法官強調天台木屋違法，希望業主舉報（戰前樓宇樓契為一街號一樓契一業主形式）。判決引起廣大效應，灣仔區業主紛紛通知天台木屋拆遷，要求拆屋的理由是害怕木屋引起火災。

1958 年 11 月 11 日，港府宣佈安置天台木屋居民，1955 年登記的暫獲優先入住黃大仙平民屋宇區三幢七層高的平民大廈。每幢分列四排，每排有 14 個單位，每幢可以容納 1,176 戶，三幢大廈共容 3,528 戶，約有萬人受惠，佔港島和九龍六萬餘名天台木屋居民的 20%。

1960 年 3 月 1 日，港府宣佈已有四年歷史的天台木屋居民，可以獲得徙置，1956 年以後僭建的天台木屋，必須在限期前拆除，否則將被檢控。本港徙置事務受理處，為配合徙置天台木屋計劃，在港九各個徙置區建成 100 幢平民大廈，第二期興建平民大廈和擴展徙置區範圍計劃已在 1959 年冬季展開。徙置計劃非常龐大，包括新開發的橫頭磡和東頭村兩處徙置區，並將官塘雞寮、佐敦谷、石硤尾、柴灣和李鄭屋等多處徙置區的範圍加以擴大，在 1960 年一年內增建 50 幢以上「H 型」或「I 型」平民大廈，令港九徙置大廈數目增至 150 幢。

1973 年 3 月 18 日，當局決定拆遷全部 7,633 間天台木屋，1984 年為最後期限，由於徙置區不足，故未能提早完成。天台木屋仍有 34,000 名居民，多數位於灣仔、筲箕灣，深水埗和旺角。

寮仔部

戰後早期政府並無正式部門管理木屋。1953 年聖誕節石硤尾木屋區大火，造成五萬多人無家可歸後，港府為要安置災民和管理木屋，於是在 1954 年初成立徙置事務處，將木屋管理和登記。1959 年，徙置事務處首次全面將木屋登記並記錄在案。1964 年木屋數目急激增加，是年 9 月，徙置事務處重新全面將木屋登記，目的並非將非法木屋合法化，而是把木屋數目和用途加以記錄，變得較易管理，而不致再有增加。1973 年，香港房屋委員會成立，徙置事務處和市政事務署轄下的屋宇建設科合併為房屋署，專責管理香港政府所有出租公共房屋，一直至今。

俗稱「寮仔部」的僭建屋宇管理組直接管理各類非法木屋，寮仔部與遷拆組合成一個部門，與另外三個部門組成徙置事務處。寮仔部日常工作為管理各官地上及天台上的木屋，分為四個地區性的辦事處，分別設於香港、荃灣和九龍，其中九龍設有兩個辦事處。當發現有新蓋搭的非法木屋時，寮仔部會立即發出通知書，着令自行清拆。逾期未清拆者，則由該區區長帶同拆屋隊將木屋拆卸，並將建屋材料充公，以免用以重建。對於一般木屋被拆去而真正無家可歸者，經查明屬實後，寮仔部將會分配安置區內土地，准予其在該處搭建木屋居住。

寮仔部把天台木屋按照用途分為三類，第一類「住屋」佔最多，這種住屋包括遮蔭的棚架、廚房、廁所和儲物室等。第二類為「工場」，分為家庭手工業和食物業，前者包括製衣、造鞋、造塑膠花等，後者為食物業，佔小部分，包括包伙食，燒臘等。第三類為「非法用途」，包括賭檔、煙格和妓寨等。天台木屋所產生的問題可分為七類，包括引起火警、影響公眾衞生安全、影響樓宇安全、構成交通阻塞、構成公眾滋擾、剝奪業權人的權利和影響市容。

小結

香港第一代華人屋宇由於屋頂是斜坡瓦頂設計，當然不能在上面加建任何建築物。其後因為香港爆發大鼠疫，港府為建立健康衞生環境，制定了《一九零三年公共衞生及建築物條例》，出現了按照條例規定而興建的第二代華人屋宇。1935 年《建築物條例》的頒佈，及新式的建築技術和材料的應用，出現平頂的第三代華人屋宇，第二和第三代華人屋宇即是現時所見的戰前樓宇，因條例中規定天台不得搭建上蓋，故此當時的樓宇天台並無木屋。二次大戰結束後，香港人口激增，幾年間人口增加數倍，造成房屋短缺。經濟拮据的移民，在任何可以容身的地方搭建木屋居住，天台木屋即為其中一種，最初只位於戰前住宅樓宇的天台上，後來亦發展至依照 1955 年新《建築物條例》而建的唐樓天台。天台木屋存在衞生、消防和治安問題，起火事件時有發生。雖然港府不斷取締天台木屋，但拆了又違法再建。直至 1954 年，港府把所有天台木屋登記，嚴厲取締往後興建的天台木屋，加上因應木屋區大火而產生的徙置計劃，港府陸續把木屋區居民和天台木屋居民遷徙到徙置區，最終於 1984 年完成所有 1954 年登記的天台木屋的清拆工作，而其間歷時 30 年。

第十一章

戰前樓宇的騎樓底

騎樓底的意外事故

1934年5月31日，一架行走大馬路（皇后大道）路線的單層巴士，在西環方面突然駛入騎樓底下，一名男乘客被撞傷下頷，另有一名小童在騎樓下被撞傷，兩人被送院救治。1938年7月25日晚上11時50分，一架載有一名教車師傅和兩名學員的私家車，駛入灣仔告士打道189號騎樓底，輾斃一名在騎樓底露宿的苦力，另有兩名睡宿的苦力受重傷，警察把車內司機拘捕，並追尋另外兩人歸案。查該處一帶騎樓晚上常有苦力露宿，至晨早到碼頭貨倉工作。1941年7月1日深夜12時20分，一架私家車駛入皇后大道中90號的騎樓底，該處一帶每晚有百多名無家可歸的人露宿，一名清糞婦人和另一人重傷，另有六人受傷，皆送往瑪麗醫院救治。

1957年7月3日下午4時30分，一架私家車駛入彌敦道與西貢街交界處騎樓底，一名女報販受傷。1960年2月22日早上6時，亞皆老街口兩車相撞，汽車衝上騎樓底，一名露宿者被輾傷。1960年3月2日晚上11時40分，彌敦道與窩打老道交界，一輛雙層巴士因閃避過馬路途人，衝入騎樓底，車內三名乘客虛驚一場。

騎樓底雖然為行人遮風擋雨，免受高空擲物的威脅，但亦會有跌落混凝土擊傷或擊斃途人的不幸事件發生。例如1958年10月20日下午6時，元洲街164號三層高單邊戰前混凝土樓，三樓外牆「石屎批盪」凌空塌下，當場擊斃樓下的一名途人。1975年7月26日晚上10時半，深水埗大埔道 222 號北河街交界處，快樂酒樓騎樓底混凝土裝飾突然下塌，一名路過的七十多歲老婦人被擊中頭部死亡，兩名在門前擺檔的女報販和一名賣西瓜男小販被擊傷。

2005 年 2 月 12 日，深水埗發生交通意外，荔枝角道 388 號一幢戰前樓宇騎樓的一支柱被巴士撞毀，港府指令該樓居民離開樓宇，並立即安排緊急支撐工程。屋宇署職員檢查後，認為樓宇結構安全。2 月 14 日，居民獲准返回住所。屋宇署亦聯絡樓宇的業主，對樓宇進行修葺工程。2017 年 9 月 22 日晚上，一架雙層巴士並未按交通燈指示停車，撞向前方的士車尾，繼而衝上行人路，巴士上層遭大廈混凝土騎樓劈開，上層一名女乘客慘遭座位夾死，四名途人被捲入車底，兩名男子送院後證實死亡，並有多人被撞倒受傷。

同類意外已有很多年未有發生了，利用關鍵詞「騎樓底」檢索香港公共圖書館多媒體資訊系統，從 1900 年至 1997 年檢得結果有 111 項，撞柱撞騎樓的交通意外屢見不鮮，另有窮人和災民在騎樓底棲身的報道。

騎樓底是露宿者之家

根據《一九零三年公共衞生及建築物條例》，露台和俗稱騎樓的多層外廊是在官地上興建的，騎樓和騎樓底不可居住或放置雜物。但每個城市都有窮人，一些在內地家鄉生活窮困而沒有出路的人，隻身到香港謀生，身無長物多的是，為了節省租金以留金錢給家鄉的親人，或交不起床位房租的，每到晚上就會在騎樓底露宿。

1936 年 7 月報章載文，反映當時流浪者露宿騎樓底的普遍現象及訴説當中緣由。那時市區街道兩旁樓宇，都建了騎樓，日間有店舖開門做生意，晚上關門後，陸續有流浪者到騎樓底過夜，當時港府每天叫着整肅市容，但是卻沒有取締晚上在騎樓底露宿的人。原來香港開埠初期，救火設備沒有像今天般先進，只是一些抽水器械和水喉而已。一旦發生火警，便要找人把四輪車連設備拉到現場救火，這種突發性工作不能長期僱用工人充當，結果要找騎樓底的人幫手，警務處不取締他們，但有火警他們就要幫忙拉車救火。

當時也不是每區都有消防局，1880 年以前香港還未有電話這種工具，遇有火警，消防局照例敲鐘報警給市民知道，市民有所戒備，而不會在街上亂走。敲鐘的方法是先把銅鐘亂敲一遍，接着敲一或多響告示出事地區，西環敲一響，中環二響，灣仔三響。當時自來水並不普及，不時要抽井水救火，當時法例規定，屋裏有水井的，要在門外釘一個四方木牌，遇到火警時，救火的人便可按圖索驥，向有井的人家拍門取水。到了 1930 年代，這些事已成歷史掌故，消防局已有自動的消防車救火了。戰後，警方開始取締騎樓底露宿者。1948 年 8 月 9 日，九龍區警察大舉拘捕了 29 名露宿者，翌日被控「阻街罪」，結果九龍裁判署只是警誡了事，也就是承認露宿是不合法的。

早於 1924 年，就有報章反映露宿者的情況，呼籲興建公共寄宿舍來容納他們。建議劃分上環、中環、灣仔、油麻地、旺角和深水埗等區域，每區籌設一間公共寄宿舍。創辦經費和地點由大團體例如華商總會、東華醫院、孔聖會或青年會等募款或合力捐助，並要求港府撥地興建宿舍。宿舍只需三四層高，四面有窗，空氣流通便可，內部放置碌架床，各人按號就寢。騎樓底下的人，只需繳納一元左右租金居住，租金一半歸港府，一半歸主辦團體作為經費。報道引起大眾包括華人代表周壽臣和羅旭龢的關注。

1928 年，聖約翰堂派員調查，統計德輔道、干諾道及皇后大道——由中環郵政總局至西環西邊街聖彼得堂一帶，有二千一百餘名街邊露宿者，男女老幼和癮君子都有，自始東華醫院等每年均贈送露宿者棉衣棉被。

1933 年 8 月 30 日，何明華會督、施玉麒牧師和一群社會人士成立街邊露宿救濟會（現稱香港露宿救濟會，Street Sleepers' Shelter Society Trustees Incorporated），為露宿者及無家可歸者提供短期免費宿位，成立時設立一個基金處理捐獻，以自負盈虧形式營辦，並邀請社團加入。救濟會獲英國聖公會借出已停用的西營盤聖彼得堂作為臨時宿舍，於

12 月 1 日至 3 月底期間，開放給街邊露宿者避寒棲身。宿舍內有免費床位 100 張（原擬每晚每人兩仙），有浴室和儲物室，並有熱茶熱水供應，於下午 6 時至 9 時期間開放，入住時先往浴室清潔，並有西醫檢查身體。

1934 年 12 月，救濟會除了聖彼得堂，更廉租了普仁街東華醫院內前保良局宿舍，三層高樓宇可容 144 人，於 12 月 15 日開放。1936 年 1 月，再增設一所宿舍，由黃耀東贊助，位置在油麻地彌敦道和長沙街交界的前金興織造廠房，可容 150 人，三間宿舍共有床位 437 張。1937 年 12 月至翌年 3 月，開放的宿舍有聖彼得堂、奧卑利街剛停用的域多利監獄、西營盤醫院道前國家醫院和油麻地榕樹頭前九龍巡理府（第一代油麻地警署）。1939 年則只有聖彼得堂。1940 年增加西營盤醫院道前國家醫院。1941 年有西環聖彼得堂、灣仔、旺角和油麻地四處收容所。

1953 年 10 月，救濟會設立元州街臨時宿舍，西環宿舍遷往普慶坊，聖彼得堂重建為西區警署。1960 年 4 月，樓高四層的醫院道 21 號永久會所茂豐宿舍落成。1962 年，救濟會設立永久性的元州街普樂宿舍和馬頭涌道宿舍，元州街宿舍收容男人，其他收容婦孺。2024 年時仍有三所分別位於深水埗、油麻地和灣仔的「露宿者之家」，免費提供 226 個宿位，佔香港同類型服務的三分之一。

儘管港府嚴厲取締佔用騎樓底，但南昌街 196 號至 200 號騎樓底（1997 年重建為華麗廣場），卻在 1970 年代至 1990 年代拆卸前都被露宿者長期佔用，何時出現，已無從稽考。南昌街 184 號至 190 號是南華茶樓所在，192 號至 200 號是利工民廠房。利工民織造廠於 1923 年在廣州創立，南昌街廠房和面向大埔道的門市部大約在同期設立，橫邊的三個街號店門一向關閉。1979 年有報道描述，騎樓底門外多年來被人擺了兩張大床，好像是有由兩伙人居住，周圍堆滿了一些骯髒雜物和炊具，木頭車上放着棉胎被褥。那兩張大床各住着一名年老的獨身漢，聞說他們是拾荒者，或是為大排檔運送食水來賺取報酬，他們住在那裏很久了，從未被當局干預。1963 年香港因天旱制水期間，南昌街坊眾請求利工民施贈多餘井水，因利工民開鑿有一口外圍 8 呎、深 50 呎深的水井，每天有四五萬加侖水，但他們只用五六千加侖水。

騎樓底是災民的臨時安置區

每有樓宇大火，或是木屋區火警，災民都會暫時棲身在騎樓底下。那時並不會像現在有社區會堂之類的臨時收容處，戰前只有必列啫士街的中華基督教青年會和銅鑼灣的孔聖堂有大禮堂，當時香港並沒有大型的室內空間例如社區會堂和室內運動場館安置災民。

因火災而要暫時棲身騎樓底的例子繁多，例如 1950 年 1 月 11 日下午 3 時，九龍城木屋區包括九龍寨城範圍大火，大火猶如火山爆發，廣蔭老人院和龍津義學後部亦被燒去，燒燬四千多間木屋，登記災民 15,000 人，數字居木屋區大火災民數量排名第四位。大部分災民暫時在衙前圍道一帶騎樓底下棲身，也有人在後山上露宿。1953 年 12 月 25 日，石硤尾木屋區大火，登記災民 58,203 人，相當於當時荃灣區人口總數，數字居木屋區大火災民數量排名第一位，災民獲准在騎樓底棲身，並獲供應水喉、廁所和洗滌設備，待災區清理後在原址安置。1954 年 7 月 22 日，九龍仔大坑東木屋區大火，有 25,000 名災民，數字居木屋區大火災民排名第二位。1954 年 8 月，港府宣佈有 35,000 名石硤尾大火災民已獲安置，他們大多在騎樓底搭建寮屋暫時棲身，其餘 18,000 人均有能力租賃房屋或投靠親友房屋居住。而九龍仔大火災民，有 15,234 人在港府指定範圍內的騎樓底搭屋居住，其餘有近一萬人已經在各處覓得房屋。港府會對街邊的災民優先徙置，亦會在石硤尾災區興建六層高的徙置大廈安置災民。

1955 年 11 月 1 日，花墟村大火，登記災民 6,810 人，災民即在通菜街、西洋菜街、花園街等處的騎樓底以快巴夾板或厚紙皮搭建臨時住所，但遭到一些業主反對，業主數次報警驅逐。11 月 7 日，潔淨局派員清理現場，指他們不能在騎樓底居住，必須遷至沒有瓦遮頭的地方，例如界限街一帶的路邊或是每座樓的側邊，只要不是騎樓底（即行人路），就可以架搭臨時住所，有別於以往火災後居民在騎樓底棲息，以待徙置的情況。有人埋怨社會救濟局和潔淨局聯絡和溝通不足，令災民要再次拆遷。

1955 年 1 月 26 日，銅鑼灣大坑蓮花宮山木屋區大火，1,100 名災民在電氣道、屈臣道、歌頓道和威菲路道的騎樓底，搭建了二百多間寮屋露宿。1955 年 11 月 2 日，當局下令災民於 11 月 15 日之前拆卸屏障物，遷往靶塘山暫住。除了在騎樓底露宿，較為安全和比較長久的方法就是在天台搭建木屋居住。日子一久，災民即使獲得徙置也不願遷走，連徙置區的租金也省回。戰後在騎樓底搭屋居住的情況顯然與晚上在騎樓底露宿的情形不同，已成永久性的樣子。

此外，1953 年 1 月 13 日，何文田木屋區大火有 16,000 名災民，數字居木屋區大火災民數量排名第三位。1958 年 10 月 30 日，油麻地上海街 392 號至 404 號戰前木樓大火，800 多名災民暫時在廣東道、新填地街、砵蘭街一帶騎樓底露宿，其後遷往街市街舊街市，再往後遷往窩打老道南端，搭屋暫居。1960 年 6 月 9 日，颶風瑪麗肆虐港九，處處死人塌屋，災民亦暫時在騎樓底棲身。1961 年 1 月 16 日，紅磡山谷道木屋區大火有 11,264 名災民，數字居木屋區大火災民數量排名第五位。

騎樓底是危樓住客的暫居地

因清拆木屋區而要暫時棲身騎樓底的事件例子有很多，例如 1950 年 3 月，港府清拆石塘咀南里山邊一千二百多間木屋，大部分居民分別遷往何文田、七姊妹、筲箕灣和香港仔等山邊，少數貧民寄宿在騎樓底下。

遇到突發性封閉危樓而被強迫遷出的居民，當局准許他們暫時在騎樓底露宿，例如 1958 年 4 月 4 日，卑利街 13 號、15 號和 17 號三幢戰前樓宇被定為危樓，在警察監督下各層住客全部遷出，警察以木板釘封各樓梯口，以防有人潛入，住客亦不得返回拿取遺漏物品。百多名居民的傢具衣物暫時堆置在附近路旁，暫時在騎樓底棲宿。社會局對居民展開救濟，包括每日早晚兩次派飯，居民亦希望當局從速安置。

騎樓底是南來殘廢軍人的庇護所

1950 年 1 月 12 日報章報道，除了東華醫院已收留了二千餘名南來殘廢軍人外，堅尼地城由陳李濟藥局起至中山酒家一帶（卑路乍街一帶）騎樓底，亦成為一般殘廢軍人的收容所。他們身穿殘破軍服，多操外省口音，一部分只有一氈一席，其他人都囊空如洗。日間有失明軍人在街上行乞，晚上在騎樓底渡宿。其後部分人被送往台灣，部分人遷往摩星嶺，最後被安置在調景嶺。

騎樓底的式微行業

因報章常常報道騎樓底報販受傷事件，也要談談這些固定攤位小販是需要持有固定牌照才可營運。發展至今的固定攤位小販牌照規定有以下規條，固定攤位小販牌照授權持牌人在固定攤位內販賣。固定攤位是在任何地方或街道的地上所劃定的攤位，牌照共分七類，包括擦鞋、熟食或小食、報紙、工匠、理髮、靠牆攤檔以及其他類別。若持牌人離港或因患病喪失工作能力超過八天，可委任符合持有小販牌照資格的人士擔任替手，委任期一般不得超過六個月。持牌人在署長同意下，僱用一名或多名助手，除持牌人外出用膳、進貨、因病小休等合理原因外，助手不得在持牌人不在攤位時處理業務。若果持牌人死亡、交還牌照，或牌照因其他理由而被註銷，直系家庭成員（即持牌人的父母、配偶或子女）可向當局申請「繼承」或「轉讓」有關牌照。

利工民對開的南昌街明渠在 1958 年 10 月 30 日開始改建為暗渠，渠邊 31 檔大牌熟食檔搬到黃竹街及其他橫街。暗渠於 1959 年 7 月完工，全長 900 呎，為港九歷年中最大的改渠工程。1959 年，港府計劃興建離街固定攤位小販市場，以容納售賣街市貨品的流動小販和固定攤位小販，並發出固定攤位小販牌照予以合法營業，從而紓緩某些街市附

南昌大押旁的黃煒跌打（2025 年攝）

近街道的擠塞情況。1961 年，南昌街暗渠面用作新型小販擺賣市場，攤檔為三呎乘四呎面積，但經過多年的僭建和擴充，成為大型寮屋商住店舖。1986 年，港府把寮屋清拆，建成南昌街休憩處。

除了報紙檔仍有在騎樓底出現外，1997 年以前，還有很多人在騎樓底、樓梯底或在側巷口從事一些式微行業，包括擦鞋、占卜看相、寫信、梳頭剃面、賣明星相、補鞋、補衫和寫相等，還有苦力每天在騎樓底等候臨時工。

1958 年報章資料，當時有梳頭女工，或俗稱「梳頭婆」專替婦女們梳髻或梳辮。她們的工具很簡單，只是一些梳子、鉸剪、剃刀、刨花、頭油、頭繩和面粉等。刨花是榆樹木被刨成一條條薄薄卷曲的木片，用熱水浸泡便會滲出粘稠的液體來，搽在頭髮上後，光可鑒人又便於梳理定型，且散發出淡淡芬芳，還具有潤髮烏髮功效，是一種天然美髮品。梳辮較梳髻容易和省時，梳一條辮只收三角。梳一隻髻由六角至一元不等，視乎是哪一種髻。辮的款式只有三種，就是三隻辮、五隻辮和七隻辮，當時流行梳五隻辮，因為梳起來比較美觀又斯文。髻的花樣繁多，計有二轉髻、五簡髻、扇髻、蒼蠅髻、散心二轉髻、散撥髻、蝴蝶髻、火枝髻、之簡髻、辮仔髻、扭火枝髻、辮仔橫 S 髻、橫 S 髻和直 S 髻等，當時婦女們喜歡採用最後兩種花式的髻。梳髻還要配合面型，梳起來才好看。顧客大多是水上人家、女傭和舊禮教的婦女，初一和十五拜神時，總要梳得企企理理，農曆年要在年三十晚梳好頭，要等初三或初四再梳。梳頭婆的收入可觀，平日每天約有六七元收入，初一和十五可達十元，年三十晚梳一隻髻要三至六元，一晚可收百多元，比小店利潤還多。

從前香港經濟尚未發達，成衣也尚未普及，人們普遍貧窮的年代，衣服破了，便會找人補衫。補衫匠在衣服的暗處拆出了多餘的線，再用這些線在破口織補起來，修補後幾乎看不到破綻。1997 年時，在東邊街 36 號舊樓旁的五福里巷口尚有李湛記織補師傅仍在運作。2020 年 4 月 1 日起，五福里的李湛記織補師傅李炳康榮休，舖面貼有紅紙告示，敬告客戶可於限期一個月內致電取回衣物。回想師傅工作時很專注，任人拍照也不生氣，唯工錢很貴，師傅說：「除非件衫好有意義或好貴，否則買新嘅更划算。」師傅卡片上印有：「李湛記織補，地址是香港皇后大道西 224 號側（即東邊街口）」，還有電話和能夠織補的衣物內容：「專織各國羊毛呢絨絲綢的確凉特麗令尼龍織品，附設修改各款男女中西服裝衫裙禮服，工精價廉快捷妥當。營業時間是星期一至六上午 10 時至下午 6 時，星期日及假期休息。」李湛記織補於 1940 年開業，李炳康當時五歲，李湛是他的父親，他 13 歲跟父學藝，16 歲時繼承亡父故業，養活母親和五位妹妹。五六十年代窮人多，手工便宜，沒錢買新衣服，衣服爛了或不稱身，就拿去織補。師傅結束了 63 年的織補生涯，謀生工具都成了古董。

上海街 445 號和 447 號是兩幢一梯相連的戰前樓宇，記得在 1970 年代中期舖面已經封閉，當時 445 號騎樓底已有一位先生在那裏寫相，牆上掛起樣板相，有孫中山及其他男男女女的，儼如相片一樣。2000 年代中拆卸成為空地，那位先生仍在那裏工作，只是架起布帳遮陽擋雨而已，後來乾脆用木板搭起小屋來，2011 年仍見到他專心地寫相，不受周圍環境影響，其後就不再見到他了。梁廣福先在 1999 年的書中介紹了他，畫匠是鄭流芳先生，當年相機尚未普及，寫相是記錄人像的最佳做法。鄭流芳的工具不多，簡陋的工具已畫出一幅佳作，畫工精細，何嘗不是一門藝術。鄭流芳寫相多年，伴着終老的還有煙和酒。

小結

騎樓底是行人路，由多層外廊或俗稱騎樓所遮蓋，人在騎樓底行走，一邊是店舖，一邊有柱廊與街道相隔，騎樓為行人遮風擋雨，令人有安全感。商舖在騎樓底天面掛上了貨物和招牌，支柱表面漆上或覆蓋上店號或廣告，是騎樓的一大特色。記得臨近中秋佳節，紙紮店在騎樓底掛滿了各式各樣的燈籠，七彩繽紛，琳琅滿目，非常吸引。端午臨近，紙紮店就掛上紙龍舟和多彩的草織粽子掛飾，告知人們端午節將近，是吃粽子和荔枝的時候了。顧客在商舖中各取所需，也非常便利。當時未有手提電話，問店家借用固網電話與人通訊，也是常事。騎樓底

旺角亞皆老街 41 號行人路，專業寫鑿字檔（2016 年攝）

也是固定攤位小販營生的地方，上茶樓時，人們總會在報攤上買報紙、雜誌和連環圖，在茶樓內一邊嘆茶，一邊觀看。騎樓底也是災民的暫時庇護所，希望在明天。自從行人路旁加設了鐵欄後，交通工具駛入騎樓底的意外已不常見，但行人步出過馬路也不方便。一些戰前樓宇重建，騎樓所佔據的行人路也隨之縮窄，讓馬路更寬闊。然而一些重建後的高樓大廈，沒有騎樓或簷篷，已不能為行人遮風擋雨，高空擲物和冷氣機滴水，卻給行人帶來了威脅和滋擾。

南昌大押旁的錦記理髮（2025 年攝）

油麻地上海街 445 號騎樓底鄭流芳街頭寫相（2005 年攝）

第十二章

戰前樓宇的供水和制水

香港開埠初期的供水情況

香港開埠之初，淡水資源缺乏，居民依賴山澗溪流或地下水，紅棉道、己連拿利、奧卑利街、卑利街、鴨巴甸街、水坑口街、水巷、東邊街、西邊街、山道、正義道、石水渠街和浣紗街等，都是水坑的位置。1851 年，港府撥款開挖了九口水井，為市民免費提供用水。1860 年以前，港府在溪流上游蓋建儲水池，儲存溪水供市民飲用，例如已連拿利上端、堅道花園和卑利士道般咸道口，都有水缸儲水。1860 年 10 月，政府開徵「食水餉項」，抽調 2% 的差餉，作為水務經費。

1863 年，港府建成香港第一個水塘——薄扶林水塘，輸水管把用水運至般咸道卑利士道位置的第一號儲水池和堅道花園位置的第二號儲水池，分流至西環和上環街道，並設立 30 個供水點和 125 個滅火水龍頭，在指定時間免費供水。市民要排隊輪候取水，挑水苦力為當時的一種職業。

1883 年，港府展開大潭水塘供水計劃，1888 年建成寶雲道輸水系統。1890 年，工務司署轄下成立水務及渠務分部（Water and Drainage Department），處理相關建設事宜，訂立《水務設施條例》，並興建了第一座濾水廠——亞賓尼濾水廠。1891 年計劃完成，港府把用水由大潭水塘運至亞賓尼谷的六個濾水池和一個配水庫。除了亞賓利道水庫和般咸道的兩個儲水池，還加設寶雲道灣仔峽道交界的第四號儲水池。1883 年，港府成立潔淨局，處理香港的衞生事務，包括收集排污木桶，俗稱「倒夜香」。

香港戰前自來水管的地區鋪設時序

年份	內容
1873	供水至薄扶林道、摩羅廟街、般咸道和羅便臣道。
1876	供水至己連拿利。
1878	供水至荷李活道、威靈頓街、擺花街、德己立街、結志街、歌賦街、史丹利街、摩羅上街、摩羅下街和四方街。
1889	供水至堅尼地城、馬己仙峽和山頂。
1891	供水至正街、西邊街、水坑口街、太平山街、樓梯街、文咸西街、皇后大道、亞畢諾道、砵甸乍街和雪廠街。
1892	供水至文咸東街、蘇杭街、禧利街和銅鑼灣的開發區
1893	供水至山頂道、花園道、永樂街、卑路乍街、海旁、西營盤皇后大道西、東邊街、第一街至高街及各里。
1894	供水至皇后大道西以北至海旁。
1895	供水至油麻地、尖沙咀、紅磡、甘雨街、賢居里和普仁街。
1897	供水至筲箕灣和香港仔。
1898	供水至黃泥涌和北角。

1895 年，港府設立油麻地抽水站和蓄水池，在三條水坑設立抽水井抽調山澗水和地下水，確立九龍半島供水系統。三個抽水井分別位於窩打老道和亞皆老街交界東邊位置、九龍中央圖書館對開位置，以及公主道火車路交界位置。港府立例封閉維多利亞城水井，以防受污染的地下水被飲用。同年因為天旱，港府在年中和年尾期間限時供水，每天供水三至四小時。1910 年，九龍水塘建成並用作收集雨水，在市區內深水埗的窩仔山、油麻地的危旗山和何文田的老龍坑山設立配水庫，正式取代以三口水井及油麻地抽水站所組成的供水系統。

1900 年代的水錶安裝和旁喉制度

1902 年，華南一帶大旱，香港遭遇嚴重水荒，港府一方面要增闢水源，一方面又要節約用水。港府參考了查維克（Osbert Chadwick）1902 年的報告，修訂《水務設施條例》，分別引入水錶按量收費和旁喉

西區抽水站及濾水廠濾水廠房，建於 1931 年，最早的設施則在 1919 年完工和開始運作（2015 年攝）

建於 1910 年的九龍水塘，是九龍和新界第一個水塘。（1997 年攝）

制度，要求全港用戶安裝獨立水錶，實行「用者自付」，按用量徵收水費，以免浪費食水。由於貧苦大眾家中沒有自來水喉，每天都要到街上取水，新措施變相成為稅項，加重生活負擔，故受到華人反對。

1903 年，港府在港九兩地成功推行獨立水錶用水收費制度，並接納華人建議，在港島建立旁喉供水系統，向港島中區、西區和灣仔區沒有水錶的用戶，免費供水，住宅樓宇如有分租，則由業主和租客協議解決。未有水錶的市民，可到街喉免費取水。旁喉的設計源自英國，以控制私人住宅的供水量，設計是在主要輸水管的旁邊加設有鎖匙開關水掣的分支水管。港府制定儲水量和降雨量的統計方法，當居民用水超過了一季所限用的數量時，或食水供應不足時，便要實施制水。當局在制水時首先會關閉旁喉，由主喉供水，及後才供水至旁喉區，以保持水壓，遇火災時可以集中水力救火。旁喉供水和街喉一樣是免費的，旁喉的維修費本來由商戶和業主負責，但政府從來沒有徵收過維修費，一概由差餉支付。

旁喉的設立亦有時間先後，不能在短時間完全做妥，故分六區先後敷設。堅道以上、半山和山頂是洋房區，金鐘是軍營，不需要旁喉。

香港戰前供水旁喉的地區鋪設時序

區劃	時間	地區範圍
第一區	1904 年 8 月	東至東邊街，南至高街，西至廣豐里和水街，北至皇后大道西。
第二區	1905 年 1 月	東起樓梯街，南至普慶坊，西至普仁街，北至皇后大道西和荷李活道。
第三區	1905 年 5 月	東起林士街、永樂街、永勝街至皇后大道中，南至皇后大道西和荷李活道，西至修打蘭街，北至德輔道西。
第四區	1905 年 8 月	東起李陞街和修打蘭街，南至皇后大道西、南里，山道、西至卑路乍街和堅尼地城，北至當時海旁的干諾道西。
第五區	1905 年 11 月	東起畢打街和己連拿利，南至堅道，西至樓梯街，北至當時海旁的干諾道中。
第六區	1906 年以後	東起加路連山道，南至禮頓山、西至軍器廠街，北至當時海旁軒尼詩道和莊士敦道。

水源污染與水資源短缺

1922 年，華人議員周壽臣在潔淨局動議重開水井。由於大部分房屋無完善的排污系統，加上人口擠迫，地下水受到污染，含有大量細菌，容易傳播疫病，故不獲通過。當局又禁止業主開啟已封閉的水井，否則會被檢控。然而有很多人還是不注意衞生，利用受污染的山坑水種菜，浸發芽菜，製作豆腐，洗衣和洗澡，並且排放大小二便。

在 1905 年至 1939 年間，只有 1908 年、1919 年、1920 和 1921 年這四年不用制水。1928 年 11 月，為減少市民用水，旁喉已完全關閉。1929 年全年天旱，旁喉沒有一天是全日供水的。在 1928 年至 1929 年間，港府規定每人每次最多只能用兩個容量相等於四加侖（15 公升）的火水罐取水，次數不限。可是每人至少要用半天時間，才能輪候得到兩桶水。1905 年至 1932 年間，設有旁喉的用戶只有 188 天是享有全日供水的。設有獨立水錶交水費的用戶，在制水期間每天上午 6 時至晚上 7 時享有自來水供應。有人質疑港府在制水時期對水錶用戶的優惠，但政府解釋水錶水管與主喉連接，關閉主喉對救火造成阻礙，水壓會令喉管爆裂等等。

在天旱食水短缺的制水時期，居民透過旁喉獲取二小時食水供應的情況相當普遍。當時是以配水庫和樓宇的水壓差方式供水，一般住宅樓宇並無現今運用電動抽水系統把食水先抽到天台水箱供水的設施，每幢樓宇由一支食水管由下往上供應食水，故此配水庫的高度都高過樓宇高度。這支水管會在每一層分支供應食水，每幢樓宇在地下只有一個水錶，水費則由各層用戶平均分擔。由於市民同時開喉取水，水流變慢，而同一樓宇的供水受水壓分散影響，水力不足，樓上常大叫：「樓下閂水喉。」在旁喉入戶的地區，街喉相應地撤減了，市民取水的時間整體上比制度設立前相對地少。在制水時期，市民為了取水，吵鬧打架時有發生。不少居民要僱人取水，大孩小童終日排隊輪候。由於港府按儲水量安排各區供水時間，大部分市民要花費大量的精神和勞力取水。

1929年七級制水和應急方法

1928年7月至1929年6月，香港降雨量稀少，總降雨量只有歷年平均降雨量的四成。1929年香港嚴重天旱，4月時港府實行七級制水，有七萬人離港回鄉生活。根據1963年5月5日華僑日報記載，1929年制水的順序是這樣的，第一級是屋內旁喉每天供水二小時；第二級是停止入屋旁喉供水；第三級是海旁建水櫃，減少干諾道等處的街喉；第四級是街喉夜間無水供應；第五級是街喉每天供水七小時；第六級是街喉每天供水五小時半；第七級是街喉每天供水四小時，水荒最嚴重時改為二小時。

港府在人口密集地區設置四個金屬大水缸，水缸長32呎、寬20呎、高8呎，兩邊各有八個水龍頭，分別置於西邊街、西江碼頭（永樂街三角碼頭）、上環街市和域多利皇后街（中環街市旁），食水取自荔枝角，由水艇運送。港府又從內地的上海、福州、珠海和日本購水，以輪船壓艙水的方式順路運到香港使用。九廣鐵路亦改裝車卡從內地購水運到香港，太古私人水塘亦提供食水給香港市民。由於水荒嚴重，政府不得不重開中上環一帶的水井應急，並提醒市民井水要煮沸後才可飲用。

1930年，港府興建了第一條海底輸水管，把九龍的淡水輸往港島。1932年，港府免費為旁喉用戶安裝獨立水錶。港府廢除旁喉制度的理由，第一是旁喉日漸老化，維修費用巨大；第二是港府為居民免費安裝水錶，而且水費仍然相當便宜；第三是1929年水荒時，取水的痛苦經歷令人猶有餘悸。旁喉被廢止時，港島有三成住戶有水錶。港府取消了2,600幢房屋的旁喉設施，並替2,100幢房屋安裝獨立水錶。1933年，港島已有68%用戶有水錶。廢止旁喉當年仍有一些團體例如東華醫院、香港苦力公會和數百名市民反對，可見當時的低下階層以及為人擔水為生的苦力，在社會上佔有一定數目。

跑馬地成和道 53 號旁喉、用戶分喉及水錶（2025 年攝）

1938年的《水務設施條例》和日佔時的商營供水情況

1935年，港府建成第二條海底輸水管，輸送九龍的淡水到港島。1936年，城門水塘建成，使香港的存水量增加一倍。1937年，中日戰爭爆發，大量內地人口南移，香港人口突破100萬。1938年，港府修訂《水務設施條例》，首次引入水喉匠牌照制度，工務局轄下與水務相關的分部於翌年改組成水務局，有獨立的開支預算，自負盈虧。同年建成第三條輸水到港島的海底輸水管。1939年，港府頒佈用水法的規定，任何人任意或是疏忽，如有浪費用水行為，將被罰款1,000元以下；凡用清水洗花園、洗車，用大量清水洗衣、洗米、洗菜等行為，法庭會依據用水法，定罪為浪費用水。1941年12月，香港淪陷，水務局易名水道班事務所，1943年轉為商營，由日治台灣時代的台灣拓殖株式會社營運，並暴增水費和水費按金。

戰後制水

戰後港府於1946年便恢復制水，1947年、1948年、1949年等直至1963年，每年都循例實施一級或二級制水，甚至禁止燃放爆竹，以免造成火災，要耗用大量淡水灌救。聖誕節、農曆除夕至年初二或人日，港府才准許這些日子燃放爆竹及全日供水。即使不是儲水量不足，當局仍以自來水用量激增、濾水池供應不及、年尾南來人士漸多要節約用水、風高物燥要留水救火等理由，實施制水。1950年4月，港府實施三級制水，破天荒利用飛機散放傳單，勸市民節約用水。1950年10月7日，颶風帶來豪雨令水塘滿溢，當局撤消二級制水，改為一級。但到了10月20日，又以食水不能長久維持的理由，恢復二級制水。

戰後制水雖有級數名之，但同一級數不代表供水時間都一樣。至1963年制水前，供水最高紀錄是每天17小時，其次是15小時、12小時、10.5小時、8.5小時、7.5小時、5小時、4小時、3小時，更曾一度隔日供水3小時。

1945 年至 1949 年，供水最少時間不低於每天 5 小時。1949 年曾制水 6 次，最少是每天供水 5 小時。1950 年曾制水 6 次，每天供水最少 12 小時。1951 年曾 3 次制水，每天最少供水 9.5 小時。1952 年制水 3 次，每天供水最少 5 小時。1953 年曾制水 10 次，每天供水最少 5 小時。1954 年制水 5 次，每天供水最少 4 小時。1955 年制水 4 次，每天供水最少 3 小時。1956 年 5 月 1 日至 19 日止，港九分雙單日供水，即隔日供水 3 小時，平均每天供水 1.5 小時，是 1929 年七級制水以來供水時間的最少紀錄，香港可以稱得上是與制水結下不解之緣的城市。

1948 年，報章詳細解釋居高樓者取水難的情況，有「食無水」之苦。由於限時供水，按照一般習慣，早炊多在 9 時至 11 時，晚炊多在 4 時至 6 時，所以全幢樓的住客均有同樣需要，但是水力較弱，若果全間樓宇同裝一個水錶，當二樓或樓下開啟水喉時，四五樓住客無法取得滴水。且以制水關係，用戶為求本身方便，於早炊和晚炊完事後，仍然開喉取水備用，是以四五樓的住戶常感無水供應。於西營盤和西環一帶，常聞「樓下二樓唔該閂水喉呀」之聲，若果「唔該」無效，五樓的住客就會攜桶到四樓取水，四樓住客又會攜桶到三樓取水，三樓住客又會到二樓取水，二樓住客會到樓下取水。全間樓宇既屬同一水錶，水費亦共同平均負擔，所以在任何一層樓取水，理所當然，但住客因此而發生爭執的事件，則屢見不鮮。

二戰以前，住戶主要使用馬桶盛載大小二便，待夜間有人上門把糞便帶走，俗稱「倒夜香」。1950 年代後期，港府有意停用馬桶，積極鼓勵用戶在其單位內採用抽水馬桶，從而改善衞生狀況。由於當時的抽水馬桶要用食水沖廁，會令食水短缺問題更加嚴峻。為節約用水，港府遂於 1957 年興建石硤尾和李鄭屋等徙置區時，在徙置區內設立海水沖廁系統。1959 年，政府正式修改《建築物條例》第 19 條，規定新落成的私人樓宇必須設有沖水式排污系統，海水沖廁逐步擴展至港九市區，並於 1972 年把海水沖廁計劃改為免費。

1963 年最嚴重的制水

1963 年 1 月，港府規定水井和儲水箱要加蓋封閉，只有清洗時才可以掀開。1963 年 5 月至 1964 年 5 月，香港嚴重天旱，水源緊絀，港府宣佈實施制水，最嚴重時收緊至每四天供水四小時，一直維持至 1964 年 5 月 27 日颱風維奧娜襲港帶來暴雨後才解除。在制水期間，耗水較多的行業例如飲食、洗衣、漂染和建築都大受影響，幾乎無法運作。工商業減產，自然有大量工人失業，與水有關的消費自然加價。

一些新建成的唐樓或洋樓由 6 層至 12 層不等，仍低於配水庫的高度，是利用水壓差的方法獲得自來水，每層雖有獨立水錶，但同一時間取水，水力自然分散不足。當時仍有大量的戰前舊樓，「樓下閂水喉」不絕於耳。當時報章對居民在制水時的苦況較戰前有詳細的描述。住在木屋區的居民，不分制水與否，每天依舊把食水從街喉處擔上山上的家。住在伙數較多的戰前樓宇居民，雖有私家水喉取水，但他們共用的廚房地方有限，十伙八伙人各自擺放一個火水爐，地方空間已感不足，部分器皿只能放在自己的房間或床位下面，制水時還要加倍放置儲水容器，爭執時有發生。住在天台木屋的居民，平日會從樓下取得用水，但到了隔日供水的時候，再不能得到方便，要到街喉輪候取水。住在徙置大廈的人處境較好，因為每層都有兩個水龍頭供水，供應六七十伙人家，由於已經編好了取水的秩序，居民能夠很順利儲足兩天的用水來。

水資源短缺期間，政府以十艘運油輪從珠江運水到港，水費要貴 40 倍，但不加水費。市民亦開挖水井，抽取地下水，但往往令地下水流失，出現地陷情況。政府亦教民眾節水方法，例如用一面盆水抹身替代沖涼，用花灑而不用浴缸洗澡，或每兩天才洗澡，甚至取消體育課。不要開水龍頭洗手或洗物件，洗手後的水可以用來洗菜，再用來沖廁或洗地。不要用清水洗車，最好不要種花。為節約用水，男生會剃光頭，女生修剪短髮，太太小姐也要減少洗頭，易洗易乾的特麗翎男士恤衫非常好賣。酒店、醫院和電力公司則利用蒸餾方法取得食水飲用。檢查隊配備望遠鏡和相機，如發現有人浪費食水，會馬上停止供水。曾有淺水灣道 37 號電話公司經理的別墅住宅，被發現用食水淋灑花圃，而被當局封鎖水喉，戶主只好派員坐私家車到街喉取水，該經理亦被檢控；山頂某一領事館亦因浪費食水而被截水。1954 年的電影《樓下閂水喉》和 1963 年的電影《工廠皇后》，都反映當年的制水之苦。

由於水荒，又正值舊樓重建的高峰期，部分承建商在建造樓宇時，以海水拌和混凝土起樓，建成一幢又一幢的鹹水樓。由於海水中的鹽分會加速鋼筋材料的鏽蝕，及影響水泥和砂石結合，令鹹水樓出現結構問題。當時承建商偷工減料，即使後來制水已經解除，仍用免費供應的海水代替收費的淡水拌和混凝土起樓，再加上政府監察人員又貪污隱瞞，使得入伙不到六年的鹹水樓的牆身、天花或橫樑出現彎曲下墜的情況。現時很多結構有問題的私人樓宇大多在那個時期興建。1980 年代，總共有 729 座香港公共屋邨被揭發存在結構問題，其中 26 座分別建於 1966 年至 1973 年間的公屋因為結構遠低於安全標準，需要即時清拆重建，否則有倒塌危險。

1965 年，「東江之水越山來」的東深供水計劃，使得香港人已不再憂愁食水問題，這一年港府先後在不同地區短暫停止供水，以進行水管和水錶檢測和維修。1974 年、1975 年、1977 年和 1978 年曾因天旱有短期制水，1982 年是最後一次，從此不再制水，「樓下閂水喉」的聲音已成絕響。

小結

香港是一個彈丸之地，沒有大河淡水供應，開埠時已出現食水問題。港府自 1863 年建成薄扶林水塘，便不斷地興建水塘、集水區和供水系統，以解決因人口增加而導致的食水短缺問題。至 1978 年萬宜水庫建成為止，港府一共興建了 27 個水塘。為解決食水問題，港府有很多創舉，例如 1917 年落成的大潭篤水塘，主壩長 1,200 呎，是當時的「亞洲第一壩」。1930 年，港府興建了華人地區第一條海底輸水管，把九龍的淡水輸往港島。1968 年落成的船灣淡水湖，是全球首個在海中興建的水塘。1975 年 10 月青山樂安排海水化淡廠正式投產，是全世界規模最大的。每年春末夏初雨季來臨之前，是水塘存水量最低的時候，香港人就得為水而頭痛。1965 年「東江之水越山來」的東深供水計劃，使得香港人不用再憂愁食水問題了，這一年港府先後在不同地區短暫停止供水，以進行全面性的水管和水錶檢測和維修。1974 年、1975 年、1977 年和 1978 年曾有短期制水，1982 月 6 月之後就不再制水，「樓下閂水喉」已成絕響。1974 年許冠傑的《制水歌》，唱出了市民的心聲:「又制水真正受氣，又制水的確係無謂，又制水今晚點沖涼，成晚要乾煎真撞鬼。」

筆者在 1969 年四歲時，住進一間大單邊的唐樓，該樓建於 1963 年，廚房有一座鋼筋水泥建造的大水缸，高四呎、長四呎、寬三呎，內外表面鋪有白瓷片防水，是前業主叫人建造，用來儲水。筆者家沒有用這水缸來儲水，只作擺放雜物之用，制水時用幾個半身高的大膠桶裝水便足夠有餘了。父親告訴筆者，1961 年和 1963 年，家姐和家兄先後出世，那時候是住在戰前樓宇的四樓，但在制水時沒有「樓下閂水喉」的問題。當時是一條水管供應整幢樓宇的食水，水費一同分擔，同區所有人在供水時同時取水，就會造成水壓不足以令食水上樓的問題，住樓上的人就要走到樓下單位取水。但是，父親設計了一部抽水機，是由摩打運作的，父親把抽水機接駁到水龍頭，每到供水時間，便啟動抽水機，迅速地把食水抽到四樓來，轉眼間把各個水桶注滿。抽水裝置不但令自已受益，而且也令樓下每一層的住客受惠，後來更在天台放置大水缸，先把食水抽到天台來，也就不讓水桶佔用家裏的空間了。

第十三章 戰前樓宇因火成災

香港消防隊與香港火警分級制度

香港開埠初年，救火工作由駐港英軍和警察負責。1868 年，港府頒佈《消防條例》，組織了香港第一支消防隊，最初附設在警署內。到了 1960 年，香港消防隊重組為消防事務處。1964 年 2 月 1 日，消防事務處實施火警分級制度，把火警依據實際情況分為一至五級，以顯示火勢及所需要的救援程度。

一級火警：處接到一般建築物的火警警報後，首先當作是一級火處理。

二級火警：假如火警現場是人流較多的地點，例如醫院，或是危險地點，例如油站，或是遠離水源的地方，則會列作二級火警處理。

三級火警：如果現場冒出大量濃煙，或有多人被困，大火未受控制且有蔓延趨勢，便會升為三級火警。

四級火警：當火警變得更為惡劣，例如火勢猛烈、有大量濃煙、高熱，以及受傷人數增加，現場居民有生命危險，大火在五樓以上時，便要作四級火警處理。

五級火警：當大火完全失去控制，而且迅速蔓延，釋出大量濃煙和高熱，受傷人數增加，超過四級火警所需的支援時，便會升為五級火警。

對比現在先進的消防設備，戰前的消防設備則相對落後，香港開埠以來，造成最少十人死亡的火災，大多發生在戰前興建的住宅樓宇。

1851 年香港首次大火災

香港於 1841 年開埠，全島人口只有 7,450 人。由於陸續有人從內地移入謀生，10 年後全島人口增至 33,000 人，當時皇后大道中以北是海濱。1851 年 12 月 28 日，上環下街市（今蘇杭街一帶位置）發生火災，為阻止火勢蔓延至中環，駐港英軍把上環附近的房屋炸毀，以作間斷。大火燒毀四百多間房屋，30 人死亡。事後港府把泥石廢料用來填海，為香港首個正式的填海工程，稱為《文咸填海計劃》，開闢了文咸東街、蘇杭街、摩利臣街和文咸西街一帶土地。

屢屢大火的黃秋記紙紮店

1931 年 6 月 9 日，中環士丹頓街 35 號木樓地下黃秋記紙紮店爆竹着火，大火蔓延至二樓及附近民居，釀成 16 人死亡、一人受傷的慘劇，死亡人數為自 1900 年以來有準確傷亡數字的可住人樓宇火災事件的第十位。黃秋記店主和家人未有遇難，只有長女受傷入院，損失的紙料爆竹等貨物約值三千元。事後黃秋記租用荷李活道印務局舊舖位作臨時經營，待原址重建為混凝土樓宇後返回經營。

1933 年 2 月 3 日，黃秋記未有理會消防局就該店違例儲存過量爆竹的告票，當局要遣派警察緝拿店主黃秋歸案。1934 年 4 月 26 日晚上 10 時 45 分，士丹頓街 35 號黃秋記再次報火警，消防總局即派出三架機車前往灌救，火勢未幾熄滅。

1947 年 3 月 2 日，黃秋記被中央裁判署控告儲藏超逾限額的爆竹和煙花等物，共計 730 磅，分佈樓下和閣仔，而混凝土樓宇上限為 400 磅，木樓為 50 磅，威脅附近居民安全。法官認為被告所犯情節非輕，嚴重警告被告不要忘記 1931 年該址大火慘劇，罰款 200 元，所扣留的爆竹煙花，扣除危險成分後，予以發還。

士丹頓街 35 號黃秋記紙紮店舊址所在現為金禧樓，1980 年入伙，與三座建於 1948 年的舊樓相連（2005 年攝）

1949 年 2 月 14 日，士丹頓街 35 號黃秋記又再發生大火，因儲藏大量爆竹，故火勢猛烈，現場濃煙密佈，爆竹聲不絕於耳，消防員要灌救一小時才告熄滅。幸好該店和相鄰樓宇都用混凝土建造，結果只焚去樓下、地牢和二樓一小部分，但 16 歲學徒被燒成黑炭。該樓為店主黃秋和家人自住，三樓租予留產所。黃秋記已向保險公司購入兩萬元火險，店方謂損失約五萬元。2 月 15 日，67 歲的店主黃秋被控在店內儲藏 5,000 磅爆竹，遠超 400 磅限額，又藏有含有違禁成分的爆竹，以及非法藏有危險性的爆炸品白藥，威脅公眾安全。當局亦加強巡查其他紮作店，並發出告票。中上環一帶的金玉樓、黃秋記和永昌花燈店是當時最著名的紙紮店。

1949 年 3 月 2 日，保險公司到黃秋記調查時，發現店前廢料中有鐵箱，內有現金 3,000 元和一批金飾，是消防員在救火時，從二樓拋到街上的。1949 年 4 月 6 日，法官裁定黃秋三項罪成，指出黃秋記曾發生過火災和引致多人死亡，應引以為鑒，但被告卻再三超額儲藏爆竹，毫不顧慮自己和別人生命，但姑念店主損失慘重，故首兩項控罪各罰 100 元，第三項罰 2,500 元。在審訊中，有店員作供謂平日店中禁煙，如果員工被發現吸煙，即扣五元薪金，火災是死者點香煙後把火柴枝亂丟所引致，黃秋亦解釋超額爆竹是澳門的退貨。

1937 年颶風下的干諾道西大火

1937 年 9 月 2 日，颶風襲港時引起多處地方火災，當中以干諾道西大火至為慘烈。凌晨 2 時，海旁干諾道西 135 號昭記貨車租賃店四樓的遠來茶葉莊因電線洩火，引發火警。三樓住客和鄰居發覺後即爭相走避，亦有人鳴笛報警，當時海水湧至岸上，高及胸前，居民無法走出屋外，部分人轉向後門離開。未幾，火勢已波及 134 號四樓，中央消防局於 2 時 45 分接到報告，即刻派出六架消防機車到場施救。消防員雖抵達現場，但風大浪高，無法救火，三四十名消防員冒險上樓救援，但樓梯都被屍體塞滿，估計有一百數十具，當中以婦孺居多。每隊消防員約救出十餘人，但多已死去，大浪旋即把放下的百多具屍體捲走，街上有數百名居民冒着風雨佇立，其後在梅芳街一樓宇暫時棲身。火勢猛烈時竟覆蓋第二街、第三街和電車路，附近居民紛紛執拾細軟雜物逃生。

焚燒的樓宇一共七間，高四層，各舖皆異常深大，每層樓宇有多個房間，居住多人。當 135 號起火時，旋即波及 134 號，繼而 133 號、132 號和 131 號，其後因為風向改變，轉而燒向 136 號和 137 號。被燒通頂倒塌的樓宇有 131 號穗生隆米店、132 號義合舊報紙店、133 號福來米店、134 號泰昌鹽店、135 號昭記和 136 號凡記兩間貨車租賃公司。因為是混凝土樓，故未有燒通頂倒塌，137 號的茂源棧米棧只是焚毀三樓和四樓。因為貨車公司存有很多汽油，着火後令火勢猛烈，消防員不能搬登救火梯上樓施救，所以改派兩部消防車到背後電車路，搭喉到德輔道西 167 號至 171 號四樓天台，向火場天台灌射，另有一架在橫街樓宇天台上射水，加上天雨，10 時左右才告熄滅。經挖掘後，發現的屍體約有八十多具，被大浪捲走的屍體則難以計算。

1939 年旺角上海街火災

1939 年 12 月 3 日晚上 8 時 40 分，旺角上海街 478 號、480 號和 482 號一連三幢四層高木樓發生大火，53 人死亡，26 人受傷，死亡人數為自 1900 年以來有準確傷亡數字的可住人樓宇火災事件的第三位。三幢樓宇地下依次為怡生洋貨銅鐵店、合安棉花店和盈祥銅鐵店，480 號二樓前座是合安棉花店的工場，後座是煙館，482 號二樓是牙醫館，478 號二樓是醫務所，其餘各層為民居，每層都有二三十名住客，總共有二百多人居住。

首先起火單位為 480 號二樓棉花店的工場，當時十多名工人已外出，只有一人留守，留守者點煙後隨手丟棄火柴枝，引致棉花着火，迅即燒着工場內躉存的棉花。煙館內三數人幫手救火但無效，大火轉瞬間蔓延至地下和二樓，左右兩鄰亦遭波及，一時警笛大鳴，住客紛紛逃生。消防處接報，即派出旺角、尖沙咀、深水埗和油麻地各區分局消防車全體出動，在現場開喉灌救。由於通向地下的樓梯已被大火封閉，住客只好跑到三樓和四樓的騎樓躲避，消防員架設機梯拯救，因為人數過多，而火勢迫近，遂又用帆布長帶使各人沿帶往下逃生。482 號單邊木樓四樓有 17 人跳樓逃生，結果三人即時跌死，另有兩名小童跳樓逃生，結果一死一重傷。也有住客把子女擲下，盼能逃過一劫。大火燒至 11 時 20 分被撲滅，三幢樓宇被燒通頂，消防員掘出 45 具屍體。478 號全棟住客因利用相連的 476 號騎樓逃生，安全無恙，但 480 號各層住客向單邊的 482 號騎樓走去，卻無退路，初時消防員在 478 號架梯，當轉往 482 號時，火勢已迫近，故有走避不及者被燒死。

事後港府開會檢討，由於木樓容易惹火，混凝土樓則較為安全，有意下令業主把設有經營危險物品商店的木樓改建為混凝土樓，但港九木樓眾多，短期內不能辦到，遂展開調查，及早擬定整個方案。當時港九兩地舊式木樓固然多，而居住人數亦過於擠迫，當中以西營盤的第一街、第二街、第三街，上環太平山街、必列啫士街，中環的依利近街，灣仔的大王街、石水渠街，油麻地的偉晴街、新填地街樓宇等地的住客為最稠密，每層只有一灶，但竟擺放了二三十具煮食火爐，一旦發生火災，後果不堪設想。

1948 年西環永安倉大火

1948 年 9 月 22 日早上 8 時 5 分，西環屈地街電車總站旁永安公司的一座倉庫和一座住宅樓宇連倉庫大火，176 人死亡，69 人受傷，死亡人數為自 1900 年以來有準確傷亡數字的可住人樓宇火災事件的第一位。

永安公司在石塘咀有三座自置物業，統稱為永安倉。第一號貨倉臨海而建，為屈地街東邊大單邊雙坡頂三層高的大倉，北面門牌為干諾道西 184 號至 185 號，南面門牌為德輔道西 349 號。屈地街西邊干諾道西 186 號是第二號、第三號及第四號相連大貨倉，主要儲存棉紗和紙張，建於 1926 年，為五層高三合土建築，大約有九幢樓宇般地積，向屈地街開有五排窗，南北各有九排窗，內有兩排混凝土樓梯，前面有一部露天起重機，地下起重機旁建有作為辦公室的閣仔，向海有三道鐵門，後座有兩座鐵門通向後巷。大倉背後隔着小巷，有一座面向電車路的第五號、第六號及第七號貨倉，建於 1926 年，為九幢相連的五層高住宅樓宇，三合土建造，地下原為商舖，1927 年改作貨倉，後門空地加蓋封閉為貨倉部分，通向後巷的鐵門一直上鎖。第五號和第七號倉儲存罐頭洋貨，中間的第六號倉為危險倉，存放哥士的、易燃性的菲林膠片和瀝青等。全座樓上共有 36 層，臨街和小巷都有窗，大部分住客是永安公司員工及其家屬。西邊有小巷與渣華輪船公司（Royal Inter-Ocean Lines）的貨倉及寫字樓分隔。

起火地點為德輔道西 363 號地下的第六號危險倉，最初是一個窗口冒出火舌，接着傳出多次爆炸聲響，面向電車路的牆壁被炸穿一個大洞，火勢一發不可收拾，連對面電車的玻璃也被熱力迫破。火焰爆發後，即時把西端各層住宅包圍，每層樓梯都被大火籠罩，大多數死者在爆炸後數分鐘內罹難，住在東端的住客見到地下的樓梯被火封閉，遂奔往火焰較少的 351 號和 353 號天台。西環消防局的一輛消防車在接到警報後三分鐘內到達，中央消防局的兩部消防車亦於 8 時 17 分駛到。消防員使用旋轉梯從 351 號天台救人，至少有 60 人獲救。上午 9 時 30 分，大火蔓延到背後的第二號、第三號及第四號倉，由於火勢猛烈，需要多次增援。對面德輔道西 406 號至 408 號的煤氣公司為保安全，將煤氣鼓的煤氣釋放到海裏，同時通知附近的加倫臺居民疏散。下午落着大雨，火勢一度減緩。下午 4 時，起火的電車路貨倉大火被撲滅，但第二號、第三號及第四號倉的火勢仍然不受控制，倉內儲存的顏料隨

1948 年西環永安倉大火位置，現為龍豐閣，平台下層是名店廣場，前面的光華大廈是未受波及的大倉舊址（2025 年攝）

着救火的水流混入海裏，將海水染成黃綠色。相隔一巷的渣華輪船公司亦把重要文件搬離現場。晚上 8 時，有七名消防員需要送院治療。晚上 9 時 45 分，二號大倉已燒至通頂，火球升向上空。深夜 11 時，駐港英國海軍的滅火輪加入增援。

9 月 23 日，消防員全日開喉向火場射水，但餘燼未熄。上午 9 時，九龍區消防員接替港島區消防員救火，香港童軍亦出動維持秩序。同日港督葛量洪取消休假返港，翌日下午 3 時到場巡視，接着警務處處長麥景陶到場視察。9 月 25 日，天文台在正午 12 時 30 分懸掛 8 號風球，一艘一直留守在現場的滅火輪駛離避風，但第二號、第三號及第四號倉死灰復燃，倉內存有大量棉花、白米及桐油雜貨，堆積如山，消防員要把倉內着火的棉花拋到海裏。9 月 27 日清晨 5 時 35 分，8 號風球除下，只餘六名消防員開喉向火場射水。9 月 28 日，火燼完全熄滅。

永安公司在名下的大東酒店設立臨時職員報到處，處理員工的存亡資料，樓上二三四樓作為受災職員及家眷的臨時居所。災場對面的廣州酒家成為臨時控制中心，並為救災人員提供免費膳食。電車路受火災影響，由上環街市到堅尼地城的電車服務暫停。

大火延綿了六日才告熄滅，全港消防員幾乎都有出動，英國陸軍亦有派救火車協助。事後統計，死亡及失蹤者達 176 人，多為永安公司職員及其家屬，消防員在危險倉對上的樓梯找到 130 具屍體，東端各層屍體則佔少數，有 147 具屍體已燒成黑炭，身份難辨。永安公司把能夠辨認身份的死者安葬在荃灣華人永遠墳場，另外在西貢七號墳場（今順利邨位置）設立永安倉遇難先友公墓，安葬其餘死者，後來港府收地發展，公墓移往沙嶺墳場。

1948 年 10 月 5 日，港府成立永安倉火災調查委員會，調查大火的原因和責任，及作出建議，避免日後有同類事件發生。1949 年 6 月 28 日，委員會完成調查，法官認為永安公司總經理和永安倉管理人，純屬疏忽，與火災的結果和損失無關，只將兩人記過了事。

1957 年旺角廣東道民房大火

1957 年 2 月 13 日早上 5 時 10 分，旺角廣東道 998 號起火，焚毀 992 號、994 號、996 號和 998 號四間四層高舊木樓，以及 1000 號至 1010 號天台三十多間木屋。59 人死亡，包括三名孕婦，10 人受傷，包括三名跳樓逃生的重傷者，所有死者皆是住在 996 號和 998 號共用一梯的三樓和四樓，有 20 名屍體不能辨認。死亡人數為自 1900 年以來有準確傷亡數字的可住人樓宇火災事件的第二位、民房住宅火災事件的第一位。

起火處為廣東道 998 號地下，10 分鐘後火勢已甚為猛烈，燒至三樓，由於風乾物燥，又吹北風。5 時 26 分，火焰向南蔓延至 996 號，共用的木梯已被火封閉，不久波及 994 號和 992 號。998 號三樓一名婦人和兩名小童因無去路，跳樓逃生，當場跌死。發生大火時，住客紛紛沿樓梯逃生，木樓不勝負荷折斷，全部人墜下火海喪生。消防局出動了十輛消防車到火場灌救，並以長梯和救生網救人，一艘滅火輪到場待命。到了早上 6 時 27 分，火勢已被撲滅。1000 號至 1010 號有 20 間天台木屋被焚毀，1000 號的門窗和招牌被燒至焦黑。除 992 號單邊樓容易灌救外，其餘三幢已燒至倒塌，門前菜檔也被大火波及。

四幢樓的業主為同一人，木樓已有三四十年歷史，並購有保險。起火地點是 998 號地下，該處原是米舖，去年租客因為角子機流行，私自改為角子機舖，但受到業主和住客反對，後來因角子機被禁，而轉用作百貨公司的新衣貨倉，平日有四人看守。

當局調查居民數字，截至 2 月 14 日，992 號至 998 號四幢樓宇共六層有居民 366 名，21 間天台木屋有 146 名居民，共計 512 人。登記災民人數為 429 人，共 96 戶，有飯食和衣物毛氈救濟。災民在地士道街蓋搭簡陋木屋棲身，門上寫上原居址。獨無 996 號四樓，該處有 30 名住客，結果只有兩名跳樓重傷者在醫院留醫，為父子關係。998 號四樓有 18 名住客，死了 14 人，有 15 具屍體（包括其他樓層的逃生至此的住客）在 998 號四樓廚房內被發現，火災現場至 2 月 17 日發掘完結。

1957 年 2 月 16 日，工人在廣東道大火災場 996 號地下廚房石室內發現一隻公雞奇跡生還，該公雞已餓了四天，疲憊不堪，後來被餵飼了少許白飯，則精神奕奕，公雞的主人謂公雞由雛雞養大，已有三年，大火發生時有三斤重，但已餓至一斤十兩，主人對於公雞仍能生還，表示無限欣慰，歡喜勝過在災場尋回二百多元硬幣。

1957 年 2 月 26 日，報載自廣東道大火後，坊間流傳着一些無稽鬼話。謂每夜駐守災場的警員聽到樓宇內有婦人呼喊「火燭呀！走呀！」和小孩的哭叫聲。又說有些參與發掘屍體的人員，放工回家後覺得腹部絞痛。但輿論皆認為應注意走火設施和啟導大眾火災時的走火常識，建

1957 年廣東道民房大火位置，首兩幢樓宇是四間被焚毀的屋宇所在，第三幢是天台木屋的舊址（2025 年攝）

議木樓應配備救生繩索，每隔一二呎打一團結，若有火警，可沿繩而下逃生。3 月 23 日，廣東道街坊以坊眾福食萬成堂名義，在廣東道 988 號門前馬路設壇全日誦經超渡死者。

1958 年油麻地上海街民房大火

1958 年 10 月 30 日，油麻地上海街 392 號至 404 號一連七座三層高木樓大火，除單邊的 404 號木樓外，其他內部皆被燒通頂倒塌，只餘外牆，幸無人死亡，受傷者傷勢輕微且人數極少。但災民卻相當多，計有 159 戶，825 人，男子有 249 人，女子有 266 人，兒童有 310 人。災民暫時在廣東道、新填地街、砵蘭街一帶騎樓底棲身，油麻地街坊福利會成立急賑委員會濟助，東莞同鄉會亦救濟相關的鄉親。11 月 2 日，當局將街市街油麻地街市舊址空置地方作為臨時收容所，供災民露宿。11 月 5 日，災民獲准遷往窩打老道近海旁大渠旁邊及德昌街一帶的空地，蓋搭臨時木屋居住。當局謂有能力者應覓地居住，或投靠親友。油麻地火災急賑會提供木屋材料，及將善款和衣物等於 11 月 11 日派發。

1961 年深水埗荔枝角道民房大火

1961 年 5 月 15 日上午 7 時 10 分，深水埗荔枝角道 305 號至 309 號一連三幢三層高的戰前混凝土樓宇大火，燒死 29 人，包括 18 名成人、8 位小童，50 多人受傷。三幢樓宇有住客二百餘人，死傷人數竟佔一半。死亡人數為自 1900 年以來有準確傷亡數字的可住人樓宇火災事件的第五位、民房住宅火災事件的第四位。

九龍各消防局派出消防車、梯車和泵車等共計 13 部和救護車五部，各類車輛空巢而出救火。由於天色未光，大部分居民在睡中驚醒逃生，但樓梯已被濃煙封閉，部分人直奔天台，跨至鄰居樓房逃生，另一部分人冒着煙火衝向樓下逃亡，被燒者超過 50 人，一名婦人由後座天台跳樓逃生，即時跌死。火警於 40 分鐘後受控制，大火焚燒兩小時後被救熄，登記災民有 184 名，暫以深水埗街坊福利會棲身。街坊會籌款賑災，並於 5 月 17 日舉行超幽法會。

這次起火地點為荔枝角道 305 號地下——永昌泰化學原料貨倉，正舖設於荔枝角道 316 號。大火時引起猛烈爆炸，將貨倉前部炸去，火焰射過馬路，燒壞對面一塊招牌，同時波及兩幢住宅樓宇。有數十名居民被困，後由救火梯車救出，天台一名男居民奮不顧身，先行撞毀火場左鄰天台木門，用棉胎阻擋迫近的火焰，讓數十名由天台逃生的婦孺和自己的妻子安全逃離，結果他被燒傷頭臂及左手多處。據聞當時貨倉有一名員工看守，倉內存有一噸換膠發粉，正待運往菲律賓，有三名技工為各罐頂加工，一名十餘歲技工不慎將電焊火光噴在另一鐵罐，即時有白煙冒出，三名技工即時逃去，看守員卻因救火被燒死。

1972 年石塘咀山道民房大火

1972 年 5 月 11 日清晨，雷電交加之際，石塘咀山道 48 號和 50 號兩幢三層高的戰前舊樓發生四級火警，12 人死亡，16 人受傷。死亡人數為自 1900 年以來有準確傷亡數字的民房住宅火災事件的第七位。

山道兩幢舊樓已改建為混凝土樓，48 號下地下為金舖，50 號地下為源豐塑膠廠和小型鐵模工場。二三樓為住宅，共用 50 號樓梯上落。清晨 3 時 45 分，一名小童聽到爆炸聲，隨即發現火光，小童立刻大叫火燭，住客聞訊紛紛逃亡，火勢在四分鐘內升到四級。火焰從地下向上蔓延，封鎖了樓梯，住客只得由屋後廚房跳下逃生。火勢於淩晨 6 時 25 分被撲熄，兩幢樓被燒通頂，有 30 戶共 132 人無家可歸，50 號三樓一家七口無一生還，受到波及的 52 號三層舊樓亦要封閉，西環街坊會和各界均募款救濟。有居民稱，以前有道友在樓梯上吸毒，曾引起火警，謂是次火災很可能因此引起，亦有傳聞是鑄模工場電線洩電所致。經查明後，起火原因是地下塑膠廠的天井，因儲放大批原料、製成品和天拿水，故一經着火，便不可收拾。

小結

在 1980 年代以前出生的香港居民，大多聞火災而色變。造成最少 10 人死亡的火災，大多數在戰前樓宇發生，當中又以木板做樓層和樓梯的木樓居多，木材易燃，火警一旦發生，迅即一發不可收拾，其他少於 10 人死亡的火災亦有不少是發生於這類樓宇。然而，就算是混凝土樓，也可以發生大火，1962 年 8 月 1 日凌晨 2 時，元州街 488 號一幢建於 1951 年的四層高混凝土唐樓和天台木屋，因地下紙紮店着火引發火災，釀成 44 人死亡、21 人受傷的大慘劇。1968 年 2 月 12 日下午 3 時，順寧道 453 號一幢五層高戰後唐樓發生火災，導致 19 人死，7 人受傷，起火處是二樓信源毛織廠，雖然有走火樓梯，但平時堆積雜物，火警時後門不能打開。兩場火災死者數目，分別是 1900 年以來有準確傷亡數字的可住人樓宇火災事件的第四位和第六位。造成嚴重傷亡的主要原因，固然是樓宇的設計只有一條樓梯，火警時一旦樓梯被煙火封閉，則無退路，逃生無門。即使有走火樓梯，若被阻塞，有等於無。而樓宇被用作工場、倉庫、儲藏大量危險品，每每因為吸煙和燒焊等人為導火線，引致嚴重大災難，實在須要有嚴厲的法例管束和加強巡視監察。經過政策的不斷修訂，嚴重的民居火警在香港已不多見，戰前舊樓亦所餘不多，但工廠大廈和商業大廈的大火仍時有發生。

第十四章

舊日的家居日常娛樂

「知否世事常變，變幻原是永恆，此中波浪起跌，當然有幸有不幸。」涉及戰前樓宇的相關新聞，除了租務保障和保育之外，多是危樓和火災之類的不幸消息，戰前生活艱苦，在電視未在香港出現前，民間的日常娛樂享受，便只有聽唱片，收聽電台廣播節目，時常到戲院或戲棚看電影和粵劇。香港電台、麗的呼聲和商業電台分別於 1928 年、1949 年和 1959 年啟播，麗的映聲、無綫電視和佳藝電視則先後於 1957 年、1967 年和 1975 年開台播放收費和免費電視節目。然而在電台或電視廣播初期，唱機、收音機和電視機均是昂貴的消費品，一般市民會到涼茶舖收聽電台廣播，或到公園收看電視節目。收音機在 1960 年代才開始大眾化，電視機則要到 1980 年代開始普及。

麗的呼聲有線廣播廣告，刊登於 1949 年 1 月 13 日的《華僑日報》，3 月 1 日開始播音

香港電台

香港電台成立於 1928 年，是香港首家廣播機構、第二個英國殖民地電台，僅次於肯雅電台，但要到成立 41 年後，才有一個設於現今廣播道的永久台址，以前曾在水星大廈、太子行和樂禮大廈等處運作。1929 年 2 月 1 日，以 ZBW 台號作英語廣播，10 月 8 日在新啟用的播音室首次現場直播音樂會。1933 年開始現場轉播粵劇。1934 年首播新聞簡報。1935 年，中文台以 ZEK 台號成立。日佔期間曾改名「香港放送局」，戰後 1948 年 8 月改稱「香港廣播電台」，1954 年 4 月成為獨立部門。1964 年，現場直播奧運火炬在香港傳遞過程。1968 年成立龍翔劇團。1969 年開始使用現有台徽。1970 年成立電視部和教育電視部，並於 1972 年推出寫實劇《獅子山下》，成為經典。1973 年成立新聞部，10 月提供中英四個頻道節目。1976 年 4 月改稱香港電台，4 月 15 日首創亞洲超短波調頻立體聲廣播。1977 年推出兒童劇《小時候》。1978 年第五台啟播。1980 年 4 月 1 日開始全日廣播。2020 年 3 月 4 日，通訊事務管理局公佈本地免費電視台毋須再播放香港電台的節目。

戰前香港電台的娛樂節目，主要是轉播粵劇。戰後麗的呼聲開台，則開始流行廣播劇，凡有廣播劇播出的當日，報章便刊登該劇之詳細資料，例如劇名、劇情和播出時間等，方便市民按時收聽。但香港電台要到 1970 年起，才開始投入大量資源，製作大量的廣播劇節目，每星期推出 52 個半小時的廣播劇節目，以爭取聽眾。當時香港電台擴大了廣播劇組，不但招攬了麗的呼聲的知名播音員鍾偉明、呂啟文、梅梓等過台，又羅致電影界和戲曲界人士何楚雲、張雪麗、朱克，還有新進播音員如鍾志明、李學斌、陳炳球、曾永強、熊德誠、溫泉、林友榮、李安求、朱曼子、曾勵珍、楊麗仙、謝蘊儀、車森梅等人。廣播劇播音員葛劍青、潘志文、顏國樑更被電視台挖角，音影視三棲，紅極一時。流行的廣播劇有《施公案》和科幻小說《衛斯理傳奇》，1981 年開始播放金庸武俠小說廣播劇，包括《射鵰英雄傳》、《神鵰俠侶》、《倚天屠龍記》、《笑傲江湖》和《連城訣》等，現今仍在深夜不時重播。

麗的呼聲

麗的呼聲（Radio Rediffusion）是香港首間商營有綫廣播收費電台，中文名是英文的音譯，為外資商營機構。麗的呼聲廣播電台主樓位於灣仔軒尼詩道 1 號，1949 年 3 月 22 日由港督葛量洪爵士主持開幕，正式啟播。1959 年 5 月 27 日，灣仔告士打道 77 至 79 號麗的呼聲大廈由港督柏立基爵士主持開幕，原址拆卸。

最初播音時間為上午 7 時至凌晨 0 時，其後 24 小時廣播，兩條頻道同時播放，銀色台以粵語廣播，藍色台為英語頻道，安裝費 25 元，月費 9 元，包括收音機租用及維修，政府牌費 1 元。1956 年，分別以藍色台、銀色台和金色台播放英語、粵語、國語與各地方言節目。麗的映聲自備中西音樂隊和聘請香港著名音樂團體擔任播音，節目豐富，包括每日播放中西各種最新唱片，還有戲院及舞廳音樂轉播，特備中樂、平劇、時代曲、潮州曲及音樂演奏，廣播話劇、時事、婦女及兒童教育講座，故事講述、賽馬消息、周末體育述評、點唱節目，轉播世界各大電台的精美音樂、重要新聞及名人演講，教堂轉播及其他節目。

藝員包括鄧寄塵、譚炳文、鍾偉明、高亮、李我和蕭湘等等。李我的單人自編無稿《天空小說》廣播劇、方榮以說書風格講通俗故事，以及鄧寄塵一人演八把聲的諧趣廣播劇，是麗的呼聲三大台柱。李我以粵劇與電影所學，開創單人講述的廣播劇《天空小說》，一人以不同聲線分演不同角色，自創的故事內容來至當時社會生活，聽眾有共鳴，是粵語廣播劇的開端。1952 年，鍾偉明加盟，以講古佬形式單人口述演繹《陸亞彩別傳》、《黃飛鴻傳》等武俠故事，《韋倫探案》等偵探小說和科幻小說，深入民心，獲「播音皇帝」美譽。

涼茶鋪會在鋪內廣播電台節目，以廣招徠，由於不是人人都能付得起錢成為用戶，因此各處的涼茶舖經常擠滿收聽受歡迎節目的市民。由於用戶不用付出電費收聽節目，不少用戶會長開收音機，午夜 12 時停播後仍不關機，待翌日 7 時復播時發出聲響，成為鬧鐘使用。後來由於受到商業電台和無綫電視的免費廣播影響，有綫電台的聽眾和廣告不斷流失，麗的呼聲自願交還牌照，不再續牌，於 1973 年 9 月 30 日午夜後停播。

麗的映聲、麗的電視和亞洲電視

麗的呼聲附設麗的映聲（Rediffusion Television）電視台，於 1957 年 5 月 29 日晚由港督葛量洪爵士主持按鈕啟播儀式，作黑白英語頻道有線播放。麗的映聲是香港首間和英國殖民地首間電視台，亦是全球首家中文電視台。以收費有綫傳播，月費為 55 元，包括電視機租用及維修，自購電視機月費收 30 元，私人電視機持有人還要向港府繳交電視機牌照費。當時香港一般人的月薪只有 100 港元左右，月費可說是非常昂貴。開台時每天播放四小時，一個電視台兼播粵語或英語節目，租戶僅得 640 家。全盛時期約有十萬租戶，節目包括外國片集、電影、新聞和體育消息。1963 年 9 月 30 日，麗的映聲增設粵語廣播，分開為中文台和英文台，市民亦可到租有麗的映聲的涼茶舖或公園收看。1965 年麗的映聲在窩打老道冠華園設立辦事處，佔地二萬平方呎，1968 年遷往廣播道 81 號新電視大廈。

1967 年，無綫電視成立，免費無線廣播。1973 年 6 月 1 日，麗的映聲改名為「麗的電視」，開始免費無線廣播，麗的呼聲則受商業電台影響而結束。1973 年播放《沙漠神童》，1974 年播放《幪面超人》和《鐵甲萬能俠》，1976 年播《三一萬能俠》、《宇宙飛龍》、《小露寶》等劇，往往只購買半套片集配音播放，不知結尾，仍然是小朋友的至愛，相關玩具皆大行其道，例如超合金公仔，掀起一次又一次潮流。1982 年轉售予邱德根家族，改名為亞洲電視，中文台和英文台分別為亞視本港台和亞視國際台。亞洲電視曾經多次轉手，但業務未見理想，2016 年 4 月 2 日停止運作，結束 58 年又 308 天的廣播歷史。現今在香港和九龍各舊區，大埔和元朗等舊市鎮的行人路面，仍然可以看到為覆蓋當年的地下電纜所鋪設的有「R」字樣的鐵蓋面。

1950 年代灣仔軒尼詩道和軍器廠街交界的麗的呼聲廣播有限公司

麗的呼聲地下電線槽蓋，這塊位於長沙灣道 22 號，是界限街至南昌街一邊現存 12 塊槽蓋的第一塊，這處可能是全港現存最多槽蓋的一個路段（2025 年攝）

商業電台和佳藝電視

香港商業電台是香港首間免費商營電台，由何佐芝創辦。1959 年 8 月 26 日下午 6 時，由署理港督白嘉時主持啟鈕，正式開台，中英兩台每日上午 7 時至凌晨 0 時播放，免費收聽，以廣告收益維持。1960 年開始 FM 廣播，1963 年增設商業二台。又以月薪制從麗的呼聲邀請了出色播音員如李我、蕭湘、陳曙光等加盟，還有尹芳玲、林彬、楊廣培、金剛、金貴、馬淑逑、朱雪梅等等，陣容鼎盛。當時的著名的廣播劇有《藍燈小説》、《薔薇之戀》、蕭湘《倫理小説》和林彬《大丈夫日記》等等。1966 台址最初租用位於荔枝角美孚油庫內的空地，主樓為一座面積 5,000 平方呎的平房，備有三座發射機，175 呎高的發射天綫能同時發射兩台電波，是遠東區首創。1959 年因油庫需要用來興建

廣播道 1A 號前佳藝電視大廈（今用作香港電台電視大廈）和廣播道 3 號的商業電台大廈（2004 年攝）

美孚新邨，遂遷往達之路 10 號暫時運作。1968 年 7 月 3 日，《十八樓 C 座》首播，以生活片段議論民生時事，嬉笑怒罵，諷刺時弊，引起香港人共鳴，是世界第二最長壽廣播劇，僅次於英國電台連續劇《The Archers》。1971 年遷入現址廣播道 3 號大樓，開始全日廣播。1970 年代午夜播放《秋燈夜雨》和《怪談》鬼故事廣播劇，亦膾炙人口。

1975 年 9 月 7 日，由商業電台、怡和洋行、星島日報、華僑日報和工商日報創辦的香港第三間免費商營電視台——佳藝電視開台，位於廣播道 1A 號，緊貼商業電台。廣播道因有五間傳媒機構，被稱為「五台山」。1976 年，佳視改編武俠小說，攝製經典劇集《射鵰英雄傳》，為全球首創，轟動全港，當時香港四百萬人口有一百萬人收看，單單以江南七怪使出疊羅漢人牆與黑風雙煞大戰一幕，令人耳目一新，已收先聲奪人之效，俏黃蓉米雪，無可相比。接着是《神鵰俠侶》、《碧血劍》、《雪山飛狐》、《萍蹤俠影錄》、《白髮魔女傳》、《廣東好漢》、《仙鶴神針》和《金刀情俠》等等劇集，打破了無綫電視的慣性收視。日劇《百變龍》亦吸引兒童收看，流行一時。由於不惜工本，加上牌照規定周日黃金時間須播放兩小時沒有廣告的教育節目，造成佳藝電視嚴重虧損，於 1978 年 8 月 22 日停業，大樓其

1976 年佳藝電視《射鵰英雄傳》的報章廣告，該劇是首部改編武俠小說和首次到外地（南韓）取景的電視劇，開電視劇集拍攝先河

後改為香港電台電視大廈。商台財力比不上香港電台的龐大政府資源，後期的廣播劇產量無法與港台競爭。1970 年代末期，商業二台開始推廣年輕人節目、音樂節目，廣播劇在商台日漸式微。

無綫電視

無綫電視是香港首間商營無綫電視台，播放免費電視節目，開台時已播放彩色節目，全球首創。1965 年，利希慎家族的利孝和、余東璇家族的余經緯、邵逸夫和英美三間公司組成香港電視廣播有限公司，投得免費電視牌照。1967 年 9 月 1 日，在海運大廈進行為期一個月的試播。11 月 18 日 2 時起，直播澳門大賽車，是香港首次現場直播。11 月 19 日，港督戴麟趾爵士乘坐直升機到達廣播道 77 號電視台主持開播禮，翡翠台主要是黑白節目，明珠台晚上節目九成以上為彩色。11 月 20 日，《歡樂今宵》開播。1968 年，製作香港首部電視連續劇《夢斷情天》，首次透過人造衛星轉播奧林匹克運動會，及與東華三院合辦無綫首個慈善籌款節目。1969 年以人造衛星直播人類首次登陸月球，為首次新聞直播。

1971 年 11 月 19 日，《歡樂今宵》轉為彩色播映，是香港首個彩色製作電視節目，後於 1994 年 10 月 7 日停播，共播出 6,613 次，是全世界最長壽的綜藝節目。同年開辦藝員訓練班。1972 年，麗的電視開始免費無綫全彩色播映，翌年無綫電視亦全面彩色播映，由於無綫電視最先以免費和彩色播映，電視機要用按鈕選台，及後出現分組按鈕選台掣式，造成慣性收視，收視遙遙領先。1973 年舉辦首屆香港小姐競選。綜藝有獎遊戲節目有 1967 年至 1973 年胡章釗的《花王俱樂部》、1973 年至 1976 年盧國雄的《精打細算》，1975 年至 1976 年的《各位觀眾，鳳凰女小姐》，均相當吸引，參加的觀眾可以得到大獎或大批家庭電器。《花王俱樂部》有千萬司儀美譽的主持人胡章釗，他要參賽者抉擇要獎金或是要神秘獎品，胡翁不斷提高金額，神秘獎品最貴的是一部 14 吋黑白電視機，也可能是一支洗頭水，一句「要獎金還是要獎品？」成為家喻戶曉的電視語言。1973 年「六一八雨災」籌款一役，胡翁以其真摯、誠懇、圓熟的司儀技巧，創下當時香港最高的籌款紀錄。

無綫電視啟播初期製作未能自供自給，主要播映美國製配音片集：《闔家歡》、《班尼沙》、《愛登士家庭》、《神偷諜影》、《神犬拉茜》、《無敵金剛》、《無敵女金剛》、《國王與我》等甚受歡迎，老少咸宜。當年每集《無敵金剛》配音西片播出時，必播片頭旁白：「太空人，岳史迪，失事之後受咗重傷，經過醫生嘅診斷，認為可以改造佢，令佢變成一個左眼、右手、雙腳都與眾不同嘅超人，呢次改造，卒之成功，岳史迪而家，堅強、敏捷、智勇雙全。」何守信旁述澳洲的《世界冠軍摔角大賽》節目更風靡一時，有善使「毒蛇鑽」的君子馬蘭奴、迷魂鎖李雲、熊抱王柯利昂、白面書生奧地等正派摔角手，扮演邪牌的摔角手有印度之虎戴加星，最鐘意用毒粉撒對手眼睛，另有癲癲得得的狂人般納、黑魔寇帝斯、花花公子加利赫、斬柴佬余高標、毛人陀利奧和人妖梅菲等等，令觀眾為之着迷。《香港電視》周刊中間彩頁曾刊出百多位摔角手照片，更有摔角手到港，出現在《歡樂今宵》，接受訪問。

配音日本劇集有《佳偶天成》、《柔道龍虎榜》、《紅粉健兒》、《青春火花》、《網球雙鳳》、《青年幹探》、《猛龍特警隊》、《盲俠》等，令人津津樂道。節奏緩慢的台灣劇《保鑣》和《神鳳》晚晚連播，「咪住」成為大眾口頭禪。1960 年代播放的《地球保衛戰》、1970 年的《鐵甲人》、1970 年代的《超人歷險記》、《彩虹化身俠》、《Q 太郎》、《叮噹》、《小甜甜》、《飄零燕》、《義犬報恩》、《藍寶石王子》等，皆流行一時，衍生出琳琅滿目的文具和玩具。

1974 年開始至 1979 年間在黃金時間播放的電視劇，例如《芸娘》、《梁天來》、《清宮殘夢》、《小婦人》、《書劍恩仇錄》、《狂潮》、《家變》、《大亨》、《強人》、《奮鬥》、《天虹》、《網中人》等，街知巷聞。劇集主題曲例如《啼笑因緣》、《書劍恩仇錄》、《陸小鳳》、《家變》、《大亨》、《小李飛刀》、《倚天屠龍記》、《誓要入刀山》、《魔劍俠情》、《奮鬥》、《絕代雙驕》、《抉擇》和《網中人》等粵語流行曲，更傳遍香港和東南亞，為一時之盛。1977 年《家變》中，還記得飾演女強人洛琳的汪明荃在鏡頭前流出眼淚的一幕，其演技自此奠定了阿姐地位。洛琳

廣播道 81 號麗的呼聲大廈，分別於 1973 年和 1982 年改稱「麗的電視大廈」和「亞洲電視大廈」（2004 年攝）

髮型更風靡一時，成為不少女士模仿對象。1978 年一張《大亨》的宣傳海報，展示了 86 位演員相片，陣容為一時之盛，但收視麻麻，徐小鳳唱主題曲：「何必呢？何必呢？」劇集主題曲比電視劇更好。

香港市民關於電視機的消費也因時代而發生改變。1967 年無綫電視開台時，黑白電視機價錢為 400 元至 1,700 元，彩色電視機為 3,500 元至 5,000 多元，當時筲箕灣金威樓一個 376 呎單位售價為 18,900 元，一般文員月薪約 300 元。電視機用戶從 1968 年九萬多戶增至 1976 年的八十多萬戶。1970 年代出現租用電視機的行業，港府於 1972 年 4 月 1 日取消徵收電視機的牌照年費 36 元，電視機要到 1980 年代才開始普及。

小結

筆者記得第一套去戲院看的電影是 1968 年的《鬼馬神仙車》。每次父親帶着一家人到戲院看戲，總要在戲院內行上很多段樓梯，在非常危險的高臺座位上觀看，與銀幕相距甚遠，後來才知道那叫做超等，戰前和戰後三十年內有不少大戲院，座位均逾千。每個星期天到茶樓飲茶，看報紙、雜誌和公仔書亦是娛樂，總要在報攤每堆刊物中層抽取一份買來看的，這些會乾淨一些，因為印刷品在收發時總會隨地放置，有一次買了一本冒牌的《小流氓》，內容是把正版的圖畫重組和翻印。飲茶時一份報紙拆開給大家輪流閱覽，各取所需。那時的茶樓有三四層大廳，著名的都在旺角彌敦道，蝦餃、燒賣、鮮蝦腸粉都很便宜，每人一碟一籠。其他點心分甘同味，可以把點心籠堆起幾幢大樓，甚至要放在地上，最後由夥計點算找數，飲茶後就到百貨公司購物。中學時放學後就到茶樓飲下午茶，一個一個房間，每間只有一張枱，很清靜，聽不到茶樓員工推着點心車叫賣，也沒有茶客喧鬧吵耳的聲音，點心即叫即蒸，蓋印記賬。飲茶、看戲、看報紙、行百貨公司，都是戰前戰後的消費娛樂。話語到此，不禁又泛起對亡父的思念，他給予了筆者很多的幸福和快樂。

戰前的大眾娛樂，除了看電影和粵劇，便是在家中聽唱片和收聽香港電台。但當時收音機和唱機售價昂貴，並不普及，娛樂節目也止於轉播粵劇，這是戰前樓宇內的主要娛樂享受。戰後麗的呼聲和商業電台先後開台廣播，廣播劇進入黃金時代，成為市民生活的一部分。其後麗的映聲、無綫電視和佳藝電視先後開台，出現電視機撈飯的黃金歲月。

筆者從小便收聽電台節目，收看麗的映聲，其後見證無綫電視開台，目睹太空人登陸月球，收看以上提及的電視節目，聽唱片和卡式帶，喇叭箱當凳子坐，流行曲朗朗上口。唱針在轉動的黑膠唱片上振動，比數碼光碟更能產生更真實和無限的音樂響振效果，音色圓潤渾厚，自然和諧，很有張力。最初把錄音機放在電視機或收音機前，用錄音帶收錄歌曲和節目，不時重溫，後來又使用新發明的卡式機和錄影機了。相機是筆者的法寶，影音是家兄的玩意，筆者影了很多菲林相，要到影相舖沖曬的，後來又出現了沖曬店，但質素參差，有一些店會騙人，攝影也是消閒娛樂。

「相識多年成知己」、「七月佳視」、「千帆並舉」、「五台山的歲月流聲」，這些電台和電視台的節目是大眾的主要娛樂與集體回憶。除了學校，這些傳媒的資訊，成了筆者汲取知識的主要來源，讓筆者感染文學和藝術，擴寬想像空間、大開眼界，只是升上了中學，忙於學業，已無閒多看電視。1970 年代中期，家中由彩色電視機取代了黑白電視機的位置，後來黑白電視機和彩色電視機，一部接一部被嫲嫲接收，用來在午間長開收看粵語長片和其他節目。現在互聯網流行，電視和電台節目已大不如前，如四周的戰前樓宇般，日漸式微。正所謂：「迎面有幾多變遷，誰知道邊一個先，這裏高山，那裏滄海，在哪天變良田，實在係話變就變，預伏在樂趣前面，前面有千變萬化，不會睇見。」

第十五章
穿梭於舊日街道的華人會景巡遊

現在一年一度的香港新春花車巡遊是由香港旅遊發展局於 1996 年開始舉辦，路線局限於尖沙咀海旁，市民如要觀賞，便要走到街道兩旁佇足欣賞。過去香港市區也曾舉辦了數次會景巡遊，但路線穿插於大街小巷，時間頗為漫長，場面壯觀，滿街都塞滿了觀眾，途經的樓房居民，卻可以安坐家中觀賞，在當時娛樂節目缺少的年代來說，確是盛事。

香港被英國管治的 156 年間，共有四次英王加冕大典慶祝活動，分別為 1902 年的愛德華七世加冕、1911 年的喬治五世加冕、1937 年的喬治六世加冕和 1953 年的伊利沙伯二世加冕。維多利亞女王在香港開埠前四年已加冕登基，但於 1887 年和 1897 年都有金禧和鑽禧慶祝活動，1935 年則有喬治五世登基銀禧紀念。

1897 年維多利亞女王鑽禧慶典

1897 年 6 月 22 日，港府在皇后像廣場舉行維多利亞女王鑽禧慶典，因連綿細雨，閱兵典禮要延至下午進行，軍隊鳴炮 60 響致敬，以代表女王登基 60 周年，中午 12 時 30 分行政局和立法局舉行會議，祝辭佈滿全版報紙，華人團體和教堂均有祝賀，皇后大道中的域多利皇后街口、威靈頓街口和蘇杭街口、文咸東街的禧利街口等處都搭起高大的牌樓。皇后像和海旁一帶綴滿電燈，海上船隻亦掛上油燈和燈籠，場面壯觀。有白加道維多利亞醫院和域多利道作為紀念，並置有奠基石。

1897 年皇后大道中中央街市牌樓

1902 年愛德華七世加冕慶典

1902 年 8 月 9 日，愛德華七世在西敏寺舉行加冕禮，香港同時舉行盛大慶祝活動。由於香港在四日前遭受風災，英王又不幸染病，故縮減了程序，取消了燃放煙花，僅以燈飾展示。可是天不作美，當日不時下着傾盆大雨，雷電交加，居民不能外出觀賞，各處的裝飾佈置都受到破壞。幸好清晨和正午天色晴朗，故行政局及立法局會議、跑馬地閱兵、皇后像前的干諾銅像揭幕、海旁華人時花展覽，以及茶點招待學童等節目，可以如期舉行。港督卜力爵士在九龍京士柏挖了一些泥土，奠放基石作為紀念。晚上 8 時 30 分下雨，燈光黯然失色，九龍半島非常昏暗，港島僅有少數強力電燈能夠綻放異彩，華人冒雨巡遊，海港上只有一隻日本艦隻，艦上懸掛燈色點綴，日僑在雨中燃放煙花，將英國旗與皇冠道具射上天空，靠繫着的小傘徐徐降下，另有五彩火花噴上空中，非常壯觀。

1907 年華人會景巡遊

1907 年華人領袖何甘棠擔任華人節委員會主席，籌備 12 月 5 日至 7 日。一連三日三夜的華人節會景巡遊盛會，巡遊共募得捐款 29,000 元，汽船公司贊助 3,500 元，各戲院贊助 3,000 元，電車公司 500 元，鴉片農場 700 元及其他小額資助，港府亦應要求批准第二日星期五為公眾假期。委員會指出這類遊行已經很久沒有在香港舉行了，應該可以為攝影師提供工作，同時為雅麗氏紀念醫院、公立醫局和預計在 1911 年成立的廣華醫院籌備經費。三天期間，每日早上 10 時至下午 5 時電車停駛。三天早上 11 時和晚上 7 時進行華人會景遊行，路線相同，首數天已有逾十萬人乘坐省港西鄉輪渡到港。

第一日 11 時，巡遊行列由灣仔道二號差館（中匯大樓位置）出發，上灣仔街市（今皇后大道 258 號位置），經皇后大道東到花園道美利操場（長江集團中心位置），直上輔政司署，轉上港督府，經堅道上衛城道到西摩道，轉回堅道，過普慶坊到重慶戲院前（寶慶大廈位置），落普仁街出荷李活道，直過文武廟，到奧卑利街口，落擺花街，入威靈頓街，落德己立街至皇后大道中，直出畢打街鐘樓（畢打街交界），落海旁（干諾道中）向西行入文咸西街，經林士街舊船政廳（西區電話機樓位置）入德輔道中，上砵甸乍街，出皇后大道中至滙豐銀行止。

第二日巡遊行列由灣仔道二號差館出發，上灣仔街市，經皇后大道東，到皇后大道中畢打街鐘樓，至皇后大道西，直至高陞戲院（僑發大廈位置），停鼓樂過雀仔橋國家醫院至正街再開鑼鼓，上第一街西營盤街市（正街街市位置），由第一街街尾落西邊街七號差館（西區裁判法院位置），直往皇后大道西至觀海樓出海旁入德輔道西，直至皇后街口上皇后大道西，入永樂街，直出文咸東街至中環水車館威靈頓街口，入蘇杭街上摩利臣街，至皇后大道中，直至畢打街鐘樓。

第三日由灣仔道二號差館出發，出灣仔海旁（今莊士敦道），由軍器廠街上皇后大道東，直至皇后大道中畢打街鐘樓停鑼鼓，直上雲咸街，過荷李活道，由些利街上士丹頓街，由伊利近街落荷李活道，過文武廟前，直至水坑口，落皇后大道西入文咸西街，出德輔道西直至鹹魚街口，出海旁入永樂街西，至摩利臣街，上皇后大道中至中環水車館，入文咸東街至摩利臣街，入永樂街東，出德輔道中至上環街市口，出海旁向東行至中環，由租卑利街上皇后大道中，落域多利皇后街至德輔道中，上砵甸乍街至皇后大道中，直至滙豐銀行止。

首日天不造美，早上天色昏暗，下午 2 時落着毛毛細雨，愈下愈密，華蓋彩旗、錦衣繡裳盡皆沾濕，人員四散。晚上魚龍燈色亦被雨水損破，無一完整，大煞風景。第二日天色陰翳，列隊行至石塘咀已斷續不齊，加上首夜下雨，泥濘滿路，沾污了衣履。晚上不停下雨，令餘下的魚燈化為烏有。

第三日天色放晴，大眾自然興高采烈，由於過去兩日受雨阻礙，會景中人歸咎於沒有向神靈祝禱，故此是日特別向文武廟二帝祝禱，碰巧天晴，於是欣然相信神靈顯靈。巡行內容包括魚肉、牛羊、果菜、雞鴨等行業所贊助的彩旗，學生扮演的警世人物，以及籌辦盛會的值理人員，排列長約十多里，行程約兩小時。當中以廈門來的女色女樂最為繁

1902 年皇后大道中中央街市外舞龍慶祝英皇愛德華七世加冕

1907 年華人會景巡遊第一日路線圖

華出眾，學生扮演的嫖賭飲吹人物和標語最為警世。金龍和銀龍各長二十多丈，光彩奪目，各由六十多人舞動，穿着華衣繡服的隊員配搭百餘匹馬巡行，更有來自中山的鼓樂隊二百六十多人沿途響奏等等，一片喜樂洋洋景象。

1911 年喬治五世加冕慶典

英王喬治五世於 1911 年 6 月 22 日加冕，香港原定於當日上午 8 時舉行的閱兵典禮，因天氣欠佳，改在下午舉行。及後天色漸見晴朗，電燈燦爛開放，華人提燈依照原定計劃巡遊。新建成的郵政總局懸有 6,500 個紅燈籠，需要僱用 120 名工人，晚上 8 時開始負責為燈籠添置及點燃蠟燭。皇后像廣場亦有多個華人燈籠以供點綴，九龍船塢公司、尖沙咀警署和港督府均張燈結綵，令夜色美麗。

1919 年慶祝和平

1919 年 6 月 28 日，德國與英國、法國和其它協約國簽署了《凡爾賽條約》，標誌著第一次世界大戰正式結束。。英國擬定 7 月 19 日為慶祝和平日期，香港則議定於 7 月 18 日和 19 日舉行慶祝和平活動。7 月 18 日星期五下午 5 時半燃放煙花，6 時 30 分款待軍人，7 時半點亮各項燈飾，8 時燃放煙花，9 時至 10 時龍船出游。當日分任值理在香港大酒店自費午膳，由於天時暑熱，只給予每一位學童一本書冊和一塊紀念徽章，毋需參與戶外活動。7 月 20 日星期日則在聖約翰堂舉行特別祈禱會，紀念由香港開赴歐州戰場的軍人。

7 月 18 日晚上 9 時至 10 時舉行龍船過海表演，五艘串連的小艇上有搭棚築成的長龍，身上掛滿燈籠成為火龍，再由小輪在海上拖行。龍船在油麻地起航，至藍煙囱碼頭（今新世界位置），接着渡海至海軍船塢（今添馬艦位置），經過第一代皇后碼頭（皇后像廣場外海旁），至船政署為止（今無限極廣場外海旁），當火龍出現時，各小輪和船艇要讓出水道。海旁設有兩座收費看棚，以觀賞龍船出游和 19 日晚上的魚燈出游，門票收益用作開支。

7 月 19 日星期六上午 7 時半在木球會閱操，10 時定例局和議政局敍會，11 時在港督府接待外國領事和由戰場回港的軍人，11 時半再接待來賓，正午 12 時鳴炮誌賀。下午 5 時 15 分舉行四輪摩托車遊行。6 時 30 分款待軍人，7 時半燃點各項燈飾，8 時舉行魚燈出遊，9 時半至 11 時在海上燃放煙花。

7 月 19 日星期六下午 5 時舉行和平慶祝日的摩托車巡遊，摩托車巡遊設有車身裝飾比賽，冠軍得獎金三百元，亞軍得二百元，季軍得一百元，有三十輛車參加，華人紳商劉鑄伯、何東、盧舜雲、馬玉山等人都有參與。各部車輛皆被點綴得華美異常，設計別出心裁，有中式花園涼亭花車，也有現代戰艦花車。第一名和第二名分別是英國海軍司令的 3 號車和域多利軍艦管帶的 4 號車，3 號車頂上佇立着八名穿着不同年代海員服的男海員，當中二人持長斧，一人持長銃火槍，一人敲中鼓，中央插一旗幟，車身圍以不同旗幟。4 號車頂放着一艘西式多桅帆船模型，車身圍以彩旗，車頭駐一由小孩化裝而成的獨眼船長。車輛行駛的速度為每小時十里，沿途需要頻頻停車，以免因慢行令到機件受損。晚上 7 時 30 分起陸續收回電車，8 時則全行停駛，11 時恢復行駛。

魚燈巡遊於 7 月 19 日晚上 8 時由跑馬地起步，過馬禮遜山（摩理臣山）海軍醫院，直出皇后大道至打波地（香港木球會，今遮打花園址），轉入德輔道至皇后像前為止，行程約一小時，並有一百多名穿着號碼衣的工人扛舉各種燈飾，計有大魚燈 75 個、別項水族燈 30 個、鳥燈 30 個、獸燈 30 個、燈傘和五色燈籠一大車、用少女拖行的燈火龍船一隻，紙紮名人 30 位、大旋轉珠三具和各國元首肖像，但沒有日本元首肖像，因日本人風俗不會以皇像出遊。又以四隊華人樂隊巡遊，當中有一隊奏西樂的樂隊隨着彩色英皇肖像前進。另外又安排了八音小隊在八座高搭彩樓旁邊演奏，地點分別位於皇后大道中的域多利皇后街口、威靈頓街口、蘇杭街口、文咸東街的禧利街口、永樂碼頭、皇后大道東大佛口、石塘咀和九龍油麻地普慶戲院外的彌敦道，其他地方亦建多座規模較小的彩樓。凡搭看棚者，皆可向入席人士收取入場券費。

打波地至鐵行里鐵行輪船公司一帶燈火輝煌，其他華人大商店亦懸旗張燈，各大洋樓懸掛的大紅燈籠由屋簷直掛至離地數呎，皇后像廣場四面皆豎立得勝拱門，與皇后像皆圍以無數電燈，從畢打街望半山，當中有以電燈綴成「Victory and Peace」英文字樣，山上西人樓宇燈籠的稠密程度不亞於中環一帶。海上則有一艘全船燈火的軍艦，往來的輪船皆燃燈助慶，天星小輪則行駛至凌晨 2 時，對海九龍一帶如尖沙咀火車站等處皆遍掛燈籠。

1919 年灣仔大佛口皇后大道東牌樓和平紀念日

和平慶祝晚上的海面煙花定於 7 月 18 日和 19 日兩日施放，約有 24 種煙花，多是表現出戰時的行動情景，在當時可稱為香港空前未有的大觀。演放位置距離皇后銅像對出五百呎的海面，在海上安置一座浮筏，大火箭亦由該處發射，載人觀賞的小輪不能駛近該處若干距離。7 月 18 日下午 5 時半在海上施放四套煙花，包括一套是英聯邦旗幟，一套獸類和一套火箭。晚上 8 時開始燃放 19 套煙花，最後一套名為「天佑君王」(God Save the King)。7 月 19 日中午 12 時 15 分則在公眾花園 (Public Gardens，亦稱兵頭花園) 演放三套煙花，款式與 18 日下午 5 時半施放的相同，晚上 9 時 30 分則在海上演放廿餘套煙花，場面盛大。

1935 年喬治五世登基銀禧紀念

1935 年，喬治五世登基銀禧紀念慶祝大典計有 5 月 6 日至 8 日一連三天活動，何甘棠任華人會景巡遊籌委會主席，參與巡遊的團體有

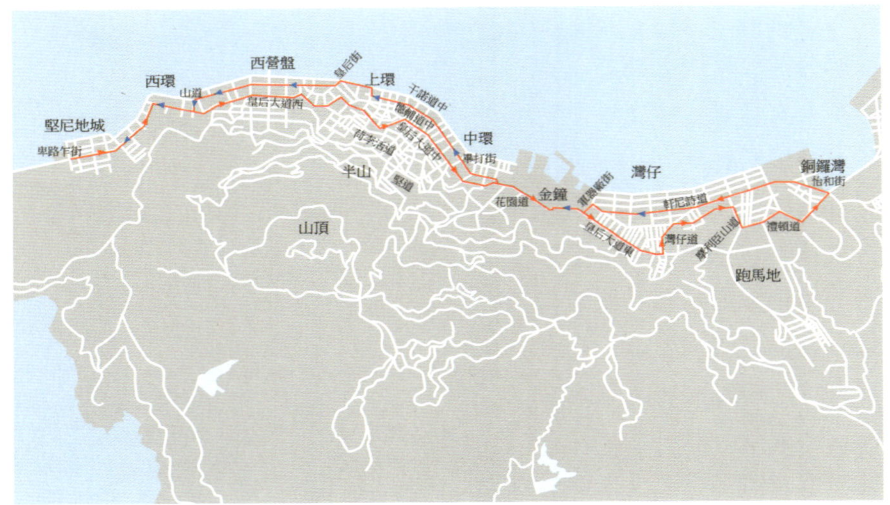

1935 年喬治五世登基銀禧紀念華人會景巡遊第一日日景巡遊路線圖

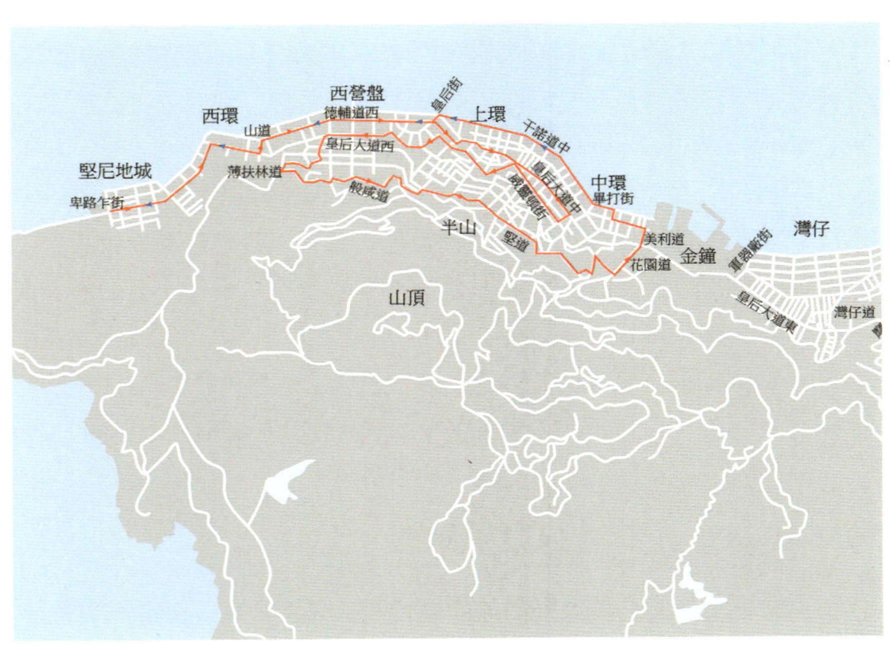

1935 年喬治五世登基銀禧紀念華人會景巡遊第二日日景巡遊路線圖

33隊，包括雞鴨行、果菜行、牛羊行、潮州八邑商會、籐器永興堂公會、華商織造廠總會、客棧行、福建商會、豬欄豬肉行、新舊銅鐵行、雜木行商會、沙籐工商會、當押行、道字究會、同德公會、二天堂、番禺會所、大同酒家、廣生行、何炳記、聯業工會支部、端梅學校、中華百貨公司、中華藥房、金龍酒家、東亞藥房、天一影片公司、保心安、九龍巴士公司、保血蚊香公司、六國飯店、陸海通旅店、彌敦酒店、珠石行、印度商行等。

各行牌樓計有南北行兩座、客棧行兩座（一座在租庇利街口的統一碼頭，一座在皇后街口的三角碼頭），普益商會一座、先施公司兩座、米行公所一座、鮮魚行兩座、鹹魚行兩座、雞鴨行六座、牛羊行一座。共有五條巨龍和16頭醒獅，包括鮮魚行銀龍，雞鴨行的金龍、紗龍和夜龍，豬欄豬肉行和油行的彩龍，鮮魚行銀龍長36丈，5月2日點睛，另外龍獅會在9號和10號在南華球場表演。

因運輸困難和沒有集中起步地點，港府故放棄在九龍舉行會景巡遊。華民政務司敬告市民，謂巡遊路線穿插大街小巷，沿途多有舊屋，居民觀看會景，要注意騎樓，不可過於擠迫，恐怕騎樓不能承擔負荷，會有傾塌危險，特別是威靈頓街和荷李活道一帶，居民要小心防範。另外在巡遊期間，酒樓茶室通宵營業，但禁止各區燃放爆竹和採青，以免造成混亂和災害。5月4日至8日，當局准許小販無牌賣物。從舊照片所見，騎樓站滿觀眾，街道上擠滿了人群，金龍要筆直地擠過，熱鬧情況可見一斑。銀禧大典期內的生意興旺，有24萬名遊客，消費350萬元，一般商人無不喜形於色。有銀禧水塘（城門水塘）作為紀念。何甘棠的次女婿謝家寶拍下片段，可在Youtube欣賞Andrew Tse上載的黑白片「Old Hong Kong — Silver Jubilee Procession on 6 May 1935」。

第一日5月6日上午10時，在聖約翰大教堂舉行祈禱禮。11時，花園道義勇軍總部集會恭讀慶祝英王加冕電文，12時到會者議員、官員、太平紳士及籌委會成員進行致敬禮。晚上8時，全港各大商行和皇后像的燈綵開放。8時至9時30分，陸軍音樂隊分別在皇后像前、半島酒店前、普慶戲院前演奏。陸軍在維多利亞港海上操演探射燈及火箭等項目，空軍表演夜間飛行。尖沙咀小輪碼頭對開發放七款煙花，包括：第一，火箭放上天空時有五色星光；第二，響亮五色碎花；第三，60 呎火花塔，塔頂有皇冠和「皇帝萬歲」四字；第五，50 呎長、20 呎的高戰艦噴發煙花；第五，飛機盤旋空際；第六，花箭吐珠；第七，風車旋轉飛舞。

亦是第一日，華人會景巡遊於上午 11 時起程，由卑路乍街轉上大道西、大道中、大道東至灣仔街市，沿灣仔道經二號差館（今中匯大廈位置），直出摩理臣山道，過禮頓道一號差館（禮頓道 38 號），至加路連山道，直至銅鑼灣電車總站，向西沿電車路過怡和街、利園前面（今希慎廣場前面），經軒尼詩道至軍器廠街，上皇后大道，至木球會（今遮打公園位置），沿電車路至山道，經山道轉入大道西，至卑路乍街為止。

第二日 5 月 7 日，上午 9 時駐港海陸空軍在跑馬地大操場舉行慶祝銀禧大檢閱典禮，軍士計有三千餘人，觀眾數萬人，軍方鳴禮炮 21 響，飛機淩空操演，禮畢步出跑馬地往灣仔駱克道。11 時華人會景巡遊，龍獅中途在港督府表演技術，全球影片公司特將各項情形攝成電影，即日空郵紐約和倫敦兩地。下午 6 時華人夜景提燈巡遊，8 時全港燈綵開放，一輛巴士裝飾成獅子花車，配置五百多個燈泡和紙紮景色，巡遊一、三、四、五號路線。9 時 30 分，海軍軍艦以探射燈表演，空軍表演夜間飛行，日僑總會在海面燃放煙花 100 響，各牌樓高唱八音。

第二日的華人會景巡遊於上午 11 時起程，由卑路乍街轉上大道西，經山道至陶園，沿德輔道西直入南北行街，出文咸東街，直上皇后大道中，至皇后戲院（戲院里）止，由德己立街轉上威靈頓街西行，直至街口何東行，出皇后大道中西行沿皇后大道西至西邊街七號差館（今西區裁判法院位置），轉上薄扶林道到香港大學，東行般咸道、堅道至港督府，入港督府出橫門落布政司署，落花園道至木球會，入美利道美利操場（今長江集團中心位置），轉入遮打道最高法院，繞皇后像出干諾道中，沿海旁西行到永樂街口三角碼頭，轉入德輔道西，沿電車路返回卑路乍街。

第二日的夜景巡遊由吉席街出發，至士美菲路，轉入卑路乍街，入皇后大道西，經七號差館，轉上薄扶林道至香港大學，轉東行般咸道、堅道、上亞厘畢道入港督府，出橫門至下亞厘畢道轉雲咸街，過荷李活道至大笪地，轉落皇后大道西，入皇后街，轉文咸西街，經文咸東街，轉入皇后大道中至木球會，轉昃臣道，落德輔道中，至上環街市出干諾道西，西行至三角碼頭，轉入德輔道西，至陶園出海旁（今堅尼地城海旁）往吉席街止。

第三日5月8日的華人會景巡遊於早上11時30分起程，由卑路乍街經德輔道西電車路至陶園，轉入干諾道西至三角碼頭，由皇后街上大道西至大笪地口，東行荷李活道經大館轉入雲咸街，經牛奶公司落雪廠街，轉東至木球會返回皇后像廣場，出海旁干諾道中，西行經華商總會和上環街市至三角碼頭，入永樂街直行，出電車路直到中環街市，由租庇利街到皇后大道中，轉西直行至乍畏街（蘇杭街），由摩利臣街口轉上大道中、大道西至西環止。

因經過了兩日巡遊，須將殘爛景色抽出，故遲了半小時起程，帶頭的翠龍舞入中央警署，殿後的鮮魚行金龍，則在畢打街口卜公碼頭表演一番。日景得錦標最多者，是雞鴨行的金龍，有42支錦標，其中一支是港督貝璐所投。第二名是中山小雅山房音樂，有28支錦標。刨口製成的夜景有多種，儼如真物，非常神似，例如牡丹、蘭花等。佛山秋色所製的生果亦很精巧。

第三日晚上8時，童子軍及女童軍在跑馬地表演。夜景巡遊由吉席街起程，沿卑路乍街電車路直至皇后街，轉皇后大道至何東行，入威靈頓街，轉出德己立街，出皇后大道中，由大道東至灣仔道，經摩理臣山道、禮頓山道，至波斯富街，轉出軒尼詩道，入軍器廠街，轉入皇后大道至木球會和美利道，轉出干諾道中，至大新公司旁轉入德輔道中，再轉入永樂街，復出干諾道西海旁返回吉席街。夜景魚燈大會，各行夜色加入，美不勝收，計有魚燈120尾，亦有燒煙花。

1935 年喬治五世登基銀禧紀念華人會景巡遊陣容總計

巨龍 5 條	將軍樂 1 副	瑞獅 1 棚	大鯽魚 1 條
醒獅 16 頭	八音 2 隊	三丈長陸上行舟 1 隻	七日鮮 1 條
頭牌 28 個	口琴隊 1 隊	頂大籐椅 1 座	金邊龍脷 1 條
大燈籠 9 對	樂隊 30 人	籐織中英國旗 1 對	大明蝦 1 條
高燈 3 對	文武巡 100 多人	睡佛 1 個	大鱔王 1 條
高照 10 枝	30 人高足 1 隊	瑞獅 3 隻	大鯊 1 條
大旗 36 枝	古裝女子 6 名	豹 1 隻	大柑魚 1 條
橫袛 16 枝	刀棍手 50 餘名	飛龍 1 條	老虎魚 1 條
羅傘 14 把	飛報馬 17 匹	龍珠 4 枝	大烏魚 1 條
帥旗 4 枝	汽車 3 輛	日月 1 對	石斑魚 1 條
大標 6 枝	方亭 20 個	鯉魚 5 條	大響螺 1 個
橫眉 4 枝	仙女散花 1 座	海狗魚 1 條	大群翅 1 條
引彩 1 枝	配景色櫃 24 板	桂花魚 1 條	
旗鑼 6 對	地景燈色 10 台	大嘉魚 1 條	
大鑼鼓 14 副	美圖地色 1 套	大邊魚 1 條	

1937 年愛德華八世加冕慶典和香港開埠百周年紀念計劃

1936 年 1 月 20 日喬治五世駕崩，愛德華八世即任英國國王兼印度皇帝，加冕日期尚未確定，港府已計劃在翌年舉行一連七天的會景巡遊等活動慶祝，以打破以前香港會景巡遊的紀錄，計劃包括建立英王石像，分發加冕紀念茶杯及茶點予香港兒童，分發紀念章予香港市民，舉行舞龍及日夜會景巡遊，在跑馬地舉行盛大的兒童慶祝會，港督府筵開歡宴及晚上放煙花等，同時派員到英國恭賀。

1936 年 5 月，港府中人計劃保留籌備慶祝委員會，參考兩次加冕經驗和澳洲 1933 年的百年紀念大會慶祝辦法，務使慶祝儀式達至香港有史以來的最高峰。慶祝時間為期兩個月，自 1940 年 12 月開始，延至翌年春季為止。慶祝節目中有由倫敦至香港百年紀念飛行競賽；邀請新落成的巨輪英國皇后號姊妹船在下水環遊世界時，以香港為其中一站；將 1841 年英軍佔領香港時的情景，以人物和圖畫宣傳；舉行全帝國屬土來福槍射擊比賽；請求萬國草地網球會准在香港舉行台維斯網球比賽；邀請澳洲、紐西蘭各地派遣足球、木球及哥爾夫球隊來港比賽；在快活谷舉辦百年紀念競走比賽；舉行帝國商業展覽會；仿照菲律賓舉行遠東運動大會等。

1936 年 12 月 11 日，愛德華八世因要迎娶離婚婦人辛普森，有違英國國教的教義，而選擇退位，王位由其弟阿爾伯特繼承。阿爾伯特成為喬治六世，並於 1937 年 5 月 12 日在西敏寺加冕。

1937 年喬治六世加冕慶典

英王喬治六世加冕慶典極為隆重，會景巡遊亦是香港有史以來規模最大的，受到各國注意。霍士二十世紀影片公司在英國把加冕過程拍成影片，以飛機運往世界各地放映，香港則於八天後放映。香港的慶祝加冕委員會主席為華民政務司那魯麟（Roland Arthur Charles North），何甘棠為華人會景巡遊籌委會主席。慶祝加冕大典計有 5 月 12 日至 14 日三天活動，包括三日兩夜的五次華人會景大巡遊。

有七座牌樓慶祝，出會的日夜景款色有 49 行，包括五條巨龍，內地會景來自汕頭、廈門、東莞和江門各處，有百餘人舞動的潮州大百足、百多盞大良魚燈、佛山秋色、番禺飄色、瓊州文昌舞老虎、福建噴火紗龍和時裝表演等等。5 月 11 日至 16 日一連六天，各酒樓食物店通宵營業，小販可以自由擺賣。童軍售賣英王加冕紀念冊，並發售紀念郵票。內地及各方來港參加熱鬧的人，為數二十多萬人以上。以九廣鐵路為例，六日內有四萬多名乘客到港，刷新紀錄，比 1935 年銀禧紀念的三萬三千人還多。

七座牌樓包括金銀貿易場在孖沙街口的一座，南北行在該街兩端各建一座及一座八音棚，廣肇客棧在干諾道中有一座，果菜行在德輔道中中環街市近東門有一座，又在油麻地窩打老道與新填地街交界有一座八音棚，金龍和銀龍酒家分別在該兩處門前各置一座。

各主要建築和各商行張燈結綵，山頂纜車和山頂軍營在山頂用燈泡砌成大皇冠，匯豐銀行樓頂亦有一個用燈泡砌成的大皇冠，中環各大建築物如華人行、皇后行、皇帝行、太子行、喬治行、於仁行，大新、先施、永安、中華等百貨公司，九龍的半島酒店、九龍倉和船塢等，約有二百多萬燈光燭火，皇后像身亦滿燃燈火，總計五萬多盞，一連三晚慶祝。教育司署派發全港學童 77,229 面加冕紀念章，一面刻有英王肖像，一面是大教堂。

5 月 11 日上午 7 時 30 分，鮮魚行的銀龍出發，9 時於文武廟開光點睛，11 時回宮。豬肉行的彩龍和紗龍在上午 11 時出發，12 時 30 分點睛，下午 2 時 30 分回宮。果菜行兩頭瑞獅於下午 2 時 30 分出發，3 時點睛，6 時回宮。酒樓行的金紗龍於下午 5 時出發，5 時 30 分點睛，8 時 30 分回宮。雞鴨行的紗龍在傍晚 6 時出發，7 時點睛，9 時 30 分回宮。潮州同鄉會大蜈蚣，由一百廿人舞動，晚上 8 時出發，9 時 30 分點睛，11 時 30 分回宮。

鮮魚行銀龍點睛時所經路程如下，上午 7 時 30 分由西環吉席街起程，沿卑路乍街轉皇后大道西，直至大笪地上荷李活道，至文武廟，9 時開光點睛後，由荷李活道轉擺花街，由德己立街落大道中，由租庇利街落，過德輔道中，轉入永樂街，過南北行，出電車路，由山道轉回西環回宮，舞龍者均來自四邑慶雲堂。龍身長二百餘呎，三十多節，要百多人舞動。噴火蜈蚣有二十二節，舞士百多人。

第一日 5 月 12 日星期三加冕當日，上午 6 時 30 分，聖約翰大禮拜堂舉行聖餐會。8 時，快活谷香港海空軍舉行二千人的聯合軍事檢閱及大操演，海軍派出航空母艦的 18 架飛機，繞以五彩電燈，日夜淩空表演，有二萬名觀眾，九龍佑寧堂亦舉行祈禱會。9 時 30 分，聖安德烈堂舉行祈禱會。10 時 50 分，灣仔循道會舉行祈禱會。11 時，聖約翰大禮拜堂舉行祈禱會，各界人士可以自由參加。11 時，華人會景巡遊起程。12 時鳴炮祝賀英王加冕。12 時 30 分，行政局立法局舉行會議，由香港播音台在皇后像轉播，議員致電敬賀英王英后，並簽署效忠誓章。下午 2 時 30 分，華人會景大巡遊經過港督府。6 時，華人會景散會。8 時，全港電燈裝飾齊放光彩。8 時至 10 時，全港燈色開放，大放奇異煙花二小時，空軍飛機淩空表演，消防總局派出駐泊統一碼頭和旺角碼頭的滅火輪，在中環對開海面表演噴水花和水球，水柱高達十多丈，並以五彩電燈照射。11 時，駐港英艦燃放火箭歡呼祝賀，配合當時因有時差的在英國的加冕典禮。晚上 8 時至翌晨 2 時，隨意慶祝。晚上 9 時 30 分，港督府舉行中西名流二千人跳舞會。

第一日上午 11 時，首日會景巡遊由卑路乍街起程，入皇后大道西至山道，轉出德輔道西，入永樂西街，由摩利臣街出德輔道中，入雪廠街，轉出皇后大道中，娛樂戲院，過皇后大道西，至七號差館，由薄扶林道直上香港大學，東行經般咸道、堅道，過上亞厘畢道，入港督府，再由港督府出下亞厘畢道，西行經牛奶公司入雲咸街，過荷李活道，至大笪地口，轉入普仁街，再轉保良新街，經育才書社門口而出皇后大道西，東行至皇后街直落海旁，由海旁沿路至吉席街止。

第二日 5 月 13 日星期四上午和晚間都有華人會景巡遊，香港歌詠團在播音台或公開集會中獻技等。第二日華人會景巡遊於上午 10 時由卑路乍街起程，入皇后大道西至山道，轉出德輔道西，入文咸西街，出文咸東街，直至廣源東街口，轉入乍畏街（蘇杭街），由摩利臣街上皇后大道中，向東行上威靈頓街，轉落德己立街，經娛樂戲院，由皇后大道中直至昃臣道，轉出海旁，由海旁沿路回吉席街，是日下午 2 時左右有 30 分鐘微雨。

5 月 13 日首夜會景巡遊於晚上 7 時 30 分自卑路乍街起程，入皇后大道西，至山道轉出德輔道西，入文咸西街，轉上皇后大道向西行到七號差館，沿薄扶林道上香港大學，東行沿般咸道、堅道，過上亞厘畢道入港督府，出港督府橫門落入下亞厘畢道，經牛奶公司入雲咸街，上荷李活道，轉入擺花街，落威靈頓街，轉出德己立街，出皇后大道中，由畢打街出德輔道中，由摩利臣街直出干諾道中，至三角碼頭，轉入永樂西街，出文咸東街，至廣源東街口，轉入乍畏街（蘇杭街），經摩利臣

1937年喬治六世加冕慶典華人會景巡遊第一日日景巡遊路線圖

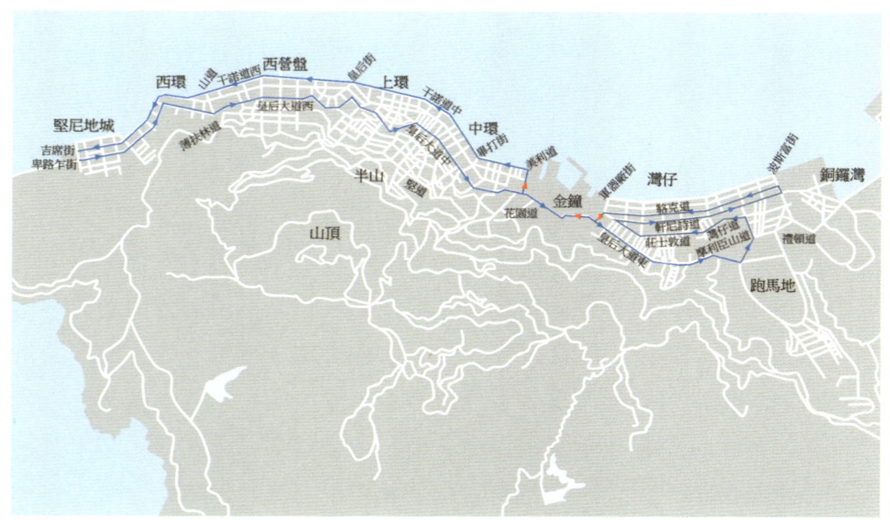

1937年喬治六世加冕慶典華人會景巡遊第二日夜景巡遊路線圖

街上皇后大道中，過皇后大道西，轉皇后街直出海旁，沿海旁回吉席街。晚上維港仍有飛機表演，並發放紅藍白三色煙花。

第三日5月14日星期五，上午11時有華人會景巡遊，由卑路乍街起程，過皇后大道西、皇后大道中、皇后大道東至軍器廠街，經大佛口，轉入告士打道，入波斯富街，入駱克道，轉入軒尼詩道，至機利文街油站轉入莊士敦道，直至軍器廠街，沿電車路經海軍船塢至德輔道中，經郵政總局，由永和街口轉入永樂東街、永樂西街，出德輔道西至海旁，經港澳輪船碼頭至吉席街止。

1937年日景巡遊陣容總計

文武巡146人	橫衪30枝	15人雜音1班	美女騎八獸、
馬步8名	橫旗2枝	五色軍器2套	仙女散花、
隨行50人	大會標1枝	方亭4座	春娥教子、
頭牌21面	號標1枝	景色4板	高足高腳48名
大燈籠7對	錦連標30枝	武裝地色4名	龍珠1對
高照1對	大鑼3對	景色櫃8板	翠龍1條
高燈4枝	旗頭鑼2對	粉閣1座	銀龍1條
大旗7枝	大龍鼓2個	景色車9架	雲龍2條
大單旗2枝	將軍樂2副	龍車1架	彩鳳1隻
三角旗1面	馬步樂3副	陸地行舟1套	老虎2隻
大帥旗2枝	吹號1對	金山法女童色1座	醒獅5頭
七星旗3面	文明樂1副	桃花籃6名	鯉魚2條
長旗2面	獅鼓3套	飛報馬3匹	鱷魚1條
中旗2枝	鑼鼓櫃2檯	四板花車（岳飛大破金兵、越王勾踐卧薪嘗膽、桃園讐結義、文姬姖歸漢）	……
日月旗4枝	鑼鼓站4名		
五鳳旗5枝	鑼鼓6名		
鑼鼓旗1對	24名鑼鼓櫃1檯		
羅傘6把	80人潮州大鑼鼓1班		
彩引1枝	40人音樂隊1班		

1937 年夜景巡遊陣容總計

頭牌 20 個	四方傘 1 把	皇帝車 1 架	導象 1 隻
大燈籠 6 對	華蓋 3 把	皇后車 1 架	鳳凰 1 隻
針口燈 20 對	彩幢 2 枝	公主車 1 架	孔雀 1 隻
燈架 25 個	孔雀屏 1 對	太后車 1 架	火雞 1 隻
高照 2 對	雙龍扇 1 對	國神車 1 架	竹絲雞 1 隻
提燈 8 個	花籃 1 擔	大觀影片公司金屋十二釵花車	鷹雀 1 隻
宮燈 2 對	頭鑼 4 對	汽車 2 架	英哥 1 隻
碧烈燈 1 對	馬步吹 3 班	八寶 8 件	白鷹 1 隻
日月燈 4 枝	吹樂 1 副	龍珠 5 個	彩雀 1 隻
大旗 2 枝	鑼鼓 9 班	紗龍 6 條	白鶴 1 隻
大英旗 1 枝	單打 1 副	雲龍 1 條	橫眉 1 隻
龍旗 1 枝	十一音音樂 20 名	百足 1 條	鯉魚 6 條
鳳旗 1 枝	粉閣 2 座	虎豹 2 隻	金銀鰲魚 2 條
黃麾 1 枝	茶箱 1 個	獅象 2 隻	時果 10 個
獅旗 1 枝	佛山秋色座公仔花籃宣爐碟菊 1 座	麟牛 2 隻	明蝦膏蟹 1 擔
明紗引彩 18 度	高腳人 48 名	熊鹿 2 隻	拊魚桂花魚 1 擔
進步旌 1 枝	天姬送子 1 座	鴛鴦 1 對	荔枝龍眼 1 擔
金節 1 枝	陸地行舟 1 套	飛馬 1 隻	雞心柿黃皮 1 擔
儀仗 1 枝	魚燈 100 條	麒麟 1 隻	香蕉雪梨 1 擔
羅傘 8 把			

第三日下午 4 時，男女童軍在跑馬地舉行聯合大會操。晚上 7 時有華人晚間會景巡遊，晚間巡遊從卑路乍街起程，沿皇后大道西、皇后大道中、皇后大道東至跑馬地摩理臣山道石筆，由禮頓山道轉入灣仔道，出莊士敦道，由中華循道會禮拜堂尾處轉出軒尼詩道，直至波斯富街，轉入駱克道至軍器廠街，上皇后大道中向西行，由美利道轉出海旁，沿海旁回吉席街。

參與日景巡遊的商會有總商會、果菜行、鮮魚行、牛羊行、福建商會、潮州八邑商會、疋頭綢緞行公會、瓊崖商會、織造商會、肉行總商會、當押行、番禺商會、廣生行和金玉樓等。

參與夜景巡遊的商會有香港九龍酒樓茶室西菜茶居飯店聯合會、豬肉豬欄行商會、福建商會、雞鴨行、潮州同鄉會、佛山秋色、黃秋記紮作、金玉樓紮作、東莞黃旬記紮作、電影協會、大觀影片公司、廣生行、六國飯店、大良安興魚燈、何松記魚燈、大良均安魚燈、潮州商會、三山馨社、大良巢溢記麒麟魚燈等。夜景巡遊隊伍長約三英里。

1953年伊利沙伯二世加冕慶典

沙龍攝影公司把香港慶祝英女王加冕會景巡遊拍成新聞片，內容包括港督葛量洪爵士閱兵、金龍點睛、會景巡遊、海上夜景和煙花匯演等，在樂宮戲院和娛樂戲院聯同英國百代公司的七彩電影《天佑女王》一同放映。而英女王伊利沙伯二世加冕慶典，由英國公司拍成七彩電影，定於6月16日晚上在利舞臺戲院獻映，17日開始於大世界戲院公映。巡遊過三星期後，港九36間戲院放映有關加冕特備彩色電影，有25萬兒童免費獲得享受。各區街坊福利會茶會招待5萬名兒童，解說加冕意義和送贈鋁質紀念杯。21座牌樓費用10萬元。兩天活動共用29萬元。華人慶祝英女王加冕會景巡遊委員會辦理活動結束後，將餘款15,000元分贈慈善機構。

1953年香港黑白電影《火樹銀花相映紅》亦加插了大量花車巡遊及燈飾的紀錄片畫面，在活動一個多月後公映，拍攝遊行地點為新樂酒店前金龍和醒獅逗留表演的馬路，馬路的西行線供遊行，東行線是免費看台，劇中演員扮演在騎樓觀賞。謝家寶拍成片段，可在Youtube欣賞Andrew Tse上載的彩色片「Hong Kong celebrated Queen Elizabeth II Coronation in 1953」和Michael Rogge上載的彩色片「Hong Kong Coronation festivities in 1953」。

1953年6月1日，新界北約大埔、粉嶺和上水三地慶祝女王加冕，大埔墟晚上有提燈晚會及二萬人觀看粵劇，提燈巡行行列長達半里。

1953年6月2日，早上時任港督葛量洪爵士在高等法院前檢閱海陸空三軍，播英國國歌行升旗禮，施放禮炮、禮槍，高呼「Long Live the Queen」，空軍亦派機飛掠上空致敬，有各國領事、行政立法兩局和各機關首長出席。禮畢，三軍整隊巡行，經遮打道、畢打街、皇后大道中、昃晨道再入遮打道返回海軍船塢。同一時間，九龍加士居道亦有閱兵，其後巡行沿佐敦道、彌敦道、梳士巴利道止，新界石崗和粉嶺新圍亦有檢閱儀式。港九雙方均有居民夾道參觀，異常擠擁。茶樓酒家的騎樓被認為最理想的看台。長洲於下午5時有會景巡遊、飄色、提燈及舞五丈蜈蚣。晚上粉嶺上水大放煙花。

第一日6月2日會景巡遊當日，早上10時封路，下午2時在跑馬地馬場起程，行列長一英里，沿體育路、摩理臣山道、天樂里、軒尼詩道、皇后大道中、德輔道中、急庇利街、干諾道中、德輔道西，至石塘咀山道以東收隊，金龍和獅子在滙豐銀行前表演。全部行列所經路程約五公里，約須五小時方能完畢，晚上7時左右解散。下午5時為倫敦上午10時，香港廣播電台和麗的呼聲轉播有關英國倫敦加冕典禮的特別新聞，聖若翰教堂和其他教堂亦轉播英國加冕盛事。

所有置有裝飾的建築物、為慶典而建的噴水塔和花園、港督府和21座牌樓，由6月1日至7日一連七晚，亮燈如同白晝。6月2日和3日晚上9時至10時，多艘軍艦在維港大放煙花，配合探射燈表演，並有50呎高的噴射彩色煙花景觀，一晚為大幅女王肖像及其頭上的大皇冠，另一晚是中國式花塔。

第二日6月3日下午2時，九龍舉行華人會景巡遊，加增花車四輛、兩板高蹺和兩頭獅子，其餘是一條金龍和48輛花車、音樂器材等等，合共66項，早於淩晨1時分批由油麻地小輪運至九龍。巡遊路線比港島巡遊短，由界限街運動場起程，轉出彌敦道，直至中間道梳士巴利道工展會場橫街散隊。金龍和醒獅在新樂酒店前表演獻技，過程時間為兩小時半，早上10時封路。巡遊陣容有飛報馬、提宮燈、羽扇、花籃、廣州音樂隊、福建音樂隊、潮州音樂隊、兩頭醒獅及一條金龍。其餘為花車，花車有純以表現加冕者，例如裝有御像王冠；有象徵參加團體的業務者，如廠商會的花車裝有巨輪，而旁邊繪有工廠煙突；有純粹表現該團體的突出製作，例如潮僑團體花車為精巧的民間故事繡像。兩頭醒獅及一條金龍排在最後，金龍有鱗片 5,500 片，4,500 片供各方認購，另外 1,000 片留予出錢出力人士，加冕週全部消費逾五百萬元。

會景巡遊路線漫長，以分散居民觀看，居民亦可在屋內往窗外、或在騎樓和露台觀賞。當局考慮到沿途有很多五十年樓齡的戰前樓宇，有些露台或騎樓，其支柱實欠足夠支撐力量，當 15 至 20 人聚集露台，每人又迫近欄杆，綜合之力量可能使建築物傾頹，引起死傷，而數以百計立於這些露台下的觀眾，亦可能被波及。故警方及工務局派員協助架設臨時竹棚，以阻危樓傾塌，亦呼籲不要過多觀眾聚集在露台內。

1953 年 6 月 4 日，元朗舉行慶祝加冕遊行大會，有市區的大金龍、十八鄉聯合舞動南邊圍的金龍、東頭圍的銀龍、屏山的紗龍及 11 頭麒麟，另有飛步馬宮燈隊行列，「天女散花」和「丹鳳朝陽」花車，各鄉各校學生及各鄉村代表紳商耆老一千多人，全隊行列合共數千人，由元朗坳頭中學運動場出發，沿大馬路至屏山鄉止，有十萬人觀賞。

1969 年香港節九龍花車會景大巡遊

1969 年 12 月 15 晚上 8 時，舉行首屆香港節的壓軸戲花車大巡遊，由界限街運動場出發，經運動場道，沿彌敦道前進，直至海防道然後轉入九龍公園散隊。有 80 萬人沿彌敦道站立，及在樓上或於騎樓等地方觀看巡遊，行程時間約二小時半。巡遊行列長達一英里，計有各商行、街坊會及其他團體花車 42 架，每架長 30 呎，高 12 呎，花車題名有「同舟共濟」、「鼓樂喧天」、「繁華之都」、「得其利是」、「立己立人」、「百萬鉅富」、「普天同慶」等等。另有潮州大鑼鼓、潮州土風舞，亦有軍樂隊、警隊和校隊演奏，有醒獅 24 頭，金龍兩條，火龍一條、麒麟兩隻和鳳一隻、唐三藏取西經、大頭仔 30 個、高蹺 30 人、舞蹈健身操等，人數逾三千，花車放在九龍公園一星期給市民欣賞。茶樓、酒店和公寓出租騎樓房供人欣賞大巡遊，收費 200 元一間房亦非常搶手。港府提示利用騎樓作為看台的市民，應小心防範騎樓負荷過重而倒塌。觀眾亦避免使舊樓容納太多人，或攀登棚架。這次巡遊有 80 萬至 100 萬市民參與，但並無騎樓或露台倒塌事件發生。元朗則於 12 月 8 日在大馬路舉行巡遊，有火炬、花車、軍樂和提燈等。

1971 年香港節九龍花車會景大巡遊

1971 年 11 月 27 日至 12 月 6 日為第二次香港節日期，壓軸戲九龍花車會景大巡遊有三十多輛由各大公司或團體設計的花車，路線和 1969 年第一屆的一樣，晚上 7 時 30 分開始，至 10 時 30 分完成。當局提醒觀眾不要擠滿舊建築物或爬上棚架，騎樓花盆要放好，以免發生危險。會景花車大巡遊有六條金銀龍，數十隻黑獅、黃獅和紅獅，多間學校學生、童軍、英軍愛爾蘭風笛隊和警隊銀樂隊進行演奏和步操，鳳、麒麟、高蹺表演。會景還有有古代人物、化裝、民間舞蹈、八仙、五虎將、小放牛、花鼓舞、單車雜技、燈飾、一帆風順陸上行舟、大刀隊、馬景隊、潮州大鑼鼓弦樂隊、花籃隊、百鳥朝凰等項目，非常精彩。觀禮台設在九龍公園旁聖安德烈堂對面，沿途有 4,800 名警員負責治安，1,100 名民安隊員協助，鑼鼓錦旗，充於路上，彌敦道兩旁樓上居民，紛紛站立在窗前或露台，以爭取有利位置，居高臨下欣賞。這次巡遊約有 25 萬人治途觀賞。同時間，大埔、荃灣和元朗等地亦有巡遊節目。

1973 年香港節九龍花車會景大巡遊

1973 年 11 月為第三次香港節日期，壓軸戲九龍花車會景大巡遊的路線和過往兩屆一樣，巡遊隊伍長達一里，分花車、樂隊、提燈、醒獅和瑞龍五大項及其他表演隊伍。有各大公司、機構和團體的花車 29 輛，五間學校學生的提燈、六間國術會的醒獅，四間國術會、同鄉會和藥廠的瑞龍，和八隊來自學校、童軍、警隊和軍隊的樂器表演等。

1975 年伊利沙伯二世偕同王夫訪港海陸巡遊

1975 年伊利沙伯二世偕同王夫愛丁堡公爵菲利普親王首次到香港，進行為期三天的訪問，這是首位英國君主訪港。英女王於 1975 年 5 月 4 日下午乘皇家專機抵達啟德機場，途經漆咸道，兩旁擠滿市民，只為一睹女王風采。英女王到達尖沙咀公眾碼頭後，登上港督私人遊艇「慕蓮夫人號」，渡過維多利亞港，期間駐港英軍鳴放 21 響禮炮。女王在皇后碼頭上岸，之後在駐港英軍司令陪同下，在愛丁堡廣場檢閱英國駐港部隊。港督麥理浩爵士陪同女王與王夫參加各項儀式，包括欣賞煙花表演、花車遊行及到跑馬地馬場觀賞賽馬，並為「女皇盃」賽事頒獎。

5 月 6 日下午，女王和王夫到香港仔，登上太白海鮮舫特備看台，觀賞漁民在該處石排灣舉行的天后誕水上畫舫巡遊，巡遊隊伍包括 18 艘裝飾華麗的遠洋漁船和 12 艘機動舢舨。四艘躉船成為海上舞台，分別表演羽扇舞、中國舊婚禮儀式、功夫表演和粵劇折子戲《得勝回朝》，幾乎所有在該漁港內停泊的漁船都會齊集賀誕。

5 月 6 日晚上 9 時 20 分，女王和王夫在彌敦道九龍公園旁特備大看台，會同港督伉儷、籌備委員會主席沙利士伉儷，及二千多名嘉賓，欣賞「港九各界歡迎英女王伉儷訪港巡遊大會」。各組織社團負責不同表演項目，首先是軍部的鼓樂和步操，接着是九項傳統色彩節目，包括 113 名學生表演「蓮花仙子」舞蹈；一百名學生提着魚、蝦、蟹、蚌和海浪，擁着高蹺八仙表演《八仙渡海賀壽》;學生以儀仗、花籃、花球、羽扇、蟠桃組成「福壽圖」，會同麻姑、侍女及西王母起舞表演；70 名國術界人士、大頭佛和醒獅表演「瑞獅呈祥」；粵劇名伶和龍虎武師合共 42 人表演《唐三藏取西經》，孫悟空大戰牛魔王，紅孩兒和鐵扇公

1953 年伊利沙伯二世加冕慶典會景巡遊第一日香港島路線圖

1953 年伊利沙伯二世加冕慶典會景巡遊第二日九龍半島路線圖

主變化出十數個猴子猴孫，大打北派，翻騰跟斗，最後獨取芭蕉扇搧滅火焰山，場面非常壯觀。接着是潮州團體安排歌舞表演，還有四頭北獅和四頭小獅表演。最後「金龍獻瑞」由 120 人負責，輪流以 30 人舞動一條 150 呎的金龍。遊行隊伍由海防道轉出彌敦道，以九龍公園旁的彌敦道大看台開始，沿彌敦道向北行至界限街運動場為止。

小結

戰前和戰後初期，物質並不如現今豐富，會景巡遊是大眾主要的大型共賞的娛樂盛事。現在的花車巡遊，可以在電視上收看，年年如是，事過境遷以後不再提起。以陣容、路程、時間和現場觀眾而論，現在的巡遊節慶，與以上華人會景巡遊相比，可謂相形見絀。過去大型的華人會景巡遊，主要由商行和團體支持，陣容龐大，參與人數眾多，浩浩蕩蕩的巡遊隊伍在街道上穿插流動，幾乎把全城作為一個大舞台，街道和兩旁樓宇成了座席和看台，來自廣東各地的會景巡遊隊伍，匯集香港，各具特色，佛山秋色、大良魚燈、潮州梆子戲、噴火蜈蚣、紗龍、金龍、火龍等等，廣東文化，共冶一爐。當中以 1937 年三日兩夜的喬治六世加冕慶典會景巡遊最為壯觀，是香港有史以來規模最大型的會景巡遊，甚至是近代華人地區最龐大的華人會景巡遊，在現今都市，相信再難以進行了。

第三篇

戰前樓宇的
拆除、重建與保育

第十六章
戰前樓宇中的危樓

香港開埠之後，華人最初在市區興建木樓居住，其後用水泥建屋，火災和塌樓時有發生。以「危樓」為關鍵字檢索香港公共圖書館多媒體資訊系統，從 1900 年至 1997 年檢得「危樓」有 3,235 項，「火災」有 3,954 項，「行劫」有 6,076 項，「自殺」有 11,612 項，「中毒」有 3,460 項，「破產」有 2,828 項，「塌樓」有 398 項，「欠租」只有 312 項。每兩宗「行劫」事件，便有一宗「危樓」事件報道，每四次「火災」，便有三次「危樓」，數字頗大。

戰前塌樓二三事與危樓巡查

1933 年 6 月 31 晚上 10 時，跑馬地毓秀街 15 號新建洋樓三樓，一名傭婦和三名小童在騎樓乘涼之際，騎樓突然塌下，傭婦和一名女孩重傷不治，洋樓至今仍在。1936 年 2 月 19 日 9 時，油麻地吳淞街 2 號、4 號、6 號和 8 號舊樓因建築日久，突告倒塌，壓斃 10 名住客，其後又掘出 10 具屍體。1938 年 4 月 15 日早上 8 時 30 分，油麻地上海街 416 號和 420 號塌樓。420 號與 418 號和 416 號都是三層高的舊樓，二三樓住人，地下是商舖，由於先前 418 號業主見其物業岌岌可危，遂拆卸重建，但沒有搭架支撐四面。4 月 14 日，418 號拆至地下即告倒塌，420 號業主遂報告港府，當局令 416 號和 420 號住客連夜遷走。早上 8 時 30 分，418 號地舖後牆倒塌，牽動兩旁樓宇全座倒塌，只餘去年曾修葺過的騎樓，未有人傷亡。

1940 年代，港府派員到各區調查，若果發現危樓，即令業主修建，以保障住客安全。華人代表羅文錦回應港府記者，謂當局飭令業主拆卸修建或稍事修葺危樓，工程大小視危險程度而定，業主可以聘請工程師視察，若工程師證明無危險，可據理向政府申請免除拆卸。戰後遺下大量受戰火破壞的樓宇，工務局經常勸告業主及早在風季前修葺，並呼籲住在危樓內的居民及早遷出，免生危險。

戰後因塌樓而有人罹難的報道

1946 年 7 月 3 日下午 6 時 40 分，灣仔莊士敦道 136 號發生塌樓慘劇，兩人罹難。136 號與相鄰十數間樓宇於戰時受到破壞，行人皆人心惶惶。136 號業主請人修理舊樓，不料三樓騎樓突然倒塌，磚泥下壓波及二樓騎樓，兩名店員慘被壓死。警方把道路封閉，以免車輛駛過時產生震動，影響樓宇再次倒塌。

1946 年 7 月，工務局經過派員調查各區危樓，發出超過一千份拆樓通知書，局方稱會繼續派員調查，以確保住客安全。至於不遵法令拆樓的事件，則檢索得到 1947 年 2 月的首次報章報道，地點為石水渠街 11 號至 13 號舊樓，四名業主分別被罰款 500 元和 200 元，並限令於 14 日內將危樓拆卸，否則可能每天罰款 20 元。

1947 年 7 月 3 日淩晨 4 時許，德己立街和安里 16 號舊樓在大雨中全座倒塌，造成十多人被壓死，二十多人受傷。此為筆者於多媒體資訊系統中檢索得到的一個最早因全座樓宇倒塌引致人命傷亡的慘劇。和安里有 18 幢四層高單邊瓦頂超齡舊樓，最後的 17 號和 18 號早已因戰時歹徒偷拆木料而倒塌。16 號因無倚傍，故左壁已現裂痕。二房東以月租 50 元承租，四樓住客十餘人，三樓五伙約二十人，二樓六伙有二十餘人，樓下四伙，約二十人。和安里 16 號和 17 號於 1948 年 10 月建成兩幢四層高、一梯相連的樓宇，每邊單位面積 407 呎。18 號街號取消，其餘街號在 1970 年開始重建，距離 1947 年塌樓事件已過了 33 年，可見和安里這一列戰前樓宇只要未經破壞，時有修葺，是可以經歷風風雨雨的。

和安里塌樓慘劇令住在危樓的人存有戒心，一旦樓宇有灰泥墜下，為防患於未然，民眾會迅即報警查驗，亦有租客先行僱請建築工人修葺，費用則在租項扣除，業主無詞反對。其實樓宇倒塌，業主和租客都有損失，但房屋短缺，建築材料價高，修葺費至少要五六千元，改建費則要一二萬元，戰後民生苦困，業主亦不一定有錢修葺或重建舊樓，只能暫時以三兩根大杉木支撐。

1947 年 6 月，《德臣西報》報道住在危樓內的居民也要交租予業主。大概一家人住在危樓內數張床位大小空間要交 30 元月租，牆邊一個床位要交五元租金。有樓宇的門窗已散失，僅以破布麻包袋遮蔽，有些舊屋木樓梯早被盜走，居民要用竹梯或繩索上落。有些在牆邊用木板、錫鐵和厚紙皮自行搭建的茅舍，也要納租 15 至 40 元。亦有貧民在廢墟上席地而卧，食水有賴街喉供應，衛生環境惡劣。

1950 年代的危樓居民迫遷事件

1950 年代港府以危樓為理由迫遷住客，首次涉及大量相連樓宇。由於《租務條例》規定，除因租務問題外，不能迫令住客遷出，但工務局對可能危及公眾和住客安全的樓宇，會飭令業主修建或重建，但業主不能以租務問題以外的理由迫遷租客，以進行維修或重建。港府遂於 1949 年 10 月 19 日修訂《租務條例》，規定對住客或行人構成危險的樓宇，屋宇管理當局或業主可要求法庭頒發迫遷令。

1950 年 8 月，根據法例，港府限令香港仔東勝道 1 號至 14 號 14 間三層高危樓四星期後全部封閉，14 間樓房 128 戶約六百名居民被迫遷，以便重建為 1 號至 23 號 12 幢樓宇，事件是首宗以危樓為理由迫遷涉及大量相連樓宇住客的事件。14 間危樓樓齡不到 26 年，是均益貨倉公司的物業。業主答允批出屋後空地給住客架設屋宇暫居一年，但住客謂建屋費用以 3,000 元計，要求五年未獲答允。港府則答應住客把香港仔天后廟背後公地供以搭屋居住，共建 72 間木屋，每間建築費約 500 元，樓下商店則要與業主商討。1951 年 11 月，香港仔香島道 12 號至

27 號一連 15 間兩層高樓宇被定為危樓，大業主迫令 27 個二樓單位約三百名住客遷出重建。1957 年 6 月大雨成災，港九共有四十多幢房屋成為危樓，港府劃出洗衣街、大坑東和界限街三地供災民搭建木屋暫時棲身，一日間已有 103 戶人家到上址動工搭屋，當局贈予每戶五個青油桶和 70 斤木材助建寮屋，但亦要自費百多元才能建成一間。

因危樓被迫遷，頂手費亦不會發還。1955 年 8 月，旺角運動場道 9 號三層高戰前新型洋樓，樓齡只有 15 年。因 4 月時風雨影響致使騎樓倒塌，牽動二三樓亦受毀壞，相鄰 11 號和 13 號亦因天雨出現裂痕，故業主以危樓理由下令三間樓宇住客遷出重建。住客要求賠償不遂，業主答允重建後的三間五層高樓宇，租客可以優先租住，但租金另議，住客所付的數千元頂手費亦不會發還。至 8 月時只有 11 號和 13 號地下租客未搬，但業主表示不搬也要搬。

1955 年 8 月，港府通過了《業主與住客（修訂）條例》，業主可以用「六十倍標準租金的補償額」予住客，收回舊樓重建。港府為鼓勵重建舊樓，增加住屋單位，放寬一些住宅區的樓宇面積規限，過往地契訂明的不准建高過三層的樓宇，已放寬至可以興建 12 層高的大廈，地產炒賣即時熱鬧起來，同時亦帶動地價上漲。

1957 年 4 月 10 日，港府打算提出修正《業主與住客條例》，業主依照法例申請將殘舊樓宇（指危樓）收回重建時，住客可以因此要求補償，以往藉危樓迫遷住客是沒有賠償的，港府認為把迫遷住客分為兩類是不公平的。若果危樓封閉後重開，住客是有權返回樓宇居住，但要在遷出時向業主提出，租金不變。假使住客在樓宇解封後七天內不回去居住，也不通知業主撤銷要求，業主有權向住客索取一個月租金。

碧街危樓迫遷事件與廉租屋安置政策

1959 年 6 月 16 日，受連天暴雨影響，油麻地碧街 1 號至 19 號 10 幢四層高舊樓被定為危樓，原先被認定為危樓的只有 1 號至 3 號，因 1 號後牆倒塌，警方勸令三幢樓的 437 名住客遷出。不料其餘七間亦出現

1947 年德己立街和安里 16 號全座倒塌，造成十多人死，二十多人傷，是現存最早報道因全座樓宇倒塌引致人命傷亡的大慘劇，現址於 1948 年重建入伙（2025 年攝）

1950 年，港府限令東勝道 1 號至 14 號 14 間危樓四星期後全部封閉，以便重建為 1 號至 23 號 12 幢屋宇，事件是以危樓為理由迫遷住客涉及大量相連樓宇的首宗（2004 年攝）

險象，警方遂把 10 幢樓宇封閉，一千四百多名租客撤離，大部分住客轉依親友處，但仍有四百多人在德昌街露宿。其後工務局下令於 6 月 18 日開始清拆，居民獲准在黑布街蓋搭寮屋暫居，危樓遷出人數破過去 1957 年香港仔東勝道危樓迫遷六百多人的紀錄。1959 年 11 月，皇后大道西 24 號至 38 號九間 60 年四層高木樓被定為危樓，總計 27 層樓房一千多名住客無償搬遷，樓宇限期拆卸。1960 年山道 56 號至 64 號五幢五層高樓齡約三四十年的樓宇被定為危樓，總計約有七百多名住客被迫遷，大多數人在街頭露宿。

1959 年碧街 1 號至 19 號十幢屋宇被定為危樓而被封閉，1,400 多名租客撤離，1962 年間重建完成入伙（2025 年攝）

1959年10月，港府採取興建廉租屋政策，以租金極廉的房屋供應低收入居民入住，凡居住於有即時或潛伏危險樓宇的居民，可獲得優先權。港府稱當時的住屋問題，不僅在於重新安置居住於低水準及過度擠迫環境的居民，危樓問題亦必須立即處理，藉以減少塌屋事件的發生和重大生命傷亡。港府引述碧街十幢危樓致使一千四百多名居民緊急疏散事件，認為必須為居住環境惡劣的低薪居民進行更積極的努力，興建廉租屋以安置他們。私人企業可以為月薪900元以上人士提供住所，至於月薪300元至900元的人士，則由屋宇機構方面供應所需。危樓遷出的住戶首先可獲分配廉租屋居住。調查發現約有70%住宅樓宇的居民，居住環境較徙置大廈為差。廉租屋月租24元至30元，因收地而失住所的居民亦可優先居住，入息500元的家庭可能有希望入選。

當局參考房屋問題特別委員會的報告書後，認為供應一種新型房屋予「月入300元以下」的居民有迫切性，決定徙置事務處不獨徙置木屋區居民，還要負責重新安置住宅樓宇的若干居民。首座安置危樓居民的廉租屋於1960年在黃大仙興建。社論謂過去港九新建的房子不是為入息優厚的居民打算，就是為經歷一部分木屋拆卸或火災的居民提供收容所，收入百多二百元的居民，極少有人替他們的居住環境設想，港府興建廉租屋讓低收入人士得到應有的照顧。

1960年代危樓事件與《已拆卸建築物（原址重新發展）法案》

1960年3月港府年報指出，港九兩地尚有60年或以上樓齡的樓宇二萬層，全部於1903年之後建成，港島中區有七千多層，古老樓宇的特徵，除大部分使用木樑外，連樓梯也用木製，最易發生火災。

1963年，港府三讀通過《一九六三年已拆卸建築物（原址重新發展）法案》，以代替《一九六一年已拆卸建築物（原址重新發展）法案》，與其對舊案作修訂，不如另訂新例。新例目的不變，就是使受拆卸令影響或受火災和其他災禍影響，而無家可歸的住客，可向租務法庭申請，或與業主取得協議而獲得賠償。1961年法案對賠償沒有定限，金額為該物業拆卸後其地皮價值減去舊有物業價值差額的一半，例如一座有住客舊樓全座售一萬元，而拆卸後的空地值二萬元，則業主應交 5,000 元予政府，由港府用於補償和另建房屋以安置無法搬遷的住客。1963 年的法例則規定業主不須拿出超過其物業增加的價值數目的款項作為賠償，雙方協議除外。

「物業增加的價值」的含意是指物業交吉時的市價與該物業在拆卸令未發出時、或受災前有人居住時的市價的差值，這一差值將由工務司估定。租務法庭在判定賠償額時，是不會考慮物業的增值。若果業主或住客不同意，可以上訴。如果地值沒有增加，意即物業在交吉時與有人居住時的地價不變，業主可以不付補償費，雙方協議除外。這規定也是回應，樓宇已成危樓或因災禍拆卸而再無發展的價值，則業主仍需要付出超過該空置地盤價值的補償費，這一點是不大合理的。

危險的樓宇，或因火災及其他災禍需要拆卸的樓宇，都可由工務局長通知進行重建。工務局長可在指定的時間內命令該地段再行發展，如業主反對這個命令則有權上訴，住客和業主如果不滿意裁決，可以向港督提出上訴。若政府取回地皮，補償由港府支付。業主須在指定日期前在舊樓地皮上重建新樓。港府計劃在官塘和黃大仙等地大量興建廉租屋。

1963 年 3 月 13 日，報章報道禧利街 12 號舊樓拆建時進行打樁，引致禧利街 8 號和 14 號，以及背後相貼的畢街 5 號、7 號和 9 號，合共五幢木樓牆壁破裂，變成危樓，須於 4 月 9 日前拆卸。二十餘戶 183 人奉命遷出，露宿街頭，在騎樓底棲身，商號貨物暫放街頭。事件為筆者於多媒體資訊系統中檢索得到的最早因打樁影響成為危樓的事件。受影響居民四日後獲徙置事務處協助，暫遷柴灣區街坊福利會側，以石棉瓦搭建的臨時屋宇居住，其後獲安置於柴灣新區臨時收容所，日後將徙置於摩理臣山，由當局撥地自建房屋居住，西區扶輪社亦撥款救濟，每戶獲款 100 元。

因打樁影響成為危樓的事件接踵而來，1963 年 3 月 24 日，尖沙咀漢口道 4 號四層戰前舊樓因隔鄰打樁成為危樓。4 月 3 日，黃泥涌道 9

號、15 號和 17 號三幢四層高戰前洋樓受 11 號和 13 號地盤打樁影響成為危樓，12 層住客約三百人被迫遷，樓宇約建於半世紀前，尚可居住一二十年。4 月 7 日，干諾道中 22 號樓齡有四十多年的四層木樓受 23 號打樁影響成為危樓，三十多伙住客被迫遷。6 月 26 日，筲箕灣道 187 號和 189 號兩幢三層高戰前樓宇受 183 號和 185 號打樁影響成為危樓，百餘住客遷離。7 月 18 日，利源東街 28 號三層木樓因隔鄰打樁成為危樓，利源東街因封路分成兩段，小販們同聲叫苦。7 月 20 日，油麻地長樂街 1 號三層舊樓和彌敦道 322 號、324 號和 326 號三幢相連舊樓，因打樁成為危樓……

1963 年 7 月，報載德輔道中 473 號、荷李活道 31 號和筲箕灣道 187 號和 189 號等危樓的居民，約有三百餘人被限令從柴灣難民收容所遷往摩星嶺山腰，居民以環境荒蕪偏僻為由反對。10 月，二百餘名危樓居民被徙置往摩星嶺山邊木屋，木屋由教會興建，共 26 間，租金五元，兩年後歸住客所有。

1963 年 9 月 30 日，依據《一九六三年已拆卸建築物（原址重新發展）條例》，出現香港有史以來的第一宗危樓住客獲得申請賠償的案例，舊樓是德輔道中 257 號，樓下是經營了三十多年的公團飯店，樓上三層為長發棧旅店，由於隔鄰拆卸以興建嘉華銀行大廈，舊樓成為危樓。公團飯店獲補償 45,000 元，長發棧旅店獲補償 40,000 元。

1964 年 11 月，有關當局發表了「管制權宜住所」白皮書，決定於郊外闢設「特准（安置）地區」，準備安頓大量從危樓裏搬出來的住客。同月，港府公佈當年危樓數字，危樓數字大幅增加。第二季有

1963 年德輔道中 255 號舊樓因隔鄰拆卸成為危樓，住客獲得申請賠償，是香港第一宗危樓住客獲得申請賠償，現址為 1992 年入伙的錦甡大廈（2025 年攝）

109 幢危樓，合共 325 層被封閉，平均每月約有 36 幢，被迫遷出的居民有 11,710 人。第三季有 101 幢危樓，合共 368 層被封閉，平均每月約 34 幢，被迫遷出的居民有 8,067 人。另有不完全統計，在十月份一個月內，港九出現的危樓有 50 幢。官方早前公佈自 1963 年 11 月至 1964 年 6 月的八個月內，被封閉的危樓共有 206 幢，平均每月約 25 幢，而 1964 年 10 月的危樓數字增加了一倍以上。一部分危樓屬年久失修，或因受鄰址打樁影響而出現，另一部分舊樓因受颱風暴雨襲擊而損毀。

1980年代以來市區重建計劃改善居住環境

1985年，港府為配合市區重建計劃，將油尖旺區50幢樓宇收回拆卸，包括7幢危樓和43幢戰前樓宇。這數十幢收回的舊樓土地，預備發展為政府及社團用地和休憩土地。港府指出這類舊樓在午夜收糞車收取馬桶廢物時會發出噪音，擾人清夢，加上旱廁及用這種方法處理糞便不合衛生，舊樓的騎樓伸出馬路亦會阻礙交通。而市政署用昂貴人力為少數人服務，故定下期限拆建以節省資源。

1991年2月7日，因白蟻為患和日久失修原因，港府將李節街2號至16號和9號至19號12幢三層高已有七十多年樓齡的戰前舊樓列為危樓，限令整條街12幢危樓80戶約二百多名住客於3月7日前遷出，住客被房署安排入住華富邨和柴灣邨，後延至4月3日，仍有17戶拒絕遷出。事件為1997年以前香港最大規模的全街危樓迫遷事件。原址於1994年建成樓高30層的李節花園和供公眾使用的休憩花園，路段成為私家路，24小時有物業管理人員守衛，只限住戶車輛出入，花園內豎立了仿照原有舊樓而重建的三幢相連騎樓。

1991年9月19日，中區永安街12號及28號，及機利文街11號，被列為危樓，永安街22號、24號、26號和28號，及機利文街21號及23號，可能成為危樓，樓宇均為兩層或三層高戰前樓宇，港府打算將該區作市區重建。永安街俗稱花布街，街內全是布疋商店，大部分都有數十年歷史，店舖租金一般頗低，其中不少都會因為不能負擔另租舖位的昂貴租金而面臨結業或縮小規模的危機。即使港府提供舊上環街市北座18個百多呎的舖位，租金也要9,500元，另需管理費和雜費等，與當時2,000元租金有天壤之別。

該區是香港開埠初期開發較早的中心商業區，至1980年代嚴重老化。有見及此，早於1988年，土地發展公司決定重建該區，收地以興建中環中心，範圍包括皇后大道中、租庇利街、興隆街、同文街、機利文街及永安街，歷時 12 年才告完成。土地發展公司於 1988 年根據《土地發展公司條例》成立，自負盈虧運作，專責市區重建，避免市區環境繼續惡化，並改善舊區的居住環境，2001 年由新成立的市區重建局取代。

1991 年 2 月 5 日，屋宇地政署表示對有關 970 幢戰前樓宇的勘察工作在月底完成，所有戰前樓宇沒有即時性危險，但差不多全部都需要維修。

小結

幾多往時夢，幾許心惆悵，危樓住客要即時遷出，突如其來地別了昔日家，不期然地激起心潮千百丈。香港自 1841 年開埠至二戰這一百年間，已有樓宇老化問題存在，樓宇倒塌的慘劇時有發生。戰前樓宇經歷戰火歲月，戰後香港經濟起飛，市區樓宇不斷重建，踏入 1990 年代，仍時有戰前樓宇被列為危樓和住客被迫遷的事件發生。危樓的產生除了樓宇老化、日久失修、戰火破壞、風雨侵蝕和火災等因素外，更有 1963 年因打樁「被危樓」的事故陸續出現。

港府雖然立例保障住客權益，免受迫遷之苦，或因迫遷而得到補償，但原先因為危樓或災禍原因被迫遷是沒有補償的，要到 1963 年港府訂立《一九六三年已拆卸建築物（原址重新發展）條例》後才有相關的補償。1959 年碧街危樓迫遷事件，促使港府興建廉租屋以安置居民，1973 年香港房屋委員會成立後，廉租屋與徙置大廈歸其管轄並統一管理為政府出租公共房屋。日子不斷過去，危樓已不單出現於戰前樓宇，1977 年 3 月 23 日，有落成僅六年的觀塘信昌工業大廈突遭封閉並宣佈為危樓的事件。1980 年代更出現 26 座問題公屋醜聞，這卻是承建商偷工減料所引致，是人禍。

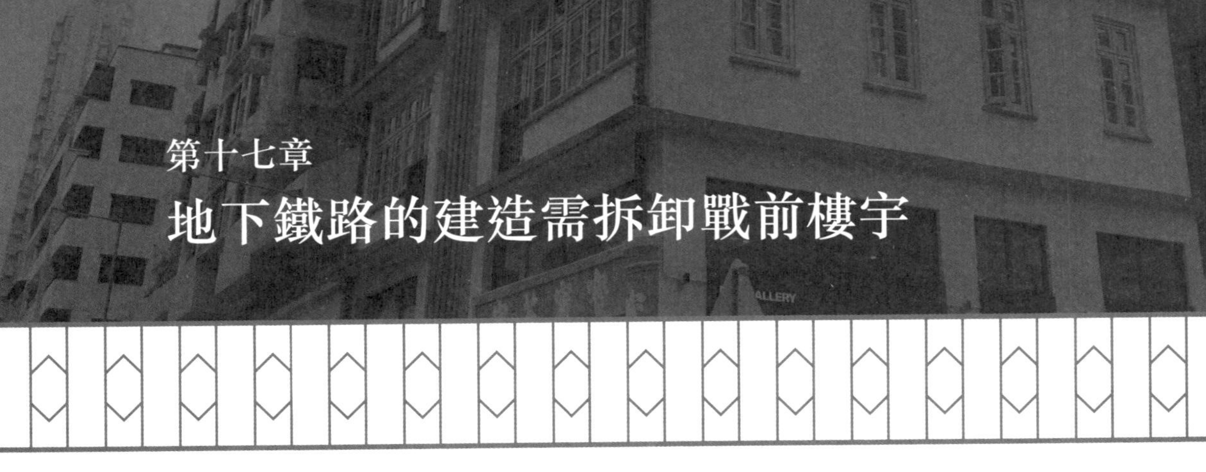

第十七章 地下鐵路的建造需拆卸戰前樓宇

地下鐵路的興建準備

1964 年，港府鑒於香港經濟急速發展，人口陸續增加，公共運輸需求愈來愈大，故邀請了倫敦運輸委員會及道路研究實驗室（London Transport Board and the Road Research Laboratory），成立公共運輸調查小組（Passenger Transport Survey Unit, PTSU），為香港交通發展進行研究。1967 年發表《香港乘客運輸研究》，建議興建集體運輸系統，以解決因人口增長所致的交通問題。1967 年 9 月，英國的費爾文霍士顧問工程公司發表《香港集體運輸研究》，提議興建地底鐵路集體運輸系統（地下鐵路系統）。1970 年，顧問公司發表《集體運輸計劃總報告書》，提出建造鐵路的具體計劃。1974 年初，日本財團簽署了承投工程的意向書，但因同年 11 月的中東石油危機問題，日本財團對投資前景缺乏信心，遂於 1975 年初退出。港府將早期系統縮減，並放棄單一承建合約的做法，將工程分為 35 個工程合約來分散風險，以加快興建效率。港府亦成立全資擁有的地下鐵路公司，地鐵公司亦批出沿綫多個地產發展計劃，以融資建造鐵路。

1974 年，港府為興建地下鐵路做了很多準備工作。在興建地下鐵路期間，有多條道路改道，改道前要興建天橋疏導。港府興建了塘尾道天橋，以疏導彌敦道交通，興建前收回塘尾道和亞皆老街一塊 34,000 呎的土地，包括把區內的 60 戶人家遷往何文田邨，七間工業建築物及七間商店或商住樓宇得到賠償，區內 20 個小販檔遷往上海街臨時街市。港府頒佈《一九七四年集體運輸鐵路（收回土地及附帶規定）法案》，地下鐵路工程可在樓宇門外三呎處挖掘，若干大廈通道被徵用作為 24 小時開放的行人路，規定可進入或通過私人的土地以及物業，以進行築建隧道工程，甚至移去障礙物，被收回物業業主可依事下市值賠償，不得反對。若果重新發展的物業圖則與地下鐵路有衝突時，當局亦會拒予批准。港府拆遷牛池灣村約三萬平方呎樓宇，徵收一萬平方呎農地以興建地下鐵路（彩虹站範圍）。石硤尾站位於窩仔街，該街早經保留作為道路用途或未開發，故無任何樓宇影響。

地下鐵路主要在馬路底下興建，興建時架設臨時支架，讓車輛駛過。為減少交通擠塞，地下鐵路於挖掘時分兩邊進行，先掘一邊，造好後再掘另一邊。港府沿彌敦道有五個車站，相隔四分之一哩，沿途需要拆除樓宇的光管招牌和僭建的花籠花架，部分鄰接的戰前舊樓或騎樓需要清拆。例如彌敦道 216 號至 228 號兩幢四層高建於 1934 年的戰前舊樓（1982 年建成恆豐中心）要拆騎樓，208 號至 212 號舊樓（1979 年建成四海大廈）亦受影響。港府又要重建街道，例如介於醫局街和通州街的一段北河街，以及介於荔枝角道至通州街的一段桂林街。1974 年，港府興建堅尼地城新市場，以遷置上環果欄，另外收購德輔道西附近 12 幢戰前舊樓，住客獲公共房屋安置，估計有一萬名居民因地鐵工程而獲安置。

1975 年 11 月，中環至觀塘綫動工；1979 年 10 月 1 日，觀塘綫觀塘至石硤尾段通車。1985 年 5 月 6 日，九龍塘地下鐵路和九廣鐵路交匯處開放使用。1978 年 11 月荃灣綫荃灣至太子段工程展開，1982 年 5 月 10 日通車。1982 年 3 月，上環至柴灣的港島綫開始興建；1985 年 5 月 31 日，港島綫金鐘至柴灣段通車。1985 年 12 月觀塘至鰂魚涌段工程啟動，1989 年 10 月 1 日通車。

因興建觀塘綫受影響的樓宇

1975 年，港府頒佈《一九七五年集體運輸鐵路公司法案》，允許地下鐵路晚間施工，其干擾不受法例限制。由於興建地下鐵路，港府展開收地。同年5月，深水埗兩幢建成不到一年的大廈，因鐵路要在下面地底通過，需要拆卸。兩座大廈分別是大埔道2號和4號的泰安大廈，樓高14層，樓齡九年；及西洋菜街205號和205A號的一座唐樓，高11層，樓齡七年，分別有700人和200人受影響。相鄰三座四層高的戰前舊樓，包括西洋菜街197號和199號、201號和203號、207號和209號亦要清拆。最後港府於1976年4月接收兩幢大廈，住客被安置於公共房屋，免租金二個月，不另賠償。

受工程影響的彌敦道、大埔道、沙福道和觀塘道樓宇的有關人士，紛紛到政府合署查閱圖則，對可能受影響表示關注，受興建地鐵影響的樓宇共48個單位，相連樓宇16幢，政府物業和木屋不計其數。中區郵政總局、海事處大樓都要清拆，九龍的凱悦酒店地下是一個地鐵站出口。被當局收購或改建以利地下鐵路建設的樓宇主要在彌敦道，計有：

彌敦道 208號至212號、221D號和221E號、308號和308A號、480號、498號和500號、580號和582號、756號至756E號、776號和778號、781號和783號、795號和797號、794號至820號

大埔道 2號至8號

西洋菜街 187號至209號

觀塘道 379號和381號

另外石硤尾上邨和鑽石山上元嶺部分木屋亦受影響，必須拆卸，在西九龍範圍的大部分是戰前舊樓。

因興建車站受影響的公共設施

在施工期間，九龍區的七個車站即尖沙咀站、佐敦站、窩打老站（油麻地站）、亞皆老站（旺角站）、太子站、九龍塘站、黃大仙站和觀塘站附近480個街號樓宇的公共設施受到影響，例如水電供應。受影響的樓宇包括：

彌敦道 35 號至 101 號、46 號至 90 號、215 號至 311 號、214 號至 306 號、491 號至 547 號、524 號至 548 號、639 號和 771 號、634 號至 684 號、751 號至 799 號、彌敦道 772 號至 794 號、

麼地道 1A 號至 11 號

海防道 53 號和 55 號

金馬倫道 1 號和 2 號

佐敦道 13 號至 17 號

寶靈街 1A 號和 1B 號、2 號至 6 號

文明里 2 號至 6 號、15 號和 17 號

窩打老道 9 號至 21 號、30 號至 42 號

碧街 44 號至 48 號

奶路臣街 6 號至 6C 號、13 號和 15 號

亞皆老街 49A 號至 65 號、4 號至 22 號

砵蘭街 267 號和 269 號、240 號和 242 號

快富街 9 號至 25 號、10 號

沙福道 1 號至 12A 號

黃大仙下邨徙置大廈 第一座第七座、第八座、第九座、第十座和第十一座

觀塘道 316 號至 438 號、377 號至 487 號

1976 年，港府估計受地下鐵路工程影響而需要搬遷的居民有二千多人，包括彌敦道 18 幢樓宇和牛池灣木屋區，人數各佔一半。為了興建地下鐵路，彌敦道有九棵百年大榕樹被砍去。地下鐵路當局答允把施工地盤木板圍牆的上截改為透明膠片，以增強行人安全和防範偷竊。

因興建地鐵而出現的險象

1977 年 9 月，受地鐵工程影響，彌敦道 491 號和 493 號樓高 17 層的展望大廈出現傾斜，並出現八層高的明顯裂縫。自地下鐵路動工近兩年間，19 個地點的建築物出現險象，例如地陷，但無結構危險。1976

年有摩士公園泳池、樂富站範圍的聖博德小學、坪石天主教小學、蒲崗交匯處、龍翔道木屋區、西洋菜街、旺角站範圍的彌敦道 634 號至 720 號。1977 年有油麻地站範圍的彌敦道 492 號至 598 號、地下鐵路公司策劃部、奧本斯軍營、紅棉道天橋、石硤尾大坑東道和窩仔街交界、彌敦道 206 號、佐敦站範圍的彌敦道 210 號至 310 號、香港會所、最高法院，尖沙咀彌敦道 44 號至 84 號、文華酒店及太子大廈的行人天橋、以及旺角匯豐銀行大廈等。1977 年 9 月，鴉蘭街與太子道之間的一段彌敦道發生地陷，當時主要處理方法是以灌漿手法用混凝土填補地陷出現的洞。受影響的樓宇是戰後唐樓，包括彌敦道 745 號、745A 號、745B 號、745C 號、745D 號、747 號、749 號和 749A 號，這一列唐樓分別於 1980 年、1982 年和 1985 年建成金都中心、歐亞銀行大廈和愛都婚紗中心。

因興建荃灣綫受影響的樓宇

1977 年 11 月，為興建地鐵荃灣綫太子站至荔枝角灣站工程，長沙灣道、彌敦道和運動場道有 34 幢戰前樓宇受到影響，包括 17 幢戰前樓宇和一個汽油站要拆卸，16 幢戰前樓宇要拆騎樓，一幢戰前樓宇有部分要改建為車站，三百間商店可能因工程影響生意。需要拆卸的樓宇包括彌敦道 747 號、749A 號、749B 號、749C 號和 799 號（汽油站），長沙灣道 211 號、213 號、215 號、241 號、178 號、180 號、182 號、184 號、254 號、256 號、258 號、260 號和 818 號。有 84 間商店因地鐵工程進行時建圍板於店前而被影響生意，受影響的住戶約有 135 戶，人數約七百人，受拆卸影響的住戶可得公共房屋安置，在需要拆卸的建築物中有 12 幢會由私人地產發展商處理。

需要拆卸騎樓或窗間壁的 16 幢樓宇包括運動場道 1 號、3 號和 5 號，長沙灣道 50 號、177 號、183 號、185 號、219 號、269 號、271 號、273 號、218 號、220 號、222 號、224 號和 248 號。這些樓宇除了長沙灣道 220 號至 224 號四層高的舊樓醉瓊樓酒家外，其餘均為樓高三層的戰前舊樓，大部分地下是商店，樓上是住宅或小型工場。這些樓宇業主要在 1977 年 12 月 13 日起 42 天內將騎樓拆除，五幢樓宇因拆騎樓會影響樓宇結構，而要全幢拆卸。

因興建港島綫上環至維多利亞公園一段受影響的樓宇

1980 年 12 月 23 日，港府宣佈興建地鐵港島綫，上環至柴灣共 14 站預計 1986 年通車，金鐘至柴灣段先通車。大部分採用鑽挖隧道法建築，位於車站位置的 12 幢樓宇要收回重建和發展，屬於港府物業的包括上環街市、上環海事處總部、中區消防局、畢打街郵政總局、金鐘道樂禮大廈、貝夫人健康院、銅鑼灣裁判署和西灣河街市等，除裁判署外，皆建於戰前。約有 5,500 人需要另行安置，其中約有 2,400 人是柴灣臨時房屋區的居民。月台設在鑽挖的隧道內，乘客不能橫越同一月台乘搭不同方向的列車，如需轉車，便要前往不同月台。這種設計可減少施工期間帶來的騷擾，大部分工程在地底進行，對路面交通影響不大，不會出現在中環和九龍施工期間出現的亂象。

受興建地下鐵路港島綫影響，介乎上環街市至維多利亞公園一段需要重新發展或被港府收回的地方共有 38 處，主要是戰前樓宇，包括：

德輔道西 10 號至 16 號、67 號和 69 號
文咸西街 69 號和 71 號、75 號、85 號
永樂街 227 號、235 號和 237 號
新街市街 2 號至 10 號、22 號、30 號和 32 號、34 號
新街市街 64 號和永樂街 180 號交界
東來里 1 號、3 號、13 號至 17 號、23 號和 25 號
安泰街 5 號、7 號
干諾道中 47 號至 150 號，129 號
干諾道中 151 號和德輔道中 301 號
德輔道中 293 號至 299 號、170 號至 174 號金龍酒家、176 號和 178 號、184 號至 188 號、206 號至 214 號、248 號至 252 號、255 號和 257 號、286 號至 290 號、292 號至 296 號

永樂街 40 號至 44 號

記利佐治街 1 號至 5 號金堡酒店

駱克道 542 號至 556 號

香港遊樂場會及紀念殉戰烈士福利會大樓

軒尼詩道 143 號至 147 號、152 號修頓球場、179 號和 181 號、467 號至 473 號、483 號至 491 號紐約戲院大廈、534 號至 542 號、545 號至 563 號。

渣甸街 1 號和 3 號

1981 年 12 月，港府收回德輔道 244 號和 246 號五層高的戰前樓宇，以及永樂街 32 號至 38 號三層高的戰前樓宇，清拆以興建地下鐵路。1982 年 5 月，港府再收回干諾道西 3 號後面，及在新街市街 13 號和 15 號與 1 號至 27 號前面的一段私家街。

受影響的私人地方中，較受注意的是上環果欄、銅鑼灣紐約戲院和金堡酒店一帶。港府已計劃在屈地街對開填海土地上開設新果欄。金堡酒店於 1973 年開業，清拆後會自行發展，後於 1984 年建成金堡中心。

因興建港島綫維多利亞公園至筲箕灣一段受影響的樓宇

1981 年 12 月，港府公佈地鐵港島綫維園至筲箕灣一段受影響的樓宇詳情，沿綫範圍共有 41 處物業受影響。六處地點有 15 幢樓宇受影響而清拆，約有一千九百名居民被迫遷。須清拆的物業包括書局街 26 號至 28B 號國賓戲院、英皇道 458 號至 478A 號、書局街 10 號至 16 號、筲箕灣道 70 號、南安街 131 號和 133 號、筲箕灣東大街 78 號至 92 號。

受影響的 41 處物業有：

高士威道 120 號皇仁書院

英皇道 6 號和 8 號百利大廈、10 號至 16 號僑興大廈、18 號至 24 號、26 號至 36 號、50 號至 56 號（康福園）、62 號至 68 號、121 號對出空地、256 號至 288 號、290 號至 304 號五洲大廈、306 號至 316 號雲華大廈、458 號至 478A 號、457 號和 459 號、510 號中區車廠、512 號至 612 號建威花園、992 號至 998 號

留仙街 7 號和 9 號

天后廟道 15 號、17A 號和 17B 號、23 號至 27 號、31 號、37 號至 39A 號、41 號、43 號和 45 號、51 號庇理羅士女子中學

炮台山道 32 號香港電燈公司員工宿舍、2 號至 6 號

內地段 8416 號

馬寶道 2 號和 4 號

書局街 26 號至 28B 號、13 號和 20 號、10 號至 16 號

七姊妹道 118 號至 126 號

健康西街 1 號至 11 號

健康邨、百福街健康中街交界

百福道寶馬臺

筲箕灣道 30 號至 48 號、50 號至 58 號、70 號、117 號至 133 號、135 號

筲箕灣東大街 78 號至 92 號

文安街 131 號和 133 號

筲箕灣地段 135、136S1 及 136S2

當中西灣河和筲箕灣多是戰前樓宇，由兩層至三層不等。地盤工程大部分是開山和填海，對市民影響不大。

小結

「地下鐵路，為你建造」是興建地下鐵路時的口號，但最初的口號是「香港地下鐵，為你而建設」。那是個令人懷念的時代，當時叫搭「地鐵」，或者搭「地下鐵」。1979 年 10 月石硤尾站通車時，筆者還是個中學生，搭地下鐵遊車河，石硤尾入閘，九龍塘出站，然後徒步回家，相信很多人也有過和筆者一樣的經歷。1970 年代港府研究捷運系統時，取英文名為「Mass Transit Railway」，簡稱「MTR」，中文名應該是「集

體運輸鐵路」，但興建期間叫做「地下鐵」。有人認為日本味濃，語意不通，就改為「地下鐵路」，所以先後出現了兩個口號。通車後為求口順，大家就簡稱「地鐵」了。到了 2007 年，港鐵與九廣鐵路合併，取名「香港鐵路有限公司」，「地鐵」就變成「港鐵」。

那時候興建地下鐵路，拆了不少古蹟和戰前樓宇，有些樓宇只拆了騎樓。至今還有兩座拆了騎樓的戰前樓宇存在，一座是運動場道 1 號和 3 號，騎樓位置做了車站出入口，地舖曾做過士多、觀賞魚店和海鮮飯店等，現在業主獲港府 2,000 萬元補助，把全幢樓宇活化。另一座是長沙灣道 248 號，連地下只有三層，未拆騎樓前的地舖是文具玩具店，樓上樓面 904 呎，1996 年轉手時每層 130 萬元。父親亦曾提及他的一位同業行家，他的廠房遭到地鐵工程地盤火警波及，被燒燬的殘舊機器和倉底貨等一概都得到地鐵公司一大筆超值的保險賠償，所謂塞翁失馬，焉知非福。

1969 年，筆者當時四歲，大筆者兩年的哥哥乘嫲嫲不察覺，就帶了筆者從舊居到新屋找父親，那是要在大街行兩個街口過馬路的路程，最後找到父親。但後來自己卻又被反鎖在一個房間內，父親就沿窗外的花架入房救筆者。興建地下鐵路時，除了拆騎樓，也把工程沿綫兩旁樓宇的招牌、僭建的鐵籠都拆掉，筆者家的花架是樓宇興建時所建的，沒有被清拆，依舊是筆者的植物園。

當年港府興建地鐵時，受影響的人大吐苦水，例如影響生意，諸多不便，有經濟學者甚至説是會虧本的，因為全世界的地鐵都虧本。建成後，舖位和樓價都升值了，搭車方便又快捷，正是「每天幾分鐘，未到高峰已劇終」。這又帶動又一次的拆樓潮，業主紛紛把舊樓重建獲利。與世界上虧本的鐵路相比，香港的地下鐵路是賺錢的，世界其他城市地下鐵路的車站設計距離遠以及只有一兩個出入口，人流少；而香港地下鐵路的車站有很多個出入口，四通八達，人流不息。只是車站愈建愈多，舊樓則愈來愈少了。

第十八章 戰前樓宇的重建與住客補償

地皮定值

戰後由於大批移民和資金由內地湧入香港，房屋供不應求，造成屋荒現象。戰前樓宇受到《租務條例》限制，不能隨便加租，但新樓卻不受管制，故建造新樓一般被認為是可以獲得很高金錢回報的方法。另外建成新廈，可擺脫《租務條例》管制，假如作為寫字樓出租，利潤更高。有人表示這種現象與地皮價值有關。中環的地皮原本是沒有標準價錢的，以前這個地區根本沒有人放盤賣地。由於後來皇后大道中某銀號重建新廈時，新樓縮後了幾呎，港府以每平方呎 250 元補回所值，這個價錢頓使中環的地皮相當吸引，不少人以這個價錢為準則，進行地皮買賣。興建新廈就能使建廈的地皮更值錢，但要從租客手中收回舊樓發展，則要對租客作出賠償，補償多少，則由租務法庭裁定。

寶其利街收地重建

1954 年 3 月 10 日，一名住在葡萄牙里斯本的葡籍女業主，委託張奧偉大律師，向租務法庭申請解除《業主與住客條例》第 31 條管制，收回把寶其利街 2 號至 20 號十間平房，以作在原址重建新樓。地皮位於紅磡繁盛地區，被黃埔街分為 2 號至 14 號和 16 號至 20 號兩段，戰前建有九間樓宇，在戰時被炸毀，業主以 385 元和 165 元租予兩位包租人，包租人建成十間單層平房，再分租給 21 個三房客商戶，分別作商店及住宅用，經營米店、洗衣店和雜貨店等。當業主將地皮租予包租人時，訂明租賃是暫時性質，可預先三個月通知承租人無條件遷出。業主已於 1953 年 4 月 15 日發出通知，但未見遷出。地皮約值 18 萬元，收回後業主會興建十幢四層高的洋房，地下為商舖，二三四層樓為住宅。如果三房客肯遷出，業主願每一平方呎地付補助金 1.2 元。業主曾將地皮出售予一間華人集團，合約訂明必須「交吉」（住客已遷走），否則合約無效。集團計劃在上址興建十幢四層高洋房，估計建築費要 65 萬元。

12 號住客稱遷入前曾付 5,000 元建築費予包租人，亦知道業主身份，他有十名家人和六名店員，每年獲益五六千元，附近蕪湖街合適的店面要收 12,000 元建築費和 500 元租金。12 號住客同意重建後的舖面收一萬元建築費和 400 元租金較佳。6 號住客謂以 9,000 元建築費和 200 元租金遷入，但否認店舖後來經營麻雀學校。2 號住客於 1953 年 3 月遷入，建築費連裝修要 6,500 元，租金要 300 元。

案件經過幾次開審，最終在 1954 年 8 月 6 日，港府刊憲公佈寶其利街十幢樓宇不受租例限制，業主可以收回拆除和重建。業主謂新樓建成後，舊有住戶有優先權租回原來店舖，單邊月租 200 元，中間舖 450 元，中間舖有樓梯底租 425 元，每年加租 75 元，增至 700 元止。1956 年 6 月，十樓高的新樓建成入伙。其中的寶其利街 12 號三樓實用面積 706 呎，售價不詳。2009 年 8 月 12 日，該單位樓價為 174 萬元，2013 年 1 月 25 日為 706 萬元，2024 年 6 月 14 日則為 300 萬元。參考 1958 年 8 月九龍城賈炳達道建築面積 605 呎新唐樓 12,600 元的售價，估計寶其利街 12 號三樓建成時的樓價約為 15,000 元左右。

中環四街最大宗舊樓重建案訴訟

位處中環最繁盛地區——德輔道中 60 號至 70 號、皇后大道中 67 號至 73 號、砵甸乍街 1 號至 31 號、中國街 2 號至 32 號，合共 42 幢戰前樓宇的業主，以重建為理由，於 1954 年 8 月 12 日致函各號商戶和住戶，限期於 9 月 30 日以前遷出。各租戶遂於 8 月 14 日成立住客聯會，選出委員和聘請律師與業主交涉。

中環四街重建前的德輔道中，電車旁的雙山牆屋宇是德輔道中 60 號至 70 號，圖片估計攝於 1940 年代末

1954 年 8 月 23 日，四街住戶招待新聞界訴苦，籲請聲援，免遭迫遷，力陳七大困難。其一是商號習慣，多是積存貨物，流動資金不多。其二是短時難找新舖，勢必一至停業。其三是一旦停業，賒出貨項，收回極微，數十年心血虧於一旦。其四是因收不回賒賬，便不能支付外間款項。其五是積存貨物要在短時間賤賣散貨，便是損失。其六是居住在該處已數十年，何況在不景氣當中，環境惡劣，周轉不靈，實在無法搬遷，數十戶商戶勢必結業。其七是間接和直接雇用的數千名員工亦必失業，而依賴店員工人的薪資以維持生活的家屬，又有數千人，必生活困難。聲明此風一起，業主爭相效尤，港九各木樓住客莫不人人自危，影響重大云云。業主只收取 9 月份租金，未有進一步行動。

1954 年 10 月 7 日，業主再向租戶發出通知書，大意是維持原意，要求租戶在兩星期內答覆，否則當默認論。租戶遂集資以聘請律師，以訴訟解決，但有一部分租戶沒有連署。傳聞業主有意向租戶補回八個月租金作為搬遷裝修損失。但租戶謂每間店舖的裝修遷設，至少 8,000 至 10,000 元之間，若以 300 元租金計，八個月只有 2,400 元，相差很遠，未予接納。但雙方皆否認有磋商過，住戶說會抗議到底，要求業主體諒住客處境困難，打消拆建計劃。

1954年11月10日，已拒收10月和11月租金的業主提出補償方法，表示新建大廈地下兩層為商舖，四街舖戶可待新廈落成後續租，租金每呎1.2元至3元，差餉另計，或於遷出前領取十個月租金補償，作為搬遷費。大廈建築工程時間約兩年，高達14層，樓上用作寫字樓，並公開新廈圖則。有住戶認為補償太少，要求業主對樓上每一層樓補償5,000元搬遷費和裝修費，由業主另覓樓宇予住客安居，並支付該樓宇的頂手費，或住客另租一樓宇，由業主支付頂手費，業主要延長遷出日期。亦有商戶謂將來店舖租值俱在3,000元以上，比現時貴十倍。砵甸乍街一帶樓上各層租金約為六七十元，十個月只有700元，每層樓連包租人平均為四伙人，每伙人所得僅百餘元補償，故全體住客一致拒絕。11月27日，雙方律師在高等法院租務法庭決定於12月20日開庭審理，分為十個案件處理。

1954年12月20日，法院開庭處理收樓案，代表業主的律師提出申請重建的理據，指出四街範圍內除中國街16間樓宇於1946年改建外，均有70年樓齡。地皮為28,000平方呎，樓面總面積為4.8萬平方呎，預計耗資550萬，新大廈高11層，樓面總面績為15.2萬平方呎。1947年《租務條例》實施前，港府鑒於城市發展及增加住屋的考慮，於1946年9月6日訂立一項豁免的樓宇管制辦法，甚多同類申請已獲批准，使很多超齡樓宇得以拆卸而改為現代化的樓宇，對香港發展和增加居住樓宇均有很大貢獻，以搬遷困難而勝訴的案件則無。受到南北東三面限制，重建能讓商業區有向西面發展的機會，而西邊樓宇多數是有50年歷史的舊樓，古老不衞生而又有火燭危機。過往港府批准重建的案件，並無一宗以賠償費或搬遷費為豁免管制的條件，當時租金平均每平方呎0.4元，大廈建成後業主讓出部分地面，令砵甸乍街路面放寬7.5呎，對公眾有利益。新廈增加了樓宇面積和租金，除令業主收入增加外，亦大大增加港府的物業稅和差餉收入，符合公眾利益。他認為住戶「被允許佔住在市區的中心，只付着遠低於合乎經濟價值租金的租金」，如果反對人提出困難，「這種說法，應只能給予不超過適當份量的考慮」。

1955 年 1 月 3 日，代表租戶的律師提出四點反對理由，其一是拆樓重建之申請非為公眾利益着想，未有顧及租戶的困難，有違租務管制之原意。其二是業主的補償方法沒有顧全租客利益，態度不合理又不適當。其三是新樓圖則尚未得到工務局的批准。其四是即使批准收回樓宇，亦應補償相當金額予住客。

1955 年 1 月 6 日，代表業主的律師是廖亞利孖打和貝納祺大律師；反對住客共 83 家，除了三家外，其他 80 家由關祖堯律師樓兩位律師代表反對。代表業主的律師質疑一位經營無綫電為業的租客，租用面積是 600 呎而非他所報的 1,000 呎。為何租客說生意不佳，卻又在同區以 15,000 元頂手費再租地方營業。但頂手費是不容許的，該租客要求賠償 10,000 元。租客答面積只是估計，不交頂手費則租不到樓，而租用其他地區則只是一區的生意，中區方面生意範圍較大，以前生意頗佳，但受到禁運影響，生意大不如前。律師問大道中 73 號三樓住客，業主是否以 168 元租出該樓。住客答是 250 元。律師再問他是否要求補償三年租金。住客答是。

1955 年 1 月 31 日，大道中 69 號藥房代表人答覆藥房曾用 32,000 元修理所租樓宇，月租 1,500 元，要求補償 72,000 元，相當於四年租金。大道中 71 號酒行股東供述稱，所租全層包括樓上二千餘平方呎，月租 1,500 元。1943 年以 100 元軍票租入，香港光復後月租改為 550 元，曾用 5,000 元裝修。業主的大律師問是否將酒瓶等放在樓宇內。租戶答是。律師質疑不應將有價值的地方放置貨物。租客答海關不許放在貨倉。

1955 年 2 月 1 日，文具店東主作供稱不欲接受補償而遷出，謂上有 70 歲高堂，下有三歲小兒，經營之生意與別不同，易地經營則生意崩潰，全家生計陷入困境。業主的大律師問他是否有物業。東主答在德輔道中 44 號和大道西 83 號，但家人住在文具店的二樓，一旦遷出，則無家可歸，希望業主找地方安置他一家做生意。律師說業主可讓他兩年後大廈建成後續租。東主說等不到兩年這麼久。律師問他是否生病等不到。東主答真的會病起來。律師指他是百萬富翁，供詞是否言過其實，要由法官查明。德輔道中 60 號咖啡室供稱業主將來給予每平方呎 3 元續租，不連差餉。咖啡室還價每方呎 2.5 元包差餉，否則補償 8 萬元遷出，希望業主答應首個要求。德輔道中 68 號全幢及 70 號二樓和三樓的中菜館作供謂 1926 年已租賃該樓做生意，前後用了 45,000 元修理改裝樓宇使適合做生意，每年利潤 2 至 4 萬元。若果收樓成功，只好關門大吉，故要求補償 6 萬元，即使十萬元也抵不住結束營業的損失。德輔道中 66 號三樓出入口公司謂 1949 年以 18,000 元頂手費租賃該址，另覓新址動輒要頂手費 22,000 元及昂貴租金，故要求補償 1 萬元。

1955 年 2 月 3 日，律師問砵甸乍街 25 號三樓承租者母親其子的年齡，婦人答是四歲。再問是否該樓有犯法勾當，要用小孩名義承租。婦人答樓是用自己積蓄頂手回來的，因是為兒女着想，恐男人變心。律師問該樓是否有人吸毒，要時刻點檀香掩飾。婦人答家中有老婦早晚燒檀香拜神。有辦館月租 362 元，曾用 1 萬元裝修，要求 2 萬元搬遷費。有住客月租 69.75 元，曾用 1,500 元裝修樓宇，分租每月可收 300 元租金和 150 元佣金，要求 7,500 元搬遷費。有洋服匠月租 112 元為商住用途，曾用 3,000 元裝修樓宇，欲租用某住宅，鞋金 6,500 元，租金 250 元，要求 8,000 元搬遷費。有租客要求 2 萬元搬遷費，好讓全家在元朗購小屋耕田謀生。

1955 年 2 月 3 日，大律師貝納祺盤問反迫遷居民代表會主席。該主席辯稱不是聯合街坊住客一齊與業主爭鬥，而是考慮如何採取步驟與業主談判，亦不是想打官司，外來人參與會議是出於同情，住客有自己主張，而開招待記者會是想籲請社會同情支援，不是有甚麼火藥味，但業主沒有反應。貝納祺質問他曾決議要住客一致宣誓，不准與業主單獨談和，否則將受街坊處罰。該主席辯稱宣誓只是一種形式，處罰也是一種形式，他們沒有權力處罰人。貝納祺拿出當時住客開會的新聞，質問他們決議不准私人與業主談判，如違背便受街坊制裁。該主席辯稱那不是用壓力逼迫住客，但在追問下答有，又說哪有權力罰人。貝納祺又質問他們的反迫遷居民代表會要住客向業主索取超過住客們想要的賠償費數目。該主席辯稱怎能強迫其他住客去要更多的補償。該主席在砵甸乍街 9 號開設皮具店，他認為業主新廈的租金太貴，要求補償 25,000 元。他承認是九龍商會職員，在九龍開設一間金舖。

1955 年 2 月 8 日，業主提出新補償辦法，約共 34 萬元並通知各住客，須於 2 月 9 日回覆。律師透露會將案中樓宇分三期拆卸，先拆德輔道中樓宇，一月後拆橫街樓宇，再過一月拆卸其餘部分。是為了住客搬遷的方便，延遲清拆，業主將有損失，因為新樓落成後，每月可收租金 24 萬元。住客的律師認為分期拆卸不必要，不如把省去的損失，拿來補償住客。

1955 年 2 月 18 日，中環四街舊樓重建案訴訟公佈結果：租務法庭批准業主申請，豁免四街 42 幢樓宇的租務管制，拆卸重建，業主最後願付予住客 413,700 元補償費，業主其後通知住客要在 7 月底前遷出。反迫遷居民代表會擬進行上訴。

1955 年 7 月，中區四街若干商號已高掛「拆屋遷移，清售貨尾」等招牌發售貨品，有一家酒舖實行買一送一，以廣招徠。有數店已把部分員工辭退，減少開支。7 月 7 日，中區四街租客希望延期拆遷。8 月 31 日，仍有很多商戶仍在 7 月 31 日遷出限期前繼續營業。8 月 1 日，各店紛紛將貨物搬走，業主則開始將搭棚用的長竹放置在街旁，準備一二日內開始搭棚拆樓，統計有 32 間商舖，樓上住戶已全部遷走。踏入 9 月，中區四街幾乎已夷為平地。11 月 2 日開始打樁，五百支樁柱的打樁費達 70 多萬元。1957 年 6 月，樓高 15 層的萬宜大廈在四街建成，設有香港第一條室內扶手電梯，並有很多名店、大公司和政府部門租用。

1955 年的《業主與住客（修訂）法案》與拆樓重建

1955 年 2 月 20 日，街坊福利會首長對拆樓重建問題，有五項建議：其一是 1930 年以後興建的樓宇，不得迫遷重建。其二是拆建樓宇

1999 年入伙的第二代萬宜大廈與創於 1940 年的德榮大押，之間是原稱中國街的萬宜里（2016 年攝）

須於一年前通知，一年內豁免納租。其三是住客有優先租賃權，其租值不能超過原住樓的 50%。其四是三房客應享有相當的補償。其五是將拆遷後地價增長的收益，規定應予住客分配若干，使業主不能獨佔。

1955 年 7 月 15 日，港府三讀通過《業主與住客（修訂）法案》，規定業主拆舊樓建新廈，須向住客補償，償額多少由租務法庭全權判定，但數額不得超過該住客所住樓宇每月標準租金的 60 倍，並補回住客曾支出的維修費。

自 1955 年 7 月《業主與住客（修訂）法案》三讀通過後，港九各區戰前樓宇的市價同告上升，中區電車路的戰前樓宇較以前漲價一倍，一幢舊樓由數月前索價 13 萬元升至

俗稱「喜帖街」的利東街和戰後唐樓群，是繼李節街後灣仔區另一宗大型市區重建例子，街道兩旁掛起了不少反對重建的橫額（2004 年攝）

30 萬元，中區其他地方樓宇也漲價了 50%。其他區域，例如筲箕灣和紅磡等，舊樓宇的盤價最低限度也升了 25%。一般人推測，當法案通過後，拆卸舊樓以改建新樓會更容易和划算，戰前樓宇遂成投資者的獵取目標。

1955 年 8 月 27 日，德輔道西 103 號、105 號、107 號和 109 號四幢舊樓遷拆，業主向租庭申請免租例管制，以便着令住客遷出。官司中並不是以「唐樓」稱呼戰前舊樓。從此官司資料中亦可了解新舊樓宇的差異、增加的利益、建築費和建造時間等資料。據胡禮大律師稱，案中四幢舊樓宇最少已建成五十年以上，為舊式樓房，磚木建築，無現代設備，已有裂痕，樓梯既斜且狹窄，無防火樓梯……新樓為九層大廈，有電梯及現代設備……建築費為 75 萬元，預計一年內建成。畫則師作證，當時該四幢樓宇每年租金利益共為 25,000 元，將來新廈可增至 25 萬元，繳交政府每年之差餉後亦將增多 5 萬元。住客律師張奧偉指業主在三年內乃可將其建築費全部取回矣。

小結

在屋荒的情況下，新樓租金飆升是必然的結果。戰前樓宇受到租務管制，只是戰後十年的時間，舊樓租額竟與新樓租額相差十倍，即使日後新樓租金也受規管，但仍在三四十年間維持一段差別。奉行自由經濟的香港，租金竟然受到規管限制，租務管制固然保障了住客，但於一些住客而言，則是長年交「平租」，業主成了住客的社會福利施予者、商舖戶的補貼者。業主不一定很富有，有些業主只能靠微薄的租金糊口過活，還要花錢維修樓宇。住戶也不一定貧窮，可以是手頭上有多座樓宇收租的大富翁。從中區四街收樓訴訟事案中，可以看到商戶在繁盛的市中心區長期交「平租」，與周遭交新樓租金的商戶爭生意，租金相差十倍。對新樓商戶而言無疑是不公平的競爭。若果說舊樓商戶也是窮人，當初哪有大批資金頂手暢旺地舖和開舖做生意，當然有利可圖。

1969 年 2 月 25 日，置地公司向租務法庭申請豁免令，以便豁免曾福琴行租務管制，指出琴行為皇后大道中公主行落成後的首個租戶，租用 8,152 平方呎地方，戰前月租 1,300 元。1947 年港府修定租例，兩年後加租至 2,600 元，1954 年為 3,250 元，以後 15 年不變，平均每方呎租金 0.38 元，但租予大通銀行和新華銀行的呎租為 3.26 元和 3.5 元，新顯利大廈是 9 元，皇室行 4.1 元，告羅士打行 3.8 至 7.47 元，歷山大廈地舖為 6 元，因此琴行不應再受租例保障。置地公司多次知會加租至每平方呎 4 元，但無答覆。琴行反駁租金並無標準，倘獲批准，其他業主可能效尤。2 月 27 日案件審結，琴行反對得直，仍受租管保障，法庭指這是一宗「並非發展而請求豁免租例的案件」，因此「《租務條例》對反對人仍有效」。若為了發展而改建新樓，就可批准豁免。拆樓重建，無疑是擺脫《租務條例》的管制，為個人私產增值的最佳方法。在自由經濟發展下，只要有利可圖，財團也會邀請舊樓業主合作拆卸舊樓重建，不需要現在的市區重建局代為效勞而被分一杯羹。

第十九章 戰前樓宇保育面面觀

戰前華人屋宇的保育計劃與行動

保育戰前華人屋宇，可分為官方參與和非官方參與兩方面，官方參與保育的機構有市建局和發展局轄下的文物保育專員辦事處，分別涉及 46 幢和 11 幢戰前華人屋宇。非官方參與的有私人或社團，保育的例子不多，約有九項，包括地產發展公司的太子道 177 號和 179 號，團體參與保育的有皇后大道中 1 號、山村道 54 號，私人的有毓秀街 11 號、元州街 75 號、書館街 3 號、南角道 3 號、衙前塱道 24 號和北河街 141 號。

市區重建局保育活化項目——在重建項目中，市區重建局會考慮保育具有歷史、文化和建築價值的樓宇、地點和構築物，約有 60 幢歷史建築得到保存。市建局的保育活化項目分為重建項目內已保育的建築和純保育活化項目」重建項目內已保育的建築包括中西區和灣仔兩個地區，只有六個項目，包括永利街、威靈頓街 120 號及嘉咸街 26A 號至 26C 號、餘樂里 9 號和 10 號、船街 18 號、莊士敦敦道 60 號至 66 號和皇后大道東 186 號至 190 號，受到保育和活化的戰前華人屋宇有 26 幢。純保育活化項目包括中西區、大角咀 / 旺角 / 油麻地和灣仔三個地區，有 12 個項目，當中的士丹頓街 / 永利街項目（H19）、太子道 / 園藝街、上海街 / 亞皆老街、茂蘿街 / 巴路士街四個項目是與戰前華人屋宇相關，涉及 46 幢戰前華人屋宇。

發展局轄下的文物保育專員辦事處的文物保育——2008 年 4 月 25

日，發展局成立文物保育專員辦事處，以適切及可持續的方式，因應實際情況，對歷史和文物建築及地點加以保護、保存和活化更新，讓現代和子孫後代均可受惠共享。在文物保育措施中有「在政府擁有的歷史建築推行活化歷史建築伙伴計劃和協助私人擁有的獲評級歷史建築進行維修，以活化歷史建築伙伴計劃和維修資助計劃接受私人或團體申請。與戰前華人屋宇相關的，前者有四項，包括雷生春、藍屋建築群、虎豹別墅和景賢里，涉及 11 幢華人屋宇，後者只有運動場道 1 號和 3 號一項，涉及兩幢華人屋宇。

在政府擁有的歷史建築推行活化歷史建築伙伴計劃——採用具創意的方法保存歷史建築，擴寬其用途，運用創意把歷史建築物轉化為獨一無二的文化地標，並採取社會企業的營運模式，同時注入商業管理模式，務求達到雙贏效果。政府提供適當的財政支援，令計劃切實可行。

協助私人擁有的獲評級歷史建築進行維修——政府向法定古蹟或將會成為法定古蹟的私人物業，提供維修及修復工程。自 2008 年起，政府把計劃擴大，協助已評級私人歷史建築的業主，進行修葺和定期保養工程。當局考慮跨部門評審小組進行的技術評審結果和運作經費而審批申請，亦會考慮建築物的歷史價值和工程緊急程度等因素。業主須同意若干條件才會獲得資助，例如在合理情況下開放建築物予公眾參觀。

香港歷史建築級別和法定古蹟

根據古物古蹟辦事處的定義標準，香港歷史建築被分為三個級別。一級歷史建築是具有特別重要的價值，必須儘可能予以保存，2025 年已公佈的有 200 項。二級歷史建築是具特別價值，必須選擇性地予以保存，已公佈的有 409 項。三級歷史建築是具若干價值，但還未足以獲考慮予以保存，已公佈的有 624 項。三個級別的香港歷史建築不受香港法例第 53 章《古物及古蹟條例》保護，拆卸不須政府批准。具有非常重要價值的建築物會被列為法定古蹟，受到香港法例第 53 章《古物及古蹟條例》保護，未經政府批准，不可拆卸。

永利街 3 號至 12 號

永利街 3 號至 12 號有十幢唐樓，建有淺窄的鐵柵露台，9 號和 12 號有獨立直梯，三層高，其他樓宇樓高四層，兩屋一梯，分左右兩段，樓面凸字形。3 號和 4 號、9 號至 12 號建於 1952 年，7 號和 8 號建於 1951 年，5 號和 6 號建於 1953 年。

永利街原有 3 號至 19 號 17 幢四層高樓宇，每層有拱券門窗和露台，與普慶坊的第二代華人屋宇相若。二戰時盟軍轟炸被日軍佔用為基地的皇仁書院，波及鄰近樓宇，永利街 13 號至 19 號地臺陷落，只重建了永利街 3 號至 12 號唐樓。必列者士街 2 號至 70 號樓宇亦被炸毀，只重建了 14 號至 26 號，2 號至 12 號做了必列者士街街市，60 號至 70 號做了操場，1955 年建成了香港西區婦女福利會，28 號至 58 號於 1961 年做了英皇書院同學會小學。1970 年代至 1980 年代間，永利街是小型印刷廠的集中地，高峰期有十多間，被市建局納入市區重建局重建項目時，印刷廠只剩下兩間。

2010 年 2 月，主要在永利街拍攝的電影《歲月神偷》獲得柏林影展最佳電影水晶熊獎，導演羅啟銳與部分居民希望保留該條街道的原有風貌的聲音響起。市區重建局於 2010 年 3 月宣佈將永利街剔出重建項目，2011 年決定將永利街地段改成綜合發展區，並加設了高度限制，限定這個地段的重建物不得超過四層，以保留永利街「臺」的環境。市建局已收購及復修永利街 3 號、5 號、7 號至 9 號和 12 號物業，由非政府組織提供服務。

威靈頓街 120 號和嘉咸街 26A 號、26B 號和 26C 號

威靈頓街 120 號和嘉咸街 26A 號、26B 號和 26C 號四幢戰前樓宇是卑利街／嘉咸街重建項目的一部分。市建局考慮在技術可行和安全的情況下，保留整幢建築物或建築物的一部分，活化為具有地區特色的商舖使用。威靈頓街 120 號是一幢三層高的戰前第一代華人屋宇，以青磚和木材建造，並以背貼背的形式興建，樓上原有兩旁的鐵柵外廊已不存

在，以牆上托架承擔的木板樓層更是破敗不堪。2009 年市建局收購前的地舖是永和號雜貨店，2017 年 9 月 7 日被列為一級歷史建築。

嘉咸街 26A 號、26B 號和 26C 號位於嘉咸街近結志街一端，原本 12 號至 26D 號都是同一類型以青磚和木材建造的第一代華人屋宇，樓上有鐵柵外廊，背對吉士笠街。後來 26 號四幢樓宇重建為四幢第二代華人屋宇，外廊變得淺窄，樓面成兩個凸字形，26D 號於戰後重建為唐樓。三幢戰前舊樓依嘉咸街的斜度而建，樓宇隨梯級狀地台逐幢遞升。2019 年 9 月 12 日，嘉咸街 26A 號、26B 號和 26C 號被列為三級歷史建築。

市建局認為樓宇活化再用會令嘉咸街市集更具活力，街道上的露天市集是該區特色，重建時會盡量保留嘉咸街的市集色彩和活力，例如提供一個濕貨零售中心（即街市）及分階段重建，讓現有的鮮貨店舖於重建時能夠在區內其他位置繼續經營，並舉辦市集推廣活動，增強市集活力。市建局保育威靈頓街 120 號立面和嘉咸街 26A 號至 26C 號的外廊，2010 年開始改變小販的營運模式，包括提供新設計的攤檔和安裝電錶，透過興建濕貨零售中心，更新區內環境和特色。

2019 年，有團體指出市建局只保留舊樓立面的做法猶如把古蹟「拆骨」，市建局回應項目的發展方案早於 2007 年獲得城規會通過，由於戰前樓宇內部失修嚴重，處理方法與發展方案吻合。認為如果更改計劃，將會影響毗鄰擬建商業大樓的建築設計，強調必須尊重合約精神，履行市建局與合作發展商的協議。

2020 年 9 月，有關注組發現永和號的雙坡瓦頂被拆走，以鋼筋混凝土取代內部的青磚牆和木樑，批評破壞了建築物的「原真性」，造成不可還原的破壞，有違保育原則。市建局回覆指永和號結構不穩，需要加強鞏固，會儘量把移走部分重置。計劃屬私人項目，不受發展局文物影響評估機制規限。

相對於永和號，蘇杭街 112 號的源吉林建於 1889 年，亦是青磚木構的第一代華人屋宇，在源吉林的經營下，保存完好。

餘樂里 9 號至 12 號

2010 年，市建局與中國海外發展有限公司合作發展「第三街／餘樂里／正街重建項目」，2016 年完成。項目包括保育和活化餘樂里 9 號至 12 號樓房，保留餘樂里 1 號低層部分的石牆和正街的梯級，營造以昔日巷里特色為主題的公眾休憩用地，並融入園景設計。

早於 1920 年代，餘樂里已建有 25 幢二至三層高的樓宇。到了 1970 年代，經過拆卸或重建，3 號、4 號、20 號、24 號和 25 號樓宇已消失。1 號和 2 號建於 1952 年，7 號和 8 號建於 1950 年，9 號至 12 號和 14 號建於 1930 年代，13 號建於 1947 年，15 號和 16 號建於 1950 年，17 號建於 1949 年，18 號和 19 號建於 1951 年。後來市建局發展地段，保留 9 號至 12 號，1 號至 8 號地皮開闢作休憩空間，其餘地皮與第三街 74 號至 94 號地皮作地產發展。

9 號至 12 號四幢舊樓帶有中式樓宇的建築特色，翻新時修復了木門、木窗框、雙坡瓦頂和狹窄的出簷，地面則集合多間樓房的完整地磚鋪面，但圖樣不一致。打通了的餘樂里 9 號和 10 號可供團體租用為文化或藝術展覽的場地。11 號和 12 號作為工作坊、閱讀閣或社區體驗等活動的場地。2010 年 1 月 22 日，餘樂里 9 號和 10 號被列為三級歷史建築。

灣仔莊士敦道 60A 號至 66 號和船街 18 號

灣仔莊士敦道 60A 號至 66 號是市區重建局重建項目內保育的建築物，四座戰前華人屋宇樓高四層，騎樓三層，背後有天井和後巷，符合《一九零三公共衞生及建築物條例》的規定。根據 1897 年的地圖，該處為四座相連背貼背式樓房，臨街的樓面前後錯落，沒有騎樓，是第一代華人屋宇。這要從 1922 年地圖和 1924 年航拍照片才看到現今所見的平面樣貌，臨街有騎樓，排列呈弧形而非前後錯落，背後有巷子，背後左右兩排樓房大部分已重建為有後巷和天井的第二代華人屋宇。估計莊士敦道 60A 號至 66 號是第二代的華人屋宇，建於 1920 年左右。活化

莊士敦道 60 號至 66 號（2025 年攝）

船街 18 號（2025 年攝）

前 60A 號和 62 號地舖都是衣物店，飾有「東區美容院」、「永城行」、「Sample Fashion」和「香港時裝」的招牌。64 號圍欄塑有「香港余氏宗親會物業」字樣，地舖是鞋帽店，飾有「均記雀鳥店」招牌。66 號全幢是和昌大押。2009 年 12 月 18 日，莊士敦道 60A 號至 66 號被列為二級歷史建築。

2003 年，市區重建局以 2,500 萬元購入四幢物業及船街 18 號，2004 年與嘉華國際合作發展莊士敦道項目，2008 年完成。莊士敦道 60 號至 66 號的商舖是「J Senses」的一部分，設有傳統特色食肆、家居用品陳列館，後來改為義大利酒吧餐廳。一樓和二樓是高級食肆。市建局將天台列為私人公共空間（Private Open Space），即私人擁有但開放的公共空間，有別於官地的公共空間（Public Open Space），依照協議業主要開放天台給市民休憩，但開放的告示和進入的通道非常隱蔽，一般市民難以察覺享用。由於禁止公眾人士在天台飲食，以及管理人員非常關注和干涉到訪者的活動，故偶有不愉快事件發生。

船街 18 號至少是 1887 年灣仔填海後的第二代建築，樓高四層，前有露台，後有天井和後窗，是由合源建築公司東主謝耀華興建的。他在 1930 年代興建了船街 6 號、12 號和 18 號三幢外型相近樓宇。2002 年市建局收地時，18 號住了謝家子孫三代。露台的鐵柵和以碎錦磚鋪砌的地台，是戰後重修時的流行風格。2005 年，船街 18 號活化為食肆，灰塑「合源建築公司」字號於 2010 年代被店舖招牌遮蔽。1999 年，船街 18 號被列為二級歷史建築。

皇后大道東 186 號至 190 號

皇后大道東 186 號至 190 號是三幢相連的舊樓，樓高四層，騎樓三層，建於 1930 年代。186 號於後段建有獨立樓梯，梯口在側面，每層樓梯分左右兩段，走向與大道東平行。188 號和 190 號共用一梯，每層樓梯分左右兩段，走向垂直大道東。地舖為興時洋服、大成金舖和藝利地板有限公司。2009 年，市建局與信和置業有限公司及合和實業有限公司發展灣仔利東街／麥加力歌街重建項目，包括保育和活化皇后大道東186號至190號，作為與婚嫁相關的用途，亦與租戶協作，於三樓設置婚嫁傳統展示區。2019年開始，地舖為中式禮餅店，二樓是茶室，三樓是工作坊。

太子道西190號至204號、210號和212號

1932年，比利時建築公司Crēdit Foncier d'Extrême Orient負責興建190號至220號16幢四層高的住宅樓，兩屋一梯，每層左右兩段，騎樓四層，單邊的側面有露台，有後樓梯。這種建築當時被稱為「摩登」住宅，專為中產家庭而設。立面為裝飾藝術風格，樓梯對出的樓柱頂部有半月形的浮雕，魚鱗般的紋理重複展現。206號和208號、214號和216號，以及220號分別於1966年、1986年和1968年重建成大廈，餘下十幢成為香港現存最大的連排戰前舊樓群，甚具歷史價值，2010年3月2日被列為二級歷史建築。

2010年3月，市建局宣佈兩個保育及活化項目，展開收購物業行動，兩個項目為太子道西／園藝街項目，和上海街／亞皆老街項目。截至2024年，太子道項目中已完成八成半業權收購，並完成翻新，大部分單位已租出。市建局為受影響的花店和校服店提供安置，保育後可重返地舖經營。204號交予香港社會服務聯會營運，成為社企「優點」（Good Point）的駐地。樓宇內的商戶都是社企，分別用來舉辦長者興趣班，推廣本地農作物和社區藝術文化等。

上海街600號至626號的「618上海街」

上海街／亞皆老街項目為活化及再利用舊樓群作商業及文化用途。2008年9月開始工程，範圍包括上海街600號至626號14幢樓宇，只保留624號和626號兩幢戰前舊樓和其他騎樓，2019年完成。618上海街設有不同類型的商店和餐廳，並有多用途活動室和活動空間，供公眾短期租用來開會或舉辦展覽等。市建局指出上海街項目的十幢戰前騎樓是典型上居下舖類型，反映當時街道風貌。

皇后大道東 186 號至 190 號（2019 年攝）

太子道 / 園藝街（2025 年攝）

上海街 600 號至 626 號「618 上海街」（2025 年攝）

上海街 600 號和 602 號、604 號和 606 號、612 號和 614 號六幢戰前舊樓，樓高四層，兩屋一梯，樓面矩形，騎樓三層。上海街 614 號至 598 號原本都是同一系列，建於 1920 年。598 號是單邊，獨立樓梯，有圓角騎樓，1970 年代重建，2019 年再重建。608 號至 610 號於 1963 年重建成八層高的唐樓。上海街 620 號和 622 號、624 號和 626 號四幢戰前舊樓，樓高三層，兩屋一梯，樓面呈凸字形，騎樓三層。616 號至 632 號原是同一系列，建於 1926 年，632 號是單邊，有獨立樓梯，側邊有露台。628 號至 632 號於 1962 年重建成八層高的唐樓。616 號和 618 號於 1964 年重建成六層高的唐樓。戰前樓宇主要由磚牆、混凝土和木材建成，戰後唐樓為鋼筋混凝土建築。在上海街項目工程中，除了 612 號和 614 號和騎樓外，其他樓宇一概拆卸重建。這十幢戰前樓宇於 2000 年被列為一級歷史建築，2010 年改列為二級歷史建築。

618 上海街樓宇在活化前，地舖由 598 號（亞皆老街 33A 號）數起為得利牆紙、多麗牆紙、達昌膠地皮總匯、文昌鋁窗、TOTO 廁具、其昌門窗、澳洲廚柜、明藝燈飾、源昌五金裝飾材料、宏發漆油、彬記國際有限公司水渠配件、榮華鞋商店、華新漆油、東達戶外木專門店、文華窗簾裝飾公司、恭和堂、多美牆紙和南盛五金，是典型特色的裝修街。上海街自開闢以來，便是九龍區最繁盛的商業街道，至 1970 年代才被彌敦道取代。當舖、五金行、繡莊、香燭舖、建築裝修材料店、長生店、同鄉會、皮革店、燒臘店、道堂、雜貨舖、藥材舖、舊書舖、中西式食肆、華洋酒辦店、戲院、洋服店、麻雀館和色情行業等，都集中在彌敦道以西的上海街。

早在 1988 年，土地發展公司宣佈「旺角六街」重建計劃，範圍涉及砵蘭街、上海街、新填地街、亞皆老街、奶路臣街和山東街。1993 年開始收購單位，但未能成功收購全部單位，500 多份業權中有約一成拖了三年仍未收回。最終在 1997 年港府引用《收回土地條例》，於 1997 年 12 月完成收地和清拆行動，2005 年重建成朗豪坊。由於彌敦道以東街道才是主要的娛樂和消費區，朗豪坊雖然引入了消費人流，但這一帶街道的商業模式依然與舊日無異，618 上海街只不過是一個商場，是否「就腳」夠吸引人流，卻有待觀望。

巴路士街 6 號至 12 號和茂蘿街 1 號至 11 號

2011 年 4 月 15 日，香港藝術中心獲市建局茂蘿街 / 巴路士街活化項目藝術社區的營運合約。市建局指出茂蘿街項目是該局第一個以文化創意為營運主題的項目，也是市建局首個純保育活化項目，沒有重建元素。項目的招標條件與其他重建項目不同，營運機構不用向市建局支付營運費用，反而獲市建局按月資付運作開支，令營運機構專注推廣本土動漫行業的發展。項目只保留巴路士街 6 號至 12 號舊樓臨街三分一部分和外廊，和茂蘿街 1 號至 11 號舊樓臨街三分二部分和外廊，另外三分一位置重建為新翼以行人橋與巴路士街舊樓連接，儘量保留樓宇的建築特色，包括外廊、瓦頂、木窗、金屬欄杆和室內木樓梯等。地面臨街部分為零售店，二樓用作小型餐飲，三樓和四樓是與動漫主題有關的工作室和展覽場地，2013 年 7 月 18 日開幕。2018 年 7 月 31 日合約屆滿後，市建局以「茂蘿街 7 號」自行營運。

項目地段的業權最先由美國公司 Burrows and Sons 和 Lawrence Mallory 擁有，兩條街道的名字以兩位業主命名。1905 年，香港置地購入業權，並於 1910 年代中期興建了 12 幢樓宇，兩屋一梯，樓面凸字形，有後巷分隔。2006 年港府展開收購，茂蘿街 3 號至 9 號和巴路士街 6 號至 8 號被收購後在維修時被塗上綠色，故又名「綠屋」，傳聞用綠色只因當時政府倉庫有剩餘的綠色油漆。2009 年 12 月 18 日，巴路士街 6 號至 12 號和茂蘿街 1 號至 11 號被列為二級歷史建築。

士丹頓街 60 號至 66 號、88 號至 90 號和華賢坊西 4 號至 10 號

2019 年，市建局參考顧問的社區營造研究，為士丹頓街項目及附近範圍的活化和發展，確定了知識共聚、民生共創、社區共享和身心共融四個願景，當中包括透過復修和活化 H19 內市建局擁有的樓宇，協助活化社區，以達到整體改善的目標，為舊區注入動力。

知識共聚是連結地區團體，以互動參與、跨代共融為原則，將區內傳統文化薪火相傳。民生共創是在小區內引入「共居」概念和便利民生的店舖。社區共享是透過地緣合作，善用社區資源，營造社區聚腳點，加強社區的歸屬感。身心共融是配合小區的環境和個性，籌組以身體和心靈為本的活動，共同建構融和社區。

經過兩年時間，市建局翻新了九幢已收購的舊唐樓，提升設施，將舊建築物活化為共居項目，委任機構共同管理營運，首期五年。

士丹頓街項目 / H19 項目的十幢唐樓為 1966 年建成的士丹頓街 60 號和 62 號五層高唐樓、1956 年的士丹頓街 64 號三層高唐樓、1959 年的士丹頓街 66 號五層高唐樓，1951 年建成的士丹頓街 88 號和 90 號三層高唐樓以及 1951 年的華賢坊西 4 號至 10 號三層高唐樓。修復前樓宇

巴路士街 6 號至 12 號（2023 年攝）

單位內部結構嚴重破敗，混凝土剝落，外牆出現裂縫。樓宇裝備落後，未能符合現在的《建築物條例》規定，例如舊式電箱有潛在風險，部分單位只有旱廁，缺乏有效的排水和排污系統。樓宇裝備按《建築物條例》修復，各層改劃成 38 個大小不同的單人或雙人共居單位，每層有二至三個單位，廁所、浴室和廚房共用。樓宇表面與原貌差不多，懸臂式騎樓 / 回復沒有鋼窗圍封的原貌，但露台卻沒有鐵柵，成了窗簷，那應該是永利街唐樓的樣子。2019 年 12 月 12 日，士丹頓街 88 號和 90 號被列為二級歷史建築。

士丹頓街 / 永利街項目（H19）中的士丹頓街華人屋宇（2025 年攝）

士丹頓街 / 永利街項目（H19）中的士丹頓街華人屋宇（2025 年攝）

荔枝角道 119 號雷生春

荔枝角道 119 號雷生春建於 1931 年，樓高四層，鋼筋水泥建造，四層轉角騎樓，由九龍巴士創辦人之一雷亮興建和持有。門前對聯「雷雨功深揚灑露，生民仰望藥回春」包含雷生春三字，雷生春的含意大概表示雷氏的藥品能夠妙手回春，藥到病除。雷生春建成後，地舖為雷亮的台山同鄉雷瑞德中醫師開設的雷生春醫館，樓上是雷亮的家。雷亮於 1942 年逝世，雷生春跌打藥店在數年後結業。1970 年代開始，雷生春樓上空置，只有地舖營業。

2000 年，雷亮的後人把雷生春捐贈給香港政府，雷生春被列為一級歷史建築物。2003 年 10 月，港府接收雷生春並進行修葺，2005 年完成。雷生春位於三角地段，是第三代華人屋宇，頂層有店號雷生春石匾。翻新時保留了門窗和地板，並重置跌打館的雷生春和敬福堂牌匾，後來用大玻璃圍封騎樓以解決街道噪音問題，為了符合《消防條例》，後座加建了一條樓梯和一部升降機。

2009 年 2 月，香港浸會大學的活化計劃申請成功，獲港府資助 2,800 萬港元，把雷生春活化為集中醫藥保健服務、公共健康教育和歷史文化展覽於一身的中醫診所。2012 年 4 月雷生春中醫診所開幕，設有五間診症室，以及涼茶舖、展覽場地和屋頂草藥花園，提供內科、骨傷及跌打科、推拿科和針灸科的中醫門診服務，2022 年 5 月被列為法定古蹟。

石水渠街 72 號至 74A 號藍屋、慶雲街 2 號至 8 號黃屋和景星街 8 號橙屋

2006 年，香港房屋協會宣布與市區重建局合作重新發展灣仔石水渠街及附近建築物，包括藍屋及鄰近的黃屋和橙屋，闢作以茶及醫療為主題的旅遊景點。但民間憂慮藍屋的木製樓梯、天花和內部結構會被更改或拆除，原有居民被迫遷，附近的車房和商戶被淘汰，現有社區將會瓦解。

2009 年 4 月 30 日，地政總署宣佈根據《收回土地條例》，收回石水渠街、慶雲街及景星街的私人土地業權，以便進行市區更新計劃。2009 年 9 月，藍屋建築群被發展局列入第二批供活化的政府歷史建築物名單中，港府以巨額資助非牟利機構參與活化，建築群的色調亦不設限制，但要保存外廊、鐵柵和托架。

2010 年 9 月 15 日，聖雅各福群會的申請計劃獲得批准，將藍屋活化成民間生活館，首次採用「留屋留人」的方式，讓藍屋、黃屋和橙屋的 14 戶居民繼續留住，並加建獨立洗手間、升降機和消防設施，保留原有的香港故事館和導賞團，並開設小食店、糖水店及開闢公眾休憩地方。2013 年 9 月 14 日，活化工程以「WE 嘩藍屋」名義展開，2016 年 5 月落成開放。2017 年，藍屋獲聯合國頒發亞太區文化遺產保育保護獎最高榮譽的卓越大獎。

灣仔於 1857 年已設有警署，位置在舊灣仔郵局，石水渠街社區約與 1858 年第一代灣仔街市同期開發，房屋為第一代背貼背的華人屋宇，1920 年代港府把街區重建發展，第二代華人屋宇取代舊樓宇。石水渠街 72 號至 74A 號原址為傳統兩進式華陀廟，其後在右邊建造了一座兩層高的雙坡頂住宅式病房，在 1872 年政府差餉徵收冊中名為「華佗醫院」。1920 年代華陀廟拆卸，1922 年建成現在的四層高樓宇。

石水渠街 72 號至 74A 號樓高四層，以磚木建造，兩屋一梯，有鋼筋水泥建造的外廊，樓層和樓梯以木板建造。72 號地下為華陀廟，樓上是義學和書院。1950 年代林世榮姪兒林祖把華陀廟改為武館，1960 年代林祖兒子林鎮顯將其改為醫館。72A 號地下是廣和號雜貨店，74 號地下是聯興酒莊，1980 年代結業。74 號二樓和三樓曾是鮮魚商會會址。74A 號地下曾是雜貨店，戰後用作住宅。1990 年代，港府把購入的 72 號至 74 號三幢樓宇髹上藍色，故俗稱藍屋，傳聞採用藍色是因為當時物料庫只剩下水務署常用的藍色漆油。石水渠街 74A 號在 2010 年以前是私人擁有，港府收回後，外牆保持灰色。1999 年，石水渠街 72 號至 74A 號藍屋被列為一級歷史建築。

慶雲街 2 號至 8 號樓宇建於 1928 年，樓高三層，外貌有歐陸色

雷生春（2025 年攝）

雷生春
新城卡拉OK夜總會
中興地產
永利機器
茶

彩，2009 年港府收回後以粉黃色油漆翻新外牆，故俗稱黃屋。景星街 8 號唐樓建於 1958 年，樓高四層，2009 年港府收回後以淺橙色油漆美化外牆，故俗稱橙屋。黃屋和橙屋於 1999 年被列為二級歷史建築，於 2010 年 1 月 22 日改列為三級歷史建築。

大坑道 15 號 A 虎豹別墅

虎豹別墅和萬金油花園，由「萬金油大王」胡文虎於 1935 年建成。並開放萬金油花園予公眾參觀。2001 年，虎豹別墅交予政府，其他部分拆卸發展。虎豹別墅屬現代建築，樓面像一老虎側面剪影，有很多傳統中式建築元素，現在被稱為「中式文藝復興建築風格」。2013 年，胡文虎慈善基金投得活化項目，用作音樂學院「虎豹樂圃」駐地，推廣中西音樂文化。大宅經過翻新，於 2019 年 4 月啟用，平日只限開放宅前花園和大宅地下大堂，參觀樓上要預約，以導賞團方式進行。2022 年 12 月 1 日，虎豹樂圃停止運作，虎豹別墅提早兩年交還政府。2023 年 6 月 9 日開始，市民可預約參加虎豹別墅導賞團。

司徒拔道 45 號景賢里

景賢里原名禧廬，建於 1937 年，樓面像北斗七星組成的星斗，有很多傳統中式建築元素，中式文藝復興建築風格，是富商李寶椿興建及送給妹妹的大宅，原名「禧廬」，1978 年售予邱氏家族，易名「景賢里」。2007 年，業主開始清拆，以作重建，引起團體關注。最後政府以換地形式取得大宅，並進行修復，以《活化歷史建築夥伴計劃》保育，經歷兩次流標，2022 年由與普洱茶和中醫藥有關的團體以「景賢里 · 養生殿」項目中標，預計 2027 年營運，屆時將推出免費導賞團，並以私房菜和下午茶套餐等收費項目補助支出。

運動場道 1 號和至 3 號

旺角運動場道 1 號和 3 號為兩屋一梯組合，建於 1932 年，樓高四層，建成時有兩層高的轉角騎樓，三樓以騎樓的上蓋作為露台，四樓建有淺窄露台，四樓向砵蘭街有露台，向運動場道的梯間位置有小露台，對上屋頂橢圓形山牆塑有「1932」的建造年份，山牆的頂端豎立着旗杆，外牆以仿石批灰作飾面，每層樓梯左右兩段。向運動場道的騎樓和露台因為興建地鐵而被拆卸，5號和5A號原是同一系列，1986年因興建地下鐵而重建。

2021年，運動場道1號和3號業主透過歷史建築維修資助計劃得到249萬元資助翻新物業，包括牆身、屋頂、露台、樓梯和走廊等，讓樓宇持續保存。舊樓為業主的曾祖父祖傳物業，2010年被評為三級歷史建築，2022年修葺完工。透過歷史建築維修資助計劃取得資助維修的私人戰前華人屋宇的例子，暫時只有這一組物業。按計劃規定，公眾可於每日上午11時30分至下午2時、下午5時至凌晨1時參觀地下餐廳，惟地下餐廳早已是公眾地方，但於2023年8月結業。

毓秀街11號

2014年9月，毓秀街11號F11攝影博物館（F11 Foto Museum）開放，洋樓建於1930年，樓高三層，裝飾藝術風格。博物館創辦人蘇彰德是一名律師，時任古物諮詢委員會主席，他在2012年以9,000萬港元購入樓宇，再用1,500萬元改動為博物館。博物館名為「F11」，代表11號門牌，也是相機光圈值。蘇彰德是著名徠卡相機（Leica）收藏家，建館目的在於推廣攝影藝術、歷史建築保育和私人博物館的價值。地下和二樓用作舉辦展覽之用，三樓是徠卡相機私人博物館，首個展覽是著名攝影師埃利奧·歐維特（Elliott Erwitt）的作品。

毓秀街11號原與9號為兩屋一梯的洋樓，樓下是車房，後座有工人房和僕人用的後樓梯「妹仔梯」上落，裝飾藝術風格，例如幾何圖形花紋的外牆，箭嘴圖案和放射式線條等。毓秀街在1930年建成，1號至11號為黃植生及黃星堂共同擁有，港府規定樓宇不可高於三層，只可興建歐式洋房。1號至11號原是同一系列樓宇，1號因為大單邊而稍有差別。1號至9號於1976年改建成大廈。11號多次易主，保育前地

灣仔藍屋建築群的藍屋（2025 年攝）

運動場道 1 號和 3 號（2025 年攝）

虎豹別墅（2016 年攝）

下車房是超級市場。2010 年 5 月 17 日，毓秀街 11 號被列為三級歷史建築。

毓秀街 17 號建成時就是現今的一樓一梯模樣，從戰前地圖和航拍照片所見，毓秀街 17 號背後也有一座相同模樣的建築物，門牌是山村道 33 號，樓梯設在同一邊，並不是坊間所說，毓秀街 17 號原與 19 號共用一梯。

山村道 54 號

2016 年，保良局推出 V54 年青藝術家駐留計劃，以山村道 54 號一幢法式洋樓，為香港和海外年青藝術家提供低於市值租金的短期住宿和交流服務。在活用歷史與生活空間的構思下，藝術家可以在寬廣的創意平台進行創作或研究。計劃亦着重藝術與社區文化的連繫，鼓勵藝術家為青少年提供藝術導賞和創意教育，提升多元化的藝術體驗，讓青少年得到啟發。V54 大概是山村道 54 號（54 Village Road）的英文簡寫。洋樓由保良局前主席梁安琪借出作為駐留大宅，設有多間單人和雙人客房，各層有共用的浴室、衞生間和廚房，連同花園、客廳及多功能活動室等共用設施。V54 只供保良局屬校和會員參觀。

山村道 54 號建於 1925 年，裝飾藝術風格，原本 52 號和 54 號為兩屋一梯形式，各有車房及其頂部的花園。山村道 46 號至 58 號原本建有三組半的相同系列洋樓，52 號於 1983 年與 50 號建成大廈，46 號和 48 號於 1967 年建成 13 層大廈，56 號和 58 號分別於 1971 年和 1966 年重建成大廈。54 號洋樓仍然保留了主人用的木造樓梯、傭人用的水泥後梯、木門氣窗、壁爐、三獅紋章、紅白黑三角拼花階磚等。2020 年 6 月 11 日，山村道 54 號被列為三級歷史建築。

元州街 75 號騎樓 75

醫道惠民醫館是一個非牟利慈善組織，於 2018 年 10 月成立，以元州街 75 號騎樓 75 為館址，向 30 歲以下有腦損傷、自閉症、唐氏綜合症等病症的患者，提供以中醫骨傷科為主的中醫義診服務。醫館與香港中文大學中醫學院和香港中醫骨傷學會合作，作為中醫藥的臨床訓練場所，並提供一般門診服務，特別為殘疾兒童義診。

醫道惠民創辦人黃天賜中醫師，自 1950 年代跟隨父親黃道益開設涼茶舖和習醫練武，其後生產中成藥和活絡油。元州街 75 號建於 1930 年代，樓高四層，騎樓兩層，三樓露台是二樓騎樓的上蓋，四樓則向內縮入一個開間，三樓樓頂是四樓的露台。樓宇原與 77 號為兩屋一梯組合，另外 81 號和 83 號是另一組相同系列樓宇，79 號至 81 號於 1980 年重建成大廈。元州街 75 號上手業主陳姓家族於 1949 年從內地遷到香港，購入現址居住。陳氏幾代行醫，到港後在長沙灣開設織造廠，1980 年代陳氏一家陸續移居海外。2017 年，陳氏得悉黃天賜有志重辦醫館，遂將之轉手，當時地舖是傢具店。黃天賜把舊樓活化，保留原有裝飾，沿用石扶手樓梯。地舖、閣樓和二樓用作醫道惠民中醫館，三樓為舊物展館，四樓變成室內射箭場，用以教授年輕人射箭，天台則放置草藥盆栽。

皇后大道西 1 號有記合

皇后大道西 1 號建於 1926 年，樓高四層，原業主陳啟明開辦了有記合臘味店。1970 年臘味店結業，地舖由涼茶第一家租用，及後用作便利店、時裝店和新鮮蔬果專門店。最近一次翻新後仍然保留地舖的水磨石招牌「有記合臘味家」，兩邊外牆塑有「有記合」、「金豬」及「臘味」的紅字改為綠色，支柱則重新漆上原有的綠色廣告字樣。在外觀上，樓宇似乎只有騎樓和比騎樓更細小的主體部分，但其實樓面呈長方形，較騎樓深三倍。相鄰的文咸東街 149 號 Hiang Kie House 樓面是一個直角三角形，三角形的底只有半個皇后大道西 1 號騎樓面寬，高是底的三倍，是區內最小地段面積的樓宇，貼在皇后大道西 1 號向着文咸東街的牆面。2010 年 1 月 22 日，皇后大道西 1 號被列為三級歷史建築。

2023 年，為家族投資而購入有記合的新業主 Vanessa，當她知悉該樓宇為歷史建築後，便聯同資深建築師、前虎豹音樂基金執行董事胡燦森，成立香港首個文物古蹟信託基金——活在山下基金（Lion Rock Heritage Foundation），旨在保留草根階層的歷史文化。她體會到這種樓宇是最少得到保護的，所以基金的目標是去保育這些私人物業，把它們變成服務社區的空間，希望將來有更多的同類建築可以服務社羣。她認為歷史建築是香港人生活故事的載體，與所在社區和居民有緊密關係，建築保育活化不僅只有旅遊觀光或商業購物用途，而且可以回饋和服務社區。2023 年，活在山下基金推出首個項目，免費把地舖借予社區創意活動平台「一口社群」（One Bite Social）一個月，舉辦「壹合」計劃（Project House），與超過三十個社區團體，把有記合變成社區客廳，為街坊提供有 WiFi 和水機的聚腳地，並舉辦大量免費活動，包括電影沙龍和音樂會等。2024 年 2 月，樓下地舖又成為街坊長者縫衣服的聚腳地。

太子道西 177 號和 179 號

太子道西 177 號和 179 號建於 1937 年，首任業主為中華巴士創辦人之一黃旺財的兒子黃耀南，樓高四層，兩屋共用前梯和後梯，騎樓四層，側邊有露台，裝飾藝術風格，例如梯級山牆、條狀裝飾、頂部的旗杆和垂幕形狀結構等，後座以天橋連接。

179 號於 2007 年初被大鴻輝興業收購，以「留前拆後」的方式保育，活化為特色酒店「Hotel 1936」項目，二樓用作向公眾開放的展覽區，原有的壁爐、木門窗、落地雙扇玻璃門和騎樓均有保存。後半部分重建為一幢 20 層的精品酒店，興建時使用香港未曾用過的打樁方式，於 2020 年 12 月開幕。

書館街 3 號

大坑書館街 3 號建於 1952 年，4 號是戰前洋樓。2015 年，Nelson 租用書館街 3 號地舖連閣樓經營髮型屋，後來連樓上也租了來居住，他把內部翻新成優雅空間，華麗又有古典風味。小閣樓成了音樂廳，有過千隻唱片和黑膠唱片，早上是髮型屋，晚上會開音樂會玩音樂、跳舞和喝酒。髮型屋變成與朋友聚會的私竇，開私人演唱會般，不少專業音樂人都在髮型屋聚腳，聖誕節有合唱團到訪向街坊報佳音，此情此景，Nelson 希望可以永遠保留。

南角道 3 號

南角道 3 號樓高三層，騎樓兩層，屋頂的曲線山花印有花紋圖案，建於 1930 年代，原與 1 號共用一梯，後者於 1964 年重建成五層高的唐樓及另闢一梯。3 號地舖原是怡順榮機器五金，2010 年因沙中綫工程而結束營業，舖位空置，其後拆走了騎樓外圍的鐵窗。2021 年隨着屯馬綫通車，樓宇被私人活化為南角漫活咖啡店。咖啡店富懷舊色彩，保留了五金舖的街外招牌、手拉通花鐵閘、麻石牆壁、閣樓和「怡順榮」金漆招牌等。咖啡店東主表示在疫情之前是位設計師，在世界各地嘗盡美食，但最鍾情港式冰室食品，於是她決定開一間有香港風情的咖啡店，與年輕人連結。

衙前塱道 24 號大和堂

衙前塱道 24 號興建於 1920 年代，樓高三層，獨立一梯，兩層騎樓，三樓露台是二樓騎樓的上蓋。地舖大和堂蔘茸藥行於 1932 年開業，1940 年鍾伯明醫師獲聘行醫，離世後由長子鍾福利接手醫館。2012 年鍾福利離世後，由親戚郭活卡改營為藥材行，2017 年結業。店舖由牛津畢業生頂手，活化為懷舊咖啡館，於 2018 年 10 月開始營業。

咖啡館東主指出 2017 年看見大和堂結業，貼出招租海報，便泛起在舖內飲咖啡，看街景的念頭。後來家人告訴他，小時候曾陪母親到大和堂求診，回憶就是創業的動機。結果，他用了 100 萬港元把店舖翻新，陳設裝潢古色古香，儘量保存醫館中的文物，搶眼的手造鐵閘、金漆招牌、百子櫃、長櫈、牌匾等一千件古董，統統保留，還加添了仿古吊扇和射燈，流光泛影，將店舖轉型為咖啡店。他認為藥行的特色擺設是有歷史價值的，值得保存珍惜，要盡一己之能保留盛載着街坊回憶的地方。為了吸引更多客人和文化愛好者，咖啡店會定期為藝術家和攝影師舉辦藝術活動，主題圍繞大和堂、九龍城和香港精神，令大和堂成為新一代藝文好友的聚合地。

北河街 141 號恒貞大押

北河街 141 號建於 1920 年代，樓高三層，騎樓兩層，三樓的露台是騎樓的上蓋，興建時與 137 號、139 號和 143 號為同一系列，但樓梯各自獨立，143 號是大單邊，建有轉角騎樓。141 號於 1940 年代用作恒貞大押，其他的已於 1960 年代開始重建。恒貞大押原本的露台和騎樓已圍上了鋼窗，未有獲歷史建築評級。

恒貞大押東主叫江英，當舖 2010 年代初結業，當時外牆為白色，每層騎樓的欄河和兩旁支柱內側水泥造的弧形招牌都有紅色凸字恒貞大押，正門頂有水磨石中英文「恒貞大押」招牌。兩旁綠色水磨石牆窗口對下各有白色「恒貞」大字，騎樓底近長沙灣道的支柱懸有紅底金字的恒貞大押木招牌，外牆亦伸出蝠鼠吊金錢圖案的霓虹燈招牌，上有「恒貞押」字樣，11 個「恒貞」字樣同時出現，把招牌的功能發揮得淋漓盡致。2016 年 11 月，業主委託工人把當舖清理。2017 年店舖租給燒味飯店，飯店拆去大部分有特色的裝潢，外牆油上灰色，於 7 月開張。2020 年 3 月再由基隆茶餐廳承租，把地舖外牆油上較明亮的黃色，基隆茶餐廳於 2024 年 8 月結業。

小結

「知否世事常變，變幻原是永恒，此中波浪起跌，當然有幸有不幸」。戰前通街通巷都是華人屋宇，不是附建多層外廊 / 騎樓，便是露台，是香港的城市特色。戰後香港經濟起飛，街道上滿是招牌和霓虹燈飾，夜裏華燈璀璨，五光十色，萬家燈火，令香港得到東方之珠的美譽，吸引國際遊客到此觀光遊覽。經過歷史洪流，1997 年時港九的戰前華人屋宇，筆者紀錄了共有 374 幢 369 個街號，現在只餘 268 幢 263 個街號樓宇，但被列入法定古蹟的只有 3 幢，即是景賢里、甘棠第和雷生春；一級歷史建築的只有 13 幢，當中有 2 幢已經拆卸；二級歷史建築有 53 幢，當中有 20 幢是受保育的騎樓；三級歷史建築則有 70 幢，當中 4 幢是受保育的騎樓，1 幢已經拆卸。總共 139 幢樓宇 134 個街號是歷史建築和法定古蹟。而全港被確定或評為歷史建築的有 1248 項，法定古蹟有 136 項，被包括在歷史建築名單中的戰前舊樓約為一成。對於政府保育戰前樓宇的行動，有人支持，有人反對。相對於其他歷史建築，戰前樓宇可說是最難保育，大抵人們都知道物無常駐、變幻才是永恆的道理，當時興建住宅，由於物料會老化，對樓宇可以住多久，早已心中有數，莫過於五六十年後便要重建，猶如人生，到時候便被淘汰，要起新的了，否則維修費會與日俱增，造成負擔。其他公用設施的用料可能會好一些，需多一些年限才會推倒重來。永恆觀念建築如天主教堂，造工和用料都好，可以說是最為長久的了。

常言道「不必怨世事變，變幻才是永恆」，年過一百年的戰前華人屋宇當然珍貴，但亦意味着如人主一般，快接近盡頭了。大部分的戰前樓宇以騎樓立面部分最為值得欣賞，兩旁因與其他樓宇相貼，就是一面牆。戰前華人屋宇每層內部都是一個大空間，拆除了不到樓頂的板間，徒有四壁，只有地面階磚和樓梯較為特別，相較於教堂、法院、學校、府邸則大為失色。對於政府在保育戰前樓宇只保留騎樓的做法——「留前拆後」，是可以理解的。拆後重建，新樓才可以打理舊樓，但 618 上海街項目，除了保留騎樓外，如能重建其他四個街號的騎樓，使之成為完整一排，會更加自然好看，相信是受《建築物條例》所限，不能這樣做了。把樓宇做了紀錄，編了歷史，繪了線圖，拍照錄影，製作虛擬實境，讓後人參考，猶如憑弔逝去親人般的做法亦無不可，可說是「永恆」之舉。

在活化方面，要花費一大筆金錢把樓宇改作博物館、展覽館之類的做法，已流於千篇一律。環顧新界多處都設有文物館，陳列的都是砂煲罌罉、杯盤碗碟、筲箕枱凳之類，千人一面，每年還要花費巨款來經營和運作，早知代價高，這又是否值得？士丹頓街 60 號至 66 號的活化保育是一個很好的做法，樓宇的主要功用就是給人居住，人與人在樓宇內生活，交流互動。把樓宇翻新，給人安居，租金用作樓宇的經營運作和維修，可持續發展下去，令樓宇延年益壽，可以多看幾年，或幾十年，始終都會不枉此生。

最後，讓民間自發把樓宇地舖經營為各式各樣的行業，並給予支援，是一個很好的做法，能更加自由和有彈性地為社區增加活力。太平山街是一個很理想的社區，環境優靜，樓宇和社區設施與開設的咖啡店、冰室、藝廊之類舖面非常融合，和諧中有生氣和活力，更有文化古蹟。活化是要配合環境的，大坑和灣仔進教圍也有類似和諧的環境和風味。讓樓宇繼續「下舖上居」、「留屋留人」也是保育的好方法，這對原有社區的生活文化特色破壞最少。蘇杭街 112 號源吉林建於 1889 年，亦是青磚木構的第一代華人屋宇，至今仍然保存完好，是有賴店方把自已物業打理得井井有條之故，正如「人間的波折，經得起挫折」，才能留得下來。下舖和上居都是樓宇的管家，打理經營，同時港府給予支援，樓宇是可以持續發展下去的，也能「迎接那變幻，今生與你擁抱着永恆」。

香港戰前 華人屋宇與民生

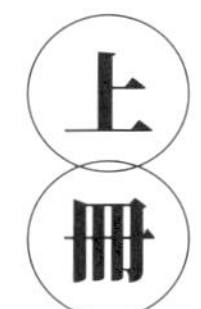

黃棣才　著

責任編輯
繆穎

裝幀設計
Sands Design Workshop

排　　版
Sands Design Workshop

印　　務
劉漢舉

出　　版
中華書局（香港）有限公司
香港北角英皇道 499 號北角工業大廈 1 樓 B 室
電話：(852) 2137 2338
傳真：(852) 2713 8202
電子郵件：info@chunghwabook.com.hk
網址：http://www.chunghwabook.com.hk

發　　行
香港聯合書刊物流有限公司
香港新界荃灣德士古道 220-248 號
荃灣工業中心 16 樓
電話：（852）2150 2100
傳真：（852）2407 3062
電子郵件：info@suplogistics.com.hk

版　　次
2025 年 7 月初版

規　　格
16 開（230mm×170mm）

I S B N
978-988-8913-93-0